高等职业教育房地产类专业精品教材

房地产估价

主　编　覃　芳
副主编　罗　辉　曾翠萍
参　编　尹爱飞

北京理工大学出版社
BEIJING INSTITUTE OF TECHNOLOGY PRESS

内 容 提 要

本书着重介绍房地产估价的相关理论和方法，全书共分为九个模块，主要内容包括房地产估价概述、房地产估价程序、比较法、收益法、成本法、假设开发法、其他估价方法及其应用、各种类型的房地产估价、房地产估价报告等。本书内容简洁、重点突出、简明易懂，注重理论和实践相结合。

本书可作为高等院校房地产专业、土地资源管理专业、建筑工程管理专业、物业管理专业等专业教材，也可以作为成人继续教育的相关专业教材及房地产中介机构等相关部门进行员工培训的教材。

版权专有　侵权必究

图书在版编目（CIP）数据

房地产估价/覃芳主编.--北京：北京理工大学出版社，2021.10（2022.1重印）

ISBN 978-7-5763-0608-8

Ⅰ.①房… Ⅱ.①覃… Ⅲ.①房地产价格－估价 Ⅳ.①F293.35

中国版本图书馆CIP数据核字(2021)第220405号

出版发行 / 北京理工大学出版社有限责任公司

社　　址 / 北京市海淀区中关村南大街5号

邮　　编 / 100081

电　　话 /（010）68914775（总编室）

　　　　　（010）82562903（教材售后服务热线）

　　　　　（010）68944723（其他图书服务热线）

网　　址 / http://www.bitpress.com.cn

经　　销 / 全国各地新华书店

印　　刷 / 河北鑫彩博图印刷有限公司

开　　本 / 787毫米×1092毫米　1/16

印　　张 / 17　　　　　　　　　　　　　　　　　　责任编辑 / 钟　博

字　　数 / 408千字　　　　　　　　　　　　　　　　文案编辑 / 钟　博

版　　次 / 2021年10月第1版　2022年1月第2次印刷　责任校对 / 周瑞红

定　　价 / 49.80元　　　　　　　　　　　　　　　　责任印制 / 边心超

图书出现印装质量问题，请拨打售后服务热线，本社负责调换

出版说明
PUBLISHER'S NOTE

  房地产业是我国经济建设和发展中的重要组成部分，是拉动国民经济持续增长的主导产业之一。改革开放近40年来，我国的房地产业快速发展，取得了巨大成就，尤其在改善广大城镇居民住房条件、改变城镇面貌、促进经济增长、扩大就业等方面，更是发挥了其他行业所无法替代的巨大作用。随着我国经济的发展、居民收入水平的提高、城市化进程的加快以及改善性住房市场需求的增加，房地产消费者对产品的需求由"有"到"优"，房地产需求总量不断攀升，房地产行业仍然有着巨大的发展潜力，房地产业需要大量房地产专业人才。

  高等职业教育以培养生产、建设、管理、服务第一线的高素质技术技能人才为根本任务，在建设人力资源强国和高等教育强国的伟大进程中发挥着不可替代的作用。为全面推进高等职业教育教材建设工作，将教学改革的成果和教学实践的积累体现到教材建设和教学资源统合的实际工作中去，以满足不断深化的教学改革需要，更好地为学校教学改革、人才培养与课程建设服务，北京理工大学出版社搭建平台，组织国内多所建设类高职院校，包括四川建筑职业技术学院、重庆建筑科技职业学院、广西建设职业技术学院、河南建筑职业技术学院、甘肃建筑职业技术学院、湖南城建职业技术学院、广东建设职业技术学院、山东城市建设职业学院等，共同组织编写了本套"高等职业教育房地产类专业精品教材（房地产经营与管理专业系列）"。该系列教材由参与院校院系领导、专业带头人组织编写团队，参照教育部《高等职业学校专业教学标准》要求，以创新、合作、融合、共赢、整合跨院校优质资源的工作方式，结合高职院校教学实际以及当前房地产行业的形势和发展编写完成。

  本系列教材共包括以下分册：

1.《房地产基本制度与政策》
2.《房地产建设项目管理概论（第2版）》
3.《房地产开发经营与管理》
4.《房地产开发与营销（第2版）》
5.《房地产市场营销》
6.《房地产投资分析》

7.《房地产经济学》

8.《房地产估价》

9.《房地产经纪》

10.《房地产金融》

11.《房地产企业会计》

12.《房地产统计》

13.《房地产测绘》

本系列教材,从酝酿、策划到完稿,进行了大量的市场调研和院校走访,很多院校老师给我们提供了宝贵意见和建议,在此特表示诚挚的感谢!教材在编写体例、内容组织、案例引用等,做了一定创新探索。教材编写紧跟房地产行业发展趋势,突出应用,贴近院校教学实践需求。希望本系列教材的出版,能在优化房地产经营与管理及相关专业培养方案、完善课程体系、丰富课程内容、传播交流有效教学方法,培养房地产行业专业人才,为我国房地产业的持续健康发展做出贡献!

北京理工大学出版社

前言

　　房地产经济在国民经济中占有重要地位,而房地产价格在房地产市场中起杠杆作用。因此,合理地评定房地产价格,对于促进国民经济的发展具有重要的现实意义。

　　本书是根据教育部对高等教育人才培养目标、培养规格、培养模式以及与之相适应的基本知识、关键技能和素质结构的要求编写的。本书编写时力求做到理论联系实际,注重科学性、实用性和针对性,突出对学生应用能力的培养。本书内容新颖、层次清晰、结构有序,注重理论与实际相结合,加大了实践运用力度。其基础内容具有系统性、全面性,具体内容具有针对性、实用性,可满足专业要求。

　　房地产估价是房地产经营与估价专业学生的专业必修课,是一门理论性和实践性都很强的课程,通过本课程的学习,学生可以了解和掌握阅读房地产估价报告的方法,学会独立撰写房地产估价报告,善于运用各种估价方法对不同的估价对象进行估价,并能正确处理不同估价目的的估价任务。每个模块前均设置了知识目标、能力目标、课前任务案例,模块后设置了模块小结、思考与练习等,构建了"引导—学习—总结—练习"的教学过程,给学生的学习和教师的教学做出了引导,并帮助学生从更深的层次思考、复习和巩固所学的知识。

　　本书由广西建设职业技术学院覃芳担任主编,由广西建设职业技术学院罗辉、曾翠萍担任副主编,重庆建筑科技职业学院尹爱飞参与了本书编写工作。

　　由于编者学识水平有限,书中难免存在不足之处,恳请广大读者指正。

编　者

目录

CONTENTS

第一篇 基础知识篇

模块一 房地产估价概述 ·········· 2
- 单元一 房地产概述 ·········· 2
- 单元二 房地产估价概念与特征 ·········· 11
- 单元三 房地产估价原则 ·········· 17
- 单元四 房地产估价的要素 ·········· 21
- 单元五 估价师的职业道德 ·········· 26

第二篇 估价程序篇

模块二 房地产估价程序 ·········· 30
- 单元一 房地产估价程序的含义和作用 ·········· 31
- 单元二 房地产估价操作程序 ·········· 32
- 单元三 房地产估价技术路线 ·········· 39

第三篇 估价方法篇

模块三 比较法 ·········· 46
- 单元一 比较法的基本原理 ·········· 47
- 单元二 比较法的估价步骤 ·········· 49
- 单元三 比较法运用实例 ·········· 62

模块四 收益法 ·········· 66
- 单元一 收益法的基本原理 ·········· 67
- 单元二 收益法的基本计算公式 ·········· 69
- 单元三 净收益的求取 ·········· 77
- 单元四 报酬率的求取 ·········· 81
- 单元五 资本化率的求取 ·········· 83
- 单元六 投资组合技术和剩余技术 ·········· 88
- 单元七 收益法运用实例 ·········· 93

模块五 成本法 ·········· 96
- 单元一 成本法的基本原理 ·········· 96

- 单元二 房地产价格的构成 ... 98
- 单元三 成本法的基本公式 ... 102
- 单元四 重新购建价格的确定 ... 103
- 单元五 建筑物的折旧 ... 107
- 单元六 成本法运用实例 ... 115

模块六 假设开发法 ... 120
- 单元一 假设开发法的基本原理 ... 120
- 单元二 假设开发法的基本公式 ... 123
- 单元三 现金流量折现法和传统方法 ... 127
- 单元四 假设开发法的操作步骤 ... 128
- 单元五 假设开发法运用实例 ... 131

模块七 其他估价方法及其应用 ... 136
- 单元一 路线价法 ... 137
- 单元二 长期趋势法 ... 150
- 单元三 基准地价评估法 ... 161
- 单元四 建筑物地价分摊 ... 173

第四篇 不同类型房地产估价

模块八 各种类型的房地产估价 ... 177
- 单元一 居住房地产估价 ... 178
- 单元二 商业房地产估价 ... 181
- 单元三 工业房地产的估价 ... 186
- 单元四 各种目的的房地产估价 ... 189

第五篇 房地产估价报告

模块九 房地产估价报告 ... 198
- 单元一 房地产估价报告的编写 ... 200
- 单元二 房地产估价报告的基本内容 ... 203
- 单元三 房地产估价报告的评审 ... 206

第六篇 附录

- 附录一 习题库 ... 212
- 附录二 房地产抵押估价报告 ... 227
- 参考文献 ... 263

第一篇　基础知识篇

模块一 房地产估价概述

知识目标

1. 掌握房地产的概念、特征和类型。
2. 掌握房地产估价的概念、特征和必要性。
3. 熟悉房地产估价原则及估价师的职业道德。

能力目标

对行业市场和工作内容的基本知识有一定程度的把握,能运用所学知识判定哪些房地产需要估价;能对周边的房地产项目进行基本的描述。

课前任务案例

张先生为投资需要,欲将其拥有的房地产作为抵押物向银行申请贷款,他设想选择其所拥有的两套房屋中价值最大的一套作为抵押物,两套房屋的基本情况如下:

A房屋位于甲级地段,是他与朋友李先生共同投资购买的,建筑面积160.8 m^2,房型为三室两厅,房龄2年;

B房屋位于乙级地段,是他个人购买的,建筑面积85.34 m^2,房型为两室两厅,房龄4年。

任务:张先生不知道两套房屋中的哪一套作为抵押物的价值会更大,请你给他一些建议。

单元一 房地产概述

一、房地产的概念

1. 房地产的定义和形态

(1)房地产的定义。房地产(Real Estate,Real Property)是土地、房屋财产和其他各类不动产的总称,以及由这些实物所派生出来的各种权益的集合和实物所处的区位,是实物、权益和区位三者的结合。实物是房地产中看得见、摸得着的部分,如建筑物中的结构、设备、装潢,土地的外形,基础设施的完备程度、平整程度等。依托于实物上的权益主要有所有权、使用权和他项权等。区位是一个综合的概念,除解释为地球上某一事物的空间几何位置外,还强调自然界的各种地理要素和人类社会经济活动之间的相互联系和相互作用在空间位置上的反映。

以上对房地产的定义是基于对房地产估价的需要,着重强调房地产的价值不仅决定于物的存在形态,还取决于物的权利人依法持有的物权的种类和数量。

(2)房地产的3种存在形态。房地产虽然包括土地和建筑物两大部分,但并不意味着只有土地与建筑物合成一体时才被称为房地产,单纯的土地或单纯的建筑物都属于房地产,是房地产的一种存在形态。归纳起来,房地产有土地、建筑物、房地3种存在形态。

1)土地。单纯的土地,如一块无建筑物的空地,即使土地上有建筑物,有时也需要把它单独看待,只评估其中的土地价值,例如为征收土地税费或者确定划拨土地使用权进入市场需要补交的土地使用权出让金等的数额。对于有建筑物的土地,具体评估时,或者无视建筑物的存在,将房地产设想为无建筑物的空地,或者考虑建筑物存在对土地价值的影响。

2)建筑物。建筑物虽然必须建筑在土地之上,但在观念上可把它单独看待。具体的看待方式有两种:无视土地的存在;考虑土地存在的影响。

3)房地。土地与建筑物合成一起的"房地",即把建筑物和其坐落的土地作为一个整体来考虑。

房地产的3种存在形态中,无建筑物及其他地上定着物的空地和有建筑物及其他地上定着物的土地与建筑物的合成体是房地产这种物的两种实际存在形态。当土地上有建筑物及其他地上定着物时,即土地与建筑物及其他地上定着物合成一体时,从观念上既可以作为一个整体来看待,也可把它单独看待为土地、建筑物。之所以要分开来单独看待,是因为现实中存在着被分割的物权,需要对房地产特定的物及物权进行房地产估价。

(3)房地产的其他名称。从物业和财产的角度,很多国家将房地产称为"Real Property、Unmovable Property"。一般来说,凡是能够自行移动或者能用外力推动且又不改变其性质和价值的财产属于动产;不可移动的财产属于不动产。

2. 土地的含义

(1)房地产估价中的土地含义。对于房地产估价来说,土地不只是平面的,还是立体的空间,包括地球的陆地表面及其上下一定范围内的空间。其范围包括"纵""横"两个方面。"横"是指一宗土地的疆界围绕的面积,即通常所说的四至;"纵"是指土地可以分为三层:地面、地面以上的空间和地面以下的空间。

随着权益的不同,以及人们主张的土地权益的程度变化,土地的空间也会改变。如在我国,一宗土地拥有的地下空间是由行政规划来决定的,并且地下空间范围内自然存在物的物权是受到限制的,如地下的矿藏并不属于土地权利人所有。

(2)土地利用所受的限制。在现实生活中,拥有一块土地,在其范围内并不是可以随意开发利用的,其使用、支配权要受到很多方面的制约,拥有自身能力的限制和自身能力以外的限制。主要有土地权利设置以及权利行使的限制、房地产相邻关系的限制、土地使用管制所受的限制三方面：

1)土地权利设置以及权利行使的限制。我国在土地上设置的权利主要有所有权、使用权、租赁权、抵押权、典权、地役权。其中所有权属于自物权，其余属于他物权。他物权是对他人之物所拥有的权利的限制。抵押权是债务人或第三者作为担保的房地产，在债务不能履行时，有将其售卖得到清偿的权利。债务人对抵押房地产有占有权和使用权，能够以其收益作为债务的清偿资金；债权人无须自己直接管理抵押物，只需以其价值作为担保，促使债务人履行义务。抵押权是抵押标的物所有担保价值的权利，对于不妨碍标的物的处置及使用，并无干涉的必要。因而抵押权设定后，可以依序再设定抵押权或将标的物使用在新用途上，甚至将其出卖。房地产所有人因担保多项债权，就同一房地产设定多项抵押权，这些抵押权行使的相互次序，在很多国家一般是按登记的先后来定。地役权是指土地所有人或土地使用权人为使用其土地的方便与利益而利用他人土地的权利，如在他人土地通行的权利，这种地役权有时称为通行权。地役权在给他人方便时，土地所有人或土地使用权人有可能受到某种损失，因此地役权的存在会降低土地的价值。

2)房地产相邻关系的限制。房地产相邻关系是指两个以上相互毗邻的房地产所有者或者使用者在行使房地产的占有、使用、收益和处分权时，相互之间应给予方便或接受限制而发生的权利义务关系。在实际生活中主要存在两类相邻关系：一是通风、采光、排水、排污的相邻关系；二是险情危害的相邻关系。

3)土地使用管制所受的限制。世界上几乎所有的国家和地区对土地使用都有或多或少的限制。对于房地产估价来说，有意义的土地使用管制主要是耕地转为非耕地、农用地转为建设用地以及城市规划。例如，城市规划时就有土地用途、建筑高度、容积率和建筑密度等的规定。

容积率是反映和衡量建筑用地使用强度的一项重要指标，是指一定地块内建筑物的总建筑面积与该块土地总面积的比值，即

$$容积率 = \frac{总建筑面积}{土地总面积} \qquad (1-1)$$

(3)对一宗土地的基本认识。从房地产估价的角度来看，人们对一宗土地的认识主要包括以下几个方面：

1)位置(或坐落)。位置包括所处的区域(宏观区位)和具体地点，可以从国家、地区、邻里、地点这些从宏观到具体的层面来认识。

2)面积。面积为依法确认的面积，通常以 m^2(平方米)表示。面积较大的土地通常以 hm^2(公顷)表示。

3)形状。通常用图(宗地图)来说明。一般认为宗地形状以矩形为佳，通常土地现状规则利于开发建设，土地单价也较高。

4)四至。它是指土地四邻的名称，对其描述一般是"东至××、南至××、西至××、北至××"。

5)权属情况。权属情况即了解土地所有权是国有土地还是农村集体所有土地。对于国有土地，主要了解是划拨土地使用权，还是出让土地使用权；出让土地使用权剩余使用年限及可否续期；土地权利有无争议；土地是否已抵押、是否涉案等。由于土地权利的种类和内容均会影响土地价格，所以从事房地产估价时应当特别留意有关土地权利的调查。

6)利用状况。利用状况包括用途(法定用途和实际用途),土地上有无建筑物、其他附着物。如果有建筑物、其他附着物,还需要进一步了解该建筑物、其他附着物的情况。

7)地质条件。地质条件包括地基的承载力和稳定性,地下水位和水质(包括地下水的成分和污染情况。有些含有特殊成分的地下水可以导致疾病),不良地质现象(如崩塌、滑坡、泥石流、断裂带、岩溶、软弱土、膨胀土、湿陷性黄土、冻土等)。

8)土地使用管制。土地使用管制实际上是对土地开发利用的管制,包括:

①土地用途。

②建筑容积率,是指建筑规划用地范围内全部建筑面积和规划建设用地面积之比。附着建筑物计算在内,但注明不计算面积的附着建筑物除外。

③建筑覆盖率,即建筑密度,是指项目用地范围内所有建筑物的基底面积之和与规划建设用地面积之比。

④建筑高度,是指城市规划建设管理部门规定的建筑物檐口高度上限。

⑤绿地率,是指规划建设用地范围内的绿地面积与规划建设用地面积之比。

⑥建筑后退要求,是指城市规划建设管理部门规定的建筑物距离用地边界后退一定距离。

⑦建筑艺术要求。

⑧出入口方位。

⑨停车场建设要求。

⑩其他要求,如要求设计方案应符合环境保护、消防安全、文物保护、卫生防疫等有关法律、行政法规的规定。

9)地形、地势,主要包括地势高低、自然排水状况、被洪水淹没的可能性。

10)周围环境、景观,如有无噪声、大气、土壤、水体、固体废物、辐射等污染及其程度等。特别是是否为垃圾填埋场、化工厂原址,周围有无高压输电线路、无线电发射塔、垃圾站等污染源。周围环境、景观通常用文字加图片来说明。

11)生熟程度。通常指基础设施(如道路、供水、供电、供气、供热、电信、排水)的通达程度和土地平整程度,即是"三通一平""五通一平",还是"七通一平"。

12)其他。如临街商业用地还需要了解其临街宽度和临街深度,农用地还需要了解其土壤、排水和灌溉情况等。

3. 建筑物的含义

(1)建筑物的定义。建筑物是指人工建筑而成,由建筑材料、建筑构配件和建筑设备等组成的整体物,包括房屋和构筑物两大类。其中房屋是指能够遮风避雨,供人在内居住、工作、学习、娱乐、储藏物品、纪念或进行其他活动的空间场所;构筑物则是指房屋以外的工程建筑,人们一般不直接在其内部进行生产和生活活动,如烟囱、水塔、水井、道路、桥梁、隧道、水坝等。

住宅、房屋及建筑物是不同的概念。住宅是指人们的生活用房,是房屋中的一种;房屋不仅指生活用房,而且包括厂房、仓库和商业、服务、文化、教育、办公、医疗、体育等用房;建筑物的范围更广,包括房屋以外的其他建筑,如码头、船坞、油库、水塔、烟囱、围墙等。

(2)对建筑物的认识。从房地产估价的角度来考虑,对建筑物的基本认识主要包括以下几个方面：

1）名称。如果在不同的建筑物使用和权属文件当中使用过不同的建筑物名称，应交代清楚曾用名与现用名之间的关系。

2）坐落位置。与其占用的宗地相同，包括所处区域、城市、周围环境、市场状况和具体地点。建筑物的坐落位置对房价有非常大的影响。

3）面积大小。依法确认的面积，如政府出让土地使用权的地块，其面积通常是根据标有坐标点的用地红线图，由城市规划管理部门或土地管理部门在地块各角点钉桩、埋设混凝土界桩或界石来确认，面积大小依据水平投影计算。

4）建筑层数和高度。房屋建筑按层数和高度分为低层建筑、多层建筑和高层建筑。住宅通常是按层数来划分，1~3层为低层建筑，4~6层为多层建筑，7~9层为中高层建筑，10层以上为高层建筑；公共建筑大于24 m为高层建筑，大于100 m不论是住宅、公共建筑、综合性建筑均为超高层建筑。在房地产估价中要考虑建筑物的高度与成本造价之间的关系。

5）建筑结构。建筑结构是指建筑物中由承重构件（基础、墙体、柱、梁、楼板、屋架等）组成的体系，一般分为：钢结构、钢筋混凝土结构、砖混结构、砖木结构和简易结构。以组成建筑结构的主要建筑材料可分为：钢结构、混凝土结构（包括素混凝土结构、钢筋混凝土结构和预应力混凝土结构等）；砌体结构（包括砖结构、石结构和其他材料的砌块结构）、木结构、塑料结构和薄膜充气结构。

6）装修。装修分内装修和外装修，需了解装修的标准和程度、所用材料的品质及装修质量等。

7）建筑设备。建筑设备主要包括给排水、采暖、通风、空调、电气及智能化楼宇设备等。需要了解它们的配置和性能。

8）平面格局。平面格局包括平面图、户型图等。

9）建成年月。建成年月包括开工日期和竣工日期。

10）维修养护情况及完损程度。维修养护情况及完损程度包括地基的稳定性、沉降情况（沉降是否均匀及其程度）等。

11）建筑物利用规划状况。建筑物利用规划状况包括以下内容：

①利用状况。即用途，如法定用途和实际用途。多用途的，还需要了解不同用途的位置或楼层分布及其面积。

②维护、保养、使用情况。包括地基的稳定性、沉降情况（沉降是否均匀及其程度）等。

③公共配套设施完备程度。包括城市基础设施和社会公共服务设施两部分，反映其完备程度的指标主要有设施水平、设施的保证率和齐备程度。

（3）产权状况。产权状况要了解是独有还是共有，建筑物区分所有权，是完全产权还是部分产权，是否抵押、典当、出租，是否涉案，权属是否有争议，是否为临时建筑，是否属于违章建筑。还要了解所坐落的土地的权利状况，因为房屋所有权还受土地使用权的约束，如在有限期土地使用权的土地上建造的房屋的所有权，实际上也是有限期的。

（4）其他。如通风、采光、隔声、隔振、隔热、层高、物业管理（因为完善的物业管理是保持及提高房地产价值的一个重要因素）。如果为建筑物的某一局部，如一"套"或一"单元"，则还需要了解其朝向、楼层；新建的房屋还需要了解其工程质量；期房还需要了解其建设单位(开发商)、勘察单位、设计单位、施工单位、工程监理单位以及预计交付使用日期等。

二、房地产特征

由于房地产自身具有特殊的属性，导致房地产价值、房地产市场也具有特殊的属性。房地产的特性是以土地的特性为基础的，因此，学习房地产估价必须对房地产的特性，尤其是土地的特性有全面、深入的了解。

1. 不可移动

不可移动特性也称为位置固定性、不动性、非移动性。房地产的不可移动主要是其自然地理位置固定不变，房地产的社会经济位置在经过一段时间之后可能会发生变化。

2. 独一无二

独一无二特性也称为独特性、异质性、非同质性、个别性。房地产由于坐落的位置、朝向、地势、周围环境、景观等的不同，即使两处的建筑物一模一样，但这两宗房地产实质上也是不同的。但是一些房地产之间仍然有一定程度的替代性。

3. 寿命长久

建设用地使用权出让的最高年限，居住用地为70年；工业用地为50年，教育、科技、文化、卫生、体育用地为50年；商业、旅游、娱乐用地为40年；综合或者其他用地为50年。以出让方式取得建设用地使用权的，转让房地产后，受让人的使用期限不得超过原出让合同约定的使用期限减去原土地使用者已经使用期限后的剩余期限。

4. 供给有限

土地总量不仅有限，而且面积不能增加。房地产的供给有限特性，使得房地产具有独占性。一定位置、特别是好位置的房地产被人占用之后，占用者可以获得生产或生活的场所，享受特定的光、热、水和风景(如河水、沙漠和荒原)或可以支配相关的自然资源和生产力。房地产具有供给有限特性的主要原因，是由于房地产的不可移动特性造成的房地产供给不能集中于一处。这是房地产供给与一般物品供给的最主要区别。

5. 价值量大

与其他物品相比，房地产不仅单位价值高，而且总体价值大。

6. 流动性差

流动性差也称为难以变现、变现能力弱。所谓流动性，是指在没有过多损失的条件下，将非现金资产转换为现金的速度。凡是能够随时、迅速转换为现金且没有损失或者损失较小的，称为流动性好，反之，称为流动性差。

影响某宗房地产变现能力的因素主要有：

(1)该宗房地产的通用性；

(2)该宗房地产的独立使用性；

(3)该宗房地产的价值大小；

(4)该宗房地产的可分割转让性；

(5)该宗房地产的开发程度；

(6)该宗房地产的区位；

(7)该宗房地产的市场状况。市场低迷时，变现差。

7. 用途多样性

用途多样性主要是空地所具有的。土地上一旦建有建筑物，用途即被限定，一般难以改变。多数土地就其本身来看，可以用于多种不同的用途。从经济角度来看，土地利用选择的一般顺序是：商业、综合、居住、工业、耕地、牧场、牧地、森林、不毛荒地。

8. 相互影响性

相互影响性也就是经济学上所讲的外部性或外部影响。外部影响有正有负。房地产由于具有相互影响性，外部性问题突出。

9. 易受限制

政府对房地产的限制主要通过4种权利来实现：

(1)管制权。政府为了增进公众安全、健康、道德和一般福利，可以直接对房地产的利用作出限制。例如，通过城市规划规定建筑高度、建筑密度、容积率、绿地率，限制在居住区内建设某些工业或商业设施等。

(2)征收权。政府为了公共利益的需要，例如修公路、建学校等，可以强制取得公民和法人的房地产。

(3)征税权。政府为了增加财政收入，可以对房地产税征税或提高房地产税收，只要这些税收是公平公正的。

(4)充分权。政府在房地产业主死亡或消失而无继承人的情况下，可以无偿收回房地产。

10. 保值增值

房地产具有保值增值性，它能抵抗通货膨胀，即投入的资金的增值速度能抵消货币的贬值速度。房地产具有增值性就是房地产价值在较长时间序列上呈现上升趋势的规律。这主要归功于房地产的重要组成部分——土地。从长期来看，土地的价值呈上升走势的原因是：

(1)由于土地资源的有限性和固定性，制约了对房地产不断膨胀的要求，特别是对良好地段物业的需求，导致价格上涨；

(2)对土地的改良和城市基础设施的不断完善，使土地原有的区位条件改善，导致土地增值。

房地产的保值增值性是从房地产价格变化的总体趋势来说，是波浪式上升的。

三、房地产分类

1. 按用途划分

(1)居住房地产，是指供家庭或个人长时期居住使用的房地产，又可分为住宅和集体宿舍两类。住宅是指供家庭居住使用的房地产，又可分为普通住宅、高档公寓和别墅。

(2)商业房地产，是指提供出售商品使用的房地产，包括商业店铺、百货商场、购物中心、超级市场、批发市场等。

(3)办公房地产，是指供处理各种事务性工作使用的房地产，包括商务办公楼（俗称写字楼）和行政办公楼等。

(4)旅馆房地产,是指供旅客住宿使用的房地产,包括宾馆、饭店、度假村、旅店、招待所等。

(5)餐饮房地产,是指供顾客用餐使用的房地产,包括酒楼、美食城、餐馆、快餐店、酒吧、咖啡店等。

(6)娱乐房地产,是指供人消遣使用的房地产,包括游乐场、娱乐城、康乐中心、俱乐部、夜总会、影剧院、高尔夫球场等。

(7)工业和仓储房地产,是指供工业生产使用或直接为工业生产服务的工业厂房、仓库。

(8)农业房地产,是指供农业生产使用或直接为农业服务的房地产,包括农地、农场。

(9)特殊用途房地产,包括汽车站、火车站、机场、码头、医院、学校、博物馆、教堂、寺庙、墓地等。

(10)综合用途房地产,是指具有上述两种以上(含两种)用途的房地产,如商住房地产。

2. 按开发程度划分

房地产按其开发程度来划分,主要分为以下类型:

(1)生地,是指新增建设用地已完成土地使用批准手续(包括土地使用权出让手续),并可用于建筑的土地,该建筑用地没有进行土地平整和基础设施建设。即无基础设施,或者有部分基础设施,但尚不具备完全的"三通"(通路、通水、通电)条件,同时地上地下待拆除的房屋、构筑物尚未拆迁,如荒地、农地等。与其对应的概念是熟地。

(2)毛地,是指具有一定的城市基础设施,有待拆迁的房屋,但尚未完成房屋拆迁补偿安置的土地。

(3)熟地,是指具有较完善的城市基础设施且土地平整,能直接在其上进行房屋建设的土地。

(4)净地,是指已完成拆迁的可用于建筑的土地。

(5)城建工程,是指地上建筑物已开始建设但尚未建成,不具备使用条件的房地产。该类房地产不一定正在建设,也可能停工多年。

(6)现房,是指已建造完成的建筑物及其附着的土地。现房按照新旧程度,又分为新的房地产(简称新房)和旧的房地产(简称旧房)。其中,新房按照装饰装修情况,又分为毛坯房、粗装修房和精装修房。

(7)期房,即处于在建工程状态的房地产,但是已经符合政府有关期房销售的条件,并已获取期房销售资格的房地产。与其对应的概念是现房。

3. 按是否产生收益划分

房地产按是否产生收益来划分,可以分为收益性房地产和非收益性房地产两大类。

(1)收益性房地产是指能直接产生租赁或其他经济收益的房地产,包括住宅(用于出租的公寓等)、写字楼、旅馆、商店、餐馆、游乐场、影剧院、停车场、加油站、标准厂房(用于出租的)、仓库(用于出租的)、农地等。

(2)非收益性房地产是指不能直接产生经济收益的房地产,如高级私人宅邸、未开发的土地、行政办公楼、教堂、寺庙等。

在实际估价中,判定一宗房地产是收益性还是非收益性房地产,不是看该宗房地产目前是否正在产生经济收益,而是看其在本质上是否具有产生经济收益的能力。

4. 按经营方式划分

房地产的经营使用方式主要有销售、出租、营业和自用4种。根据房地产可能的经营使用方式，可以将房地产分为下列4类：出售型房地产、出租型房地产、营业型房地产、自用型房地产。有的房地产既可以出售，也可以出租、营业，如商店、餐馆；有的房地产可以自用，也可以出租、出售，如商务办公楼、公寓；有的房地产则主要是自用，如政府办公楼、学校。

按经营使用方式分类对于选用估价方法特别有用。如出售型房地产可以采用比较法估价，出租或营业型房地产可以采用收益法估价，自用型房地产可以采用成本法估价。

5. 按实物形态划分

按照房地产的实物形态，可以把房地产分为以下9类。

(1)土地：又可以分为无建筑物的土地和有建筑物的土地。无建筑物的土地通常被称为空地。有建筑物的土地又可以分为建筑物已建造完成的土地和建筑物尚未建造完成的土地。

(2)建筑物：又可以分为已建造完成的建筑物和尚未建造完成的建筑物，还可以分为新建筑物和旧建筑物。

(3)土地和建筑物的综合体：又可分为现房和在建工程或房地产开发项目。

(4)房地产的局部：不是整栋房屋，而是其中某层、某套。

(5)未来状况下的房地产：其中最典型的一种是期房。

(6)已经灭失的房地产。

(7)现在状况下的房地产与过去状况下的房地产的差异部分：例如建筑物的装修装饰部分。

(8)以房地产为主的整体资产或包含其他资产的房地产：如正在运营、使用的宾馆、餐馆、商场、汽车加油站、高尔夫球场、影剧院、游乐场、码头。

(9)整体资产中的房地产：如一个企业的土地和房屋。

阅读材料

各类房地产特点比较

分别从销售方式、面积特点、坐落区域、设施及需求客户特点等几方面进行比较阐述。

(1)公寓房(包括普通公寓住宅、酒店服务公寓)。

销售方式：出售(主要)、租赁。

面积：100~200 m²。

坐落区域：城市居住聚集区。环境较为安静、生活设施齐全、交通便利。

设施：民用水、电、燃气、电话。

需求客户特点：主要为本市常住居民。

(2)办公房。

销售方式：租赁(主要)、出售。

面积特点：面积变化幅度较大。一般从几百 m² 到上千 m²。

坐落区域：金融区。交通便利。具有大量停车位。

设施：电、水、多条电话线路、商务服务设施。

需求客户特点：本地具有法人资格的公司、外地公司办事处等。

(3) 花园别墅。

销售方式：出售(主要)、租赁。

面积：250~450 m^2。

坐落区域：市郊结合部。交通便利。无环境污染。

设施：燃气、水、电、电话、花园等。

楼层：1~2层。

需求客户特点：外籍、外地商人及本国富有的人。

(4) 商铺。

销售方式：租赁(主要)、出售。

面积特点：形式多样，面积变化幅度很大。独立铺面面积一般在100 m^2 左右，大型购物中心面积约为几万 m^2。

存在形式：独立门面店铺、商场、购物中心。

坐落区域：商业氛围较浓，人员流动量大，交通便利，同行少，潜在消费者的消费层次与商品定位较吻合。

设施：水、电、电话。

需求客户特点：本地、外地的商品零售商等。

物业特点：橱窗大、门面宽、进深小。

(5) 厂房、仓库。

销售方式：租赁、出售。

面积特点：一般面积很大，从几千 m^2 到上万 m^2。

物业特点：交通便利(靠近码头、高速路)、大型车辆出入方便、层高较高、防潮、价格便宜。

设施：水、电、电话等。

需求客户特点：加工工厂主、超市、娱乐经营商等。

单元二 房地产估价概念与特征

一、房地产估价的概念

房地产估价，全程为房地产价格进行评估，简称"房地产评估"。我国台湾地区称其为"不动产估价"，其实是一个意思。房地产估价，是指专业估价机构根据估价目的，遵循估价原则(法定或公允的标准)，按照估价程序，选用适宜的估价方法，并在综合分析影响房地产价格因素的基础上，对房地产在价值时点的真实、客观、合理价格或价值进行估算和判定(评定、估计、推测、判定)的一种活动。

可见，这里所讲的房地产估价是一种非常正规的专业化活动，它不是任何人都可以从事的工作。此外，房地产经纪人从事经济活动时，必不可少地也会运用各自的市场经验，对所代理、经纪的房地产进行一番价格估计。诸如此类的房地产估价与本节所讲的房地产估价是不同的，可称其为非正规的估价。它与正规的房地产估价的区别主要有以下几方面：第一，实施主体不同；第二，实施方法不同；第三，估价结果的表现方式不同；第四，法律效力和责任不同。

阅读材料

房地产估价标准

国际估价标准委员会（IVSC）制定并努力推广《国际估价标准》（International Valuation Standards，IVS）；欧洲估价师协会联合会（TEGOVA）制定了《欧洲估价标准》（European Valuation Standards，EVS）；美国估价促进会估价标准委员会制定了《专业估价操作统一标准》（Uniform Standards of Professional Appraisal Practice，USPAP）；英国的皇家特许测量师学会（RICS）制定了《评估和估价标准》（RICS Appraisal and Valuation Standards）；日本制定了《不动产鉴定评价基准》；我国制定了国家标准《房地产估价规范》，发布了《国有土地上房屋征收评估办法》和《房地产抵押估价指导意见》等。

二、房地产估价的特征

1. 房地产价格的区位性

由于土地区位不同，土地价格变化很大，所以房地产价格受区位的影响比较明显。它主要反映在不同城市区域之间的房地产差价。一般来讲，同质房屋，其价格大城市高于中小城市，沿海城市高于内地城市，经济发达的城市高于经济情况一般的城市。同时，房地产价格即使在同一城市，也有好地段与差地段的差别。

地产价格的区位性在较大程度上影响着房地产的估价。在进行房地产估价时，一定要进行区域因素比较，分析不同区域各种因素的差别，分析该地区具有哪些特性，再把这些与邻近地区的房地产价格相比较，以便合理确定房地产的价格。

2. 房地产价格的高值性

房地产商品的价值量大、价格数额高，是超高价的商品。房地产价格的高值性，主要是由开发建设这一商品的大量资金、物质、劳动投入和土地等因素造成的。

（1）房地产建造投资成本高。首先，土地开发费用较高。土地资源作为一种不可再生的稀缺性资源，不能被社会直接利用，必须投入一定的人、财、物进行开发，如进行"三通一平"等。其次，它的稀缺性和不可移动性，又使得房地产市场上产生竞争，如土地的拍卖、招标，特别是城镇土地的拍卖、招标，竞争激烈，最后的成交价常常都超过出售者最初拟定的出售价格。另外就是房屋建筑成本较高。

（2）房地产商品标准越来越高。现代社会城市化和知识经济时代的到来，以及人民生活水平的不断提高，都导致房地产建筑标准越来越高，这使得房地产价格也越来越高。同时对物业管理和安全保障要求的提高，也是房地产商品价格高的原因之一。

3. 房地产价格形成的双重性

房地产是以土地和固着于土地之上的房屋设施为主要物质形态的财产及其权属。这就规定了房地产价格在其内涵上具有双重的实体性基础,其中一部分来源于开发和房屋建筑安装劳动所形成的价值,另一部分则来源于土地使用权价格。房地产价格的这一特征,是房地产价格的本质特征。

4. 房地产价格的差异性

房地产价格的差异性主要由以下两方面原因造成:

(1)房地产本身物质实体的独特性。除了地理位置不同外,房地产商品在建造条件、建造标准、设施配套等方面往往也千差万别。这决定了房地产商品不能够进行样品交易、品名交易。

(2)交易主体之间个别因素(如偏好、讨价还价能力、感情冲动等)。如同一建筑设计方案所设计建造的住宅小区,每一幢楼都有与其他楼不同的具体位置,因而在出入方便程度、景观条件、受噪声影响程度等方面都互不相同;而同一幢楼中,还有不同楼层之间的区别;同一楼层中也有不同朝向、位置的区别。这些决定了每一套住宅都具有自己独特的价值,因而会表现出不同的市场价格。

5. 房产价格的上升性

房地产价格的上升性,也即增值性,是指在时间序列上,房地产价格在总体上呈现不断上升的趋势。当然,这种上升是呈"螺旋形"的,也就是说房地产价格的上升总体上不是直线性的,而是有"波动"的。现代社会经济生活中,虽然其他商品的价格也多在上涨,但一般而言,房地产价格的上升性更强。

6. 房地产价格的权益性

房地产价格实质上是房地产权益的价格。房地产具有自然地理位置的不可移动性,因此,进入市场交换的,不是房地产本身,而是房地产的所有权、使用权及其他物权。例如人们在商场购买电冰箱,通常说其权益和实物两种转移同时进行,在电冰箱的所有权从商家转移到消费者的同时,电冰箱也从商家所在地转移到消费者家中。实物状态相同的房地产,权益状态可能有很大差异,甚至实物状态较好的房地产,由于权益过小,如土地使用年限很短、产权不完全或有争议,价值较低;相反,实物状态较差的房地产,由于权益较大,如产权清晰、完全,价值可能较高。即使同一宗房地产,转移的权益不同,价格也不相同。从这个意义上说,房地产价格是房地产权益的价格。

三、房地产估价的必要性

1. 专业估价存在的基本前提

一种职业乃至一个行业的生存与发展,必须建立在社会对其有内在需求的基础上,仅靠行政命令等外在的强制要求是难以维持长久的。因此,如果社会大众无法认识或了解一种职业、一个行业存在的理由,以及这种职业、这个行业为社会福利和社会进步带来的贡献,那么这种职业、这个行业就难以在现代竞争激烈的社会中存在下去,更不用说随着社会发展而不断发展了。

虽然任何资产在交易中都需要衡量和确定价格,但并不一定都需要专业估价。对于价值量较小或者价格依照通常方法容易确定的资产,一般就不需要专业估价。

2. 理论上房地产估价的必要性

一种资产只有具备了下列两个条件才真正需要专业估价：

(1)独一无二性；

(2)价值量较大。

其原因在于：

(1)一种资产如果不具有独一无二的特性，相同的很多，价格普遍存在、人人皆知，或者常人依照通常方法(例如通过简单比较)便可得知，就不需要专业估价；

(2)一种资产虽然具有独一无二的特性，但如果价值量不够大，聘请专业人员估价的花费与资产本身的价值相比较很高，甚至超过资产本身的价值，聘请专业人员估价显得不经济，则不需要专业估价。

具体就房地产来讲，由于房地产具有不可移动性、独一无二性和价值高的特性，房地产市场是典型的"不完全市场"，故需要进行专业估价。房地产估价的重要性在于：它是为了建立合理的房地产交易秩序，促进房地产公平交易的基本保障，有助于房地产价格导向正常化。

3. 现实上房地产估价的必要性

(1)土地使用权出让的需要。国家将国有土地使用权在一定年限内出让给土地使用者，由土地使用者向国家支付土地使用权出让金的行为叫土地使用权出让。土地使用权出让的方式有招标、拍卖、挂牌、协议4种。

在土地使用权出让中，出让人需要根据土地估价结果确定标底或者底价等(如确定招标底价，拍卖和挂牌的底价、起叫价、保留价)。作为欲取得土地使用权的投标人、竞买人等如何报出适当的价格，也需要通过科学的房地产估价结果提供参考。

(2)房地产转让价格的需要。房地产转让是指房地产权利人通过买卖、互换、赠予或者以房地产出资作价入股、偿还债务(抵债)等合法方式将其所拥有的房地产转移给他人的行为。

房地产转让价格评估，应依据《中华人民共和国城市房地产管理法》《中华人民共和国土地管理法》《城市房地产转让管理规定》以及当地制定的实施细则和其他有关规定进行。

房地产转让价格评估，应采用公开的市场价值标准。以划拨方式取得土地使用权的，转让房地产时应符合国家法律、法规的规定，其转让价格评估应另外给出转让价格中所含的土地收益价值，并应注意国家对土地收益的处理规定，同时在估价报告中予以说明。

房地产转让价格是指转让房地产时形成的价格。

(3)房地产租赁的需要。房地产租赁价格评估，应依据《中华人民共和国城市房地产管理法》《中华人民共和国土地管理法》《商品房屋租赁管理办法》以及当地制定的实施细则和其他有关规定进行。

在从事房地产租赁中，买卖双方或者出租人、承租人通常需要通过房地产估价为其确定转让价格、租金等提供参考依据。住宅的租赁价格评估，应执行国家和该类住宅所在地城市人民政府规定的租赁政策。以营利为目的出租划拨土地使用权的房屋，其租赁价格评估应另外给出租金中所含的土地收益值，并应注意国家对土地收益的处理规定，同时在估价报告中予以说明。

(4)房地产抵押的需要。房地产是一种用于履行债务的良好担保。为了知道房地产的抵押价值,银行需要从抵押贷款的角度对房地产进行估价,作为放款额度的参考,借款人也需要委托估价机构来评估,以确定其房地产的价值。

(5)房地产保险的需要。房地产保险估价应依据《中华人民共和国保险法》《中华人民共和国城市房地产管理法》和其他有关规定进行。房地产保险估价,分为房地产投保时的保险价值评估和保险事故发生后的损失价值或损失程度评估。

房地产是一种重要的财产,容易受到自然灾害或意外事故所带来的损毁或灭失,如火灾、爆炸、雷击、暴风、暴雨、泥石流、地面突然塌陷、岩崩、突发性滑坡或空中运行物体坠落等,而遭受损毁或灭失,从而需要保险。在房地产保险时,以下两种情况需要对房地产进行估价,一是在投保时需要评估保险价值,为确定保险金额提供参考依据;二是在保险事故发生后需要评估所遭受的损失或重置价格、重建价格,为确定赔偿金额提供参考依据。

(6)房地产课税的需要。房地产课税估价应按相应税种来核定其计税依据。

有关房地产税的估价,应按相关税法具体执行。房地产课税估价宜采用公开市场价值标准,并应符合相关税法的有关规定。

(7)征收和征用补偿的需要。房地产是生产和生活都不可缺少的基础要素,国家有时为了公共利益的需要,或者因救灾、战争等紧急需要,不得不征收、征用自然人、法人的房地产。

1)征收的实质是强制购买——主要是所有权的改变,不存在返还的问题。例如,依法将集体土地转为国有土地,或者收回国有土地使用权。征用的实质是强制使用——只是使用权的改变,被征用的房地产使用完毕,应当及时返还被征用人,即是一种临时使用房地产的行为。

2)征用房地产不仅应当给予使用上的补偿(补偿金相当于租金),被征用的房地产受到损失的,还应当按照实际损失给予补偿。例如,发生毁损的,补偿金应相当于毁损前后的价值之差;灭失的,补偿金应相当于被征用房地产的价值。

对上述征收、征用的补偿金的确定,就需要房地产估价机构提供相关服务。

(8)房地产分割合并的需要。房地产分割、合并估价应注意分割、合并对房地产价值的影响。分割、合并前后的房地产整体价值不能简单等于各部分房地产价值之和。

分割估价应对分割后的各部分分别估价;合并估价应对合并后的整体进行估价。

房地产分割一般发生在共有财产分割、遗产分割之时。因为许多情况下房地产在实物形态上难以分割,通常采用折价等方法处理。如夫妻离婚,原来共有的一套住房不宜实物分割,多数情况下由其中的一方获得该住房,获得房屋的一方再按照该套住房市场价值的一半向对方支付现金。

(9)房地产纠纷的需要。有的房地产纠纷是有关当事人对房地产买卖、租赁、抵债、土地征收征用补偿、城市房屋拆迁补偿、损害赔偿等有关房地产的价格、租金、评估价值、补偿金额、赔偿金额等持有不同的看法。房地产纠纷估价,应按相应类型的房地产估价进行。房地产纠纷估价,应注意纠纷的性质和协议、调解、仲裁、诉讼等解决纠纷的不同方式,并将其作为估价依据,协调当事人各方的利益。

(10)房地产拍卖底价的需要。房地产拍卖底价评估为确定拍卖保留价提供服务,应依据《中华人民共和国拍卖法》《中华人民共和国城市房地产管理法》和其他有关规定进行。

房地产拍卖底价评估，首先应以公开市场价值标准为原则确定其客观合理价格，之后再考虑短期强制处分（快速变现）等因素的影响确定拍卖底价。

（11）企业发生有关经济行为的需要。以房地产出资设立企业以及企业对外投资、合资、合作、合并、分立改制、资产重组、产权转让、租赁清算等经济行为，往往需要对相关房地产或者企业整体资产进行估价。这种估价首先应了解房地产权属是否发生转移，若发生转移，则应按相应的房地产转让行为进行估价；其次应了解是否改变原用途以及这种改变是否合法，并根据原用途是否合法改变，按"保持现状前提"或"转换用途前提"进行估价。

企业合资、合作、股份制改组、合并、兼并、分立、出售、破产清算等发生房地产权属转移的，应按房地产转让行为进行估价。但应注意资产清算与抵押物处置类似，属于强制处分、要求在短时间内变现的特殊情况；在购买者方面一定程度上与企业兼并类似，若不允许改变用途，则购买者的范围受到一定限制，其估价宜低于市场价值。

企业联营很少涉及房地产权属的转移，企业联营中的房地产估价，主要为确定以房地产作为出资的出资方的资产分配比例服务。

（12）其他方面的需要。现实对房地产估价的需要除以上列举之外还有很多，包括房地产损害赔偿估价等。

房地产损害赔偿估价，应把握被损害房地产在损害发生前后的状态，对于其中可修复部分，宜估算其修复所需的费用并作为损害赔偿价值。

阅读材料

房地产价格评估的作用

由于房地产价格的一系列特性，房地产估价必须满足人们正确认识房地产价格的需要，这是房地产估价对于社会的第一个重要意义。另外，房地产估价对于房地产价格问题还起到了类似仲裁的作用。

正因为如此，房地产估价在社会经济活动中发挥着极其重要的作用，而且随着经济的发展，这种作用渗透的方面越来越广。具体而言，房地产估价的作用体现在以下方面：

1. 为房地产交易、投资、开发等房地产经济活动服务

目前，除了新建商品房销售一般不需要估价外，房地产买卖、租赁、抵押以及土地使用权转让等各类房地产交易活动，都需要对交易标的价格进行评估。房地产投资和开发过程中，取得建设用地土地使用权是重要的工作环节，也离不开对土地价格的评估。

2. 为建立股份制企业、合资、合营、国有企业转制、企业兼并、破产等经济活动服务

在建立股份制企业时，投资方常常以房地产作为股本入股，这就需要将房地产作价，而作价的依据只能来自房地产估价。此外，在企业转制、企业兼并、破产时，都需要对企业的资产进行估价，而房地产通常是企业资产很重要的组成部分，因此它也离不开房地产估价。在市场经济条件下，各种经济活动的合作合营现象很多，如一方出土地、另一方出资金的合作建房，一方出房地产（如酒店、餐馆）、另一方出流动资金的合作经营等，这其中对作为合作条件的房地产进行价值评估，通常是合作合营的基础。

3. 为信贷、保险等金融活动服务

在信贷活动中，银行为了保证贷款的安全性常会要求贷款人提供抵押物作为信用担保，而房地产由于具有空间固定性和价值量大的特点，是非常好的抵押物。以房地产作为抵押物就必须对其价格进行评估。房地产财产保险是一项重要的财产保险项目，被投保的房地产的价值是确定保额乃至保费的根本依据，因此也离不开房地产估价。

4. 为市政建设、城市规划调整等城市建设和管理活动服务

城市道路、桥梁、地铁兴建、扩建，都不可避免地要征用土地和拆迁房屋。这就必须对被征用的土地或被拆迁的房屋进行补偿，补偿的依据就是房地产的价格，自然需要对这些土地和房屋进行估价。城市规划的调整涉及一些地块土地用途的改变，从经济效益来考虑，必须对这种变更的成本和收益进行分析，这也离不开房地产估价。而城市规划调整的实施需要拆迁房屋，因此也要进行房地产估价。

5. 为政府征税服务

与房地产有关的税种中，土地增值税、房产税或物业税、契税等税种的税费计算都依据标的房地产的价格，因此需要房地产估价服务。

6. 为处理房地产经济纠纷的司法仲裁活动服务

在市场经济环境中，房地产交易、开发以及企业合资、合营、合作中不可避免地会发生一些涉及房地产的经济纠纷，为了解决这些纠纷，经常需要对有关房地产的价格进行评估。因此，房地产估价也可以为司法仲裁活动服务。

单元三　房地产估价原则

一、合法原则

合法原则要求：房地产估价的前提是估价对象具有的合法权益。合法权益包括合法产权、合法使用、合法处分3个方面。

合法产权的依据包括现行的土地权属证书，主要有《国有土地使用证》《集体土地所有证》《集体土地使用证》和《土地他项权利证明书》4种；房屋权属证书有《房屋所有权证》《房屋共有权证》和《房屋他项权证》3种；也有集体土地与房屋于一证的《房地产权证》《房地产共有权证》和《房地产他项权证》3种。

在合法使用方面，房地产估价应以符合城市规划、土地用途管制等使用管制为依据，如城市规划中对某块宗地用途、建筑高度、容积率、建筑密度的规定，就应是对该块土地进行估价的前提。只有在估价过程中始终符合使用管制的要求，由此评估出的价值才能得到社会的承认。

在合法处分方面的依据，包括法律、行政法规或合同（如土地使用权出让合同）等允许的处分方式。处分方式包括买卖、租赁、抵押、典当、抵债、赠予等。

遵循合法原则，具体表现出的是评估出的价格必须符合国家相关的价格政策。在我国，房改售房和新建经济适用房都是实行政府定价或政府指导价的房地产，对其进行估价就应遵循政府关于诸如此类房地产价格的测算或构成、对利润率的限定等方面的要求；农地征收和城市房屋拆迁的估价也要符合政府有关农地征收和城市房屋拆迁补偿的法律、法规。

二、独立、客观、公正原则

独立、客观、公正原则要求房地产估价人员站在中立的立场上进行评估,作出对各方当事人来说均是公平合理的评估。"独立"要求房地产估价人员不应受任何组织或者个人的非法干预,完全凭借自己的专业知识、经验和应有的职业道德进行估价。"客观"要求房地产估价人员不应带着自己的好恶、情感和偏见,完全从客观实际出发,反映事物的本来面目。"公正"要求房地产估价人员的评估值,应为对各方估价利害关系人均是公平合理的价值或价格。

在估价操作层面,房地产估价人员首先应遵守下列假设进行估价:首先,各方当事人均是理性的、精明的。其次,房地产估价人员应以各方当事人的角色或心态来考虑评估价值,也就是说"换位思考"。最后,房地产估价人员再以专家的身份来反复、精细地权衡评估价值,先假设评估价的高低不是与自己无关,即如果将自己分别设想为各方当事人的角色,评估价值的高低会对自己有何影响,假如自己是买方会怎样,是卖方又会怎样。

三、最高最佳使用原则

最高最佳使用原则要求房地产估价在遵循合法原则的前提下,应以估价对象的最高最佳使用为前提进行。所谓最高最佳使用,是指法律允许、技术可能、市场支持、财务可行并达到房地产最高价值的条件。

最高最佳使用是估价的基础,它反映了人们对房地产市场行为的基本假设条件:购买者为购买房地产愿意支付和出售者愿意出售的价格是依据他们对房地产利润最大化的使用情况而定的。在估价时所确定的最高最佳使用,可能与现有使用状况符合,也可能不符合。最高最佳使用的确定必须依据估价当时的市场状况、估价对象房地产的使用现状、影响市场预期的趋势及其变动等具体情况仔细分析研究。

判断估价对象的估价是否符合最高最佳使用原则的方法是:先尽可能地设想出各种潜在的使用方式,然后按照法律上的许可性、技术上的可能性、经济上的可行性和价值是否最大这样的顺序进行筛选。而在最高最佳使用的具体内容上,应把握最佳用途、最佳规模和最佳集约度3个方面。

当估价对象已作了某种使用,估价时应根据最高使用原则对估价前提做出下列之一的判断和选择:

(1)保持现状前提。估价中认为保持现状、继续使用最为有利时,应以保持现状、继续使用为前提估价。其判断条件是:

新建房地产价值－拆除现有建筑物费用－建造新建筑物费用＜现状房地产价值

(2)重新利用前提。即认为拆除估价对象的现有建筑物再予以使用最为有利时,应以拆除现有建筑物后再予以使用为前提进行估价。其判断条件是:

新建房地产价值－现有建筑物拆除费用－新建筑物建造费用＞现状房地产价值

(3)转换用途前提。估价中认为转换用途再予以使用最为有利时,应以转换用途后再予以使用为前提估价。其判断条件是:

转换用途后房地产价值－转换用途前房地产价值＞转换用途费用

(4)装饰装修改造前提。即认为装饰装修改造估价对象但不转换其用途再予以使用最为有利时,应以装饰装修改造但不转换用途再予以使用为前提进行估价。其判断条件是:

装饰装修改造后房地产价值－装饰装修前房地产价值＞装饰装修改造费用

四、替代原则

替代原则要求房地产估价结果不应存在不合理偏离类似房地产在同等条件下的正常价格的情况。

所谓类似房地产,是指与估价对象处在同一供求范围内,并在用途、规模、档次、建筑结构等方面与估价对象相同或相近的房地产。

在进行具体的房地产估价时,替代原则具体表现为:如果现存房地产价格高于重新建造的具有同等效用的房地产成本,则自然会选择后者;如果新置同类型房地产有替代可能,则现存房地产的价格不能超过新置或新建的成本。这样,对可能重置的房地产来说,由于替代原则的存在,重置成本成为该房地产价格的上限。

五、价值时点原则

价值时点原则要求房地产估价结果应是估价对象在价值时点的价值。由于房地产价格具有很强的时间性,每一个价格对应着一个具体的时间。房地产估价不是求取估价对象所有时间上的价值,而是在特定时间上的价值。这个特定时间不是估价人员随意假定的,必须依据估价目的来确定。

一般来说,估价目的决定价值时点,而估价所依据的房地产市场状况始终是价值时点时的状况,但估价对象房地产状况不一定是价值时点时的状况,应根据实际估价的要求、目的或估价结果的用途来确定,见表1-1。

表1-1 价值时点与房地产市场状况及估价对象状况的关系

价值时点	房地产市场状况	估价对象状况
过去	过去	过去
现在	现在	过去
		现在
		未来
未来	未来	未来

在实际应用价值时点原则过程中,估价人员应注意:价值时点为过去的情形多出现在房地产纠纷案件中;价值时点为现在、估价对象为历史状况下的情形,多出现于房地产损害赔偿案件中;价值时点、估价对象状况和房地产市场状况均为现在的情形,是估价中经常遇到的业务;价值时点为现在、房地产市场状况为现在而估价对象状况为未来的情形,多出现在房地产预售或预购价格的评估中;价值时点为未来的情形多出现于房地产市场预测、为房地产投资分析提供价值依据的情况中,特别是预估房地产在未来建成后的价值。

阅读材料

价值时点原则的应用

（1）价值时点为过去的情形，大多出现在房地产纠纷案件中，特别是对估价结果有异议而引起的复核估价或估价鉴定。例如，某宗房地产被法院强制拍卖后，原产权人认为法院委托的房地产估价机构的估价结果过低，引发了该估价结果究竟是否过低的争论。此时衡量该估价结果是否过低，首先应当回到原价值时点，相应地，估价对象的产权性质、使用性质、建筑物状况以及房地产市场状况等，也都要以原价值时点时的状况为准。否则的话，就无法检验该估价结果是否合理，并且任何一个估价项目的估价结果在事后来看也都可能是错误的，因为房地产市场状况或估价对象状况可能发生了变化，而事实上可能并没有错，只是过去的估价结果不适合现在变化了的情况。类似的情况还出现在对过去评估的房地产抵押价值是否过高的鉴定中。当债务履行期届满，债务人不履行债务，依法以抵押房地产折价或者以拍卖、变卖抵押房地产所得的价款优先受偿时，在折价的价值或者拍卖、变卖所得的价款不足以偿还抵押贷款的情况下，就需要追究有关责任。其中，最容易被怀疑的是当时抵押价值存在高估。如果通过估价鉴定，证明当时抵押价值确实存在高估的问题，则原估价机构和评估专业人员就要承担相应的责任。

（2）价值时点为现在，估价对象为历史状况下的情形，大多出现在房地产损害赔偿和保险理赔案件中。例如，投保火灾险的建筑物被火烧毁后，评估其损失价值或损失程度时，通常是估计将损毁后的状况恢复到损毁前的状况（到实地查看：估价对象已不存在了），在现行的国家财税制度和市场价格体系下所必要的费用。城市房屋征收估价有时也会出现这种情况。例如，在实施房屋征收之前的旧城较繁华地段的某临街铺面房，租金或收益较高，在实施房屋征收后，随着周围铺面房被逐渐拆除，该地段变得不繁华了。此时如果为征收补偿目的评估其价值，应当评估它在原较繁华环境下的价值，而不是现在不繁华环境下的价值。

（3）价值时点为现在，估价对象为现时状况下的情形，是估价中最常见、最大量的，包括在建工程估价。

（4）价值时点为现在，估价对象为未来状况下的情形，如评估期房的价值；在城市房屋征收中，征收补偿实行房屋产权调换方式且所调换房屋为期房的，为结算房屋产权调换的差价评估所调换房屋的房地产市场价格就属于这种情况。

在评估所调换房屋的房地产市场价格时应特别注意以下两点：

1）价值时点应当与评估被征收房屋的房地产市场价格的价值时点一致：《国有土地上房屋征收与补偿条例》第十九条规定："对被征收房屋价值的补偿，不得低于房屋征收决定公告之日被征收房屋类似房地产的市场价格。被征收房屋的价值，由具有相应资质的房地产价格评估机构按照房屋征收评估办法评估确定。"

2）估价对象状况，如期房的区位、用途、面积、建筑结构等，应当以征收人与被征收人在征收安置补偿协议中约定的为准，并将征收安置补偿协议作为估价报告的一个附件。当所调换房屋的评估价值被被征收人和征收人共同认可或被征收人与征收人在此基础上商定了一个价格后，则该评估价值或商定的价格不应因将来所调换房屋成为现房时房地产市场变化导致的实际市场价格与其不同而调整。仅当交付的房屋状况与征收安置补偿协议中约定的状况有出入时，才应对评估价值或商定的价格进行相应调整。

(5)价值时点为未来的情形，多出现在房地产市场预测、为房地产投资分析提供价值依据的情况下，特别是预估房地产在未来开发完成后的价值。在假设开发法中，预计估价对象开发完成后的价值就属于这种情况。

由于估价目的不同，可能同时存在着以下3种估价：

1)价值时点为现在，估价对象为现时状况下的估价，即该在建工程现状在现在的房地产市场状况下的价值是多少；

2)价值时点为现在，估价对象为未来状况下的估价，例如在建工程经过一段时间(6个月)后将建成的状况，而现在预售或预购它的价值是多少；

3)价值时点为未来，估价对象为未来状况下的估价，例如该在建工程经过一段时间(如10个月)后将建成的状况，该状况的房地产在未来建成时的房地产市场状况下的价值是多少。

六、谨慎原则

谨慎原则是评估房地产抵押价值时应当遵守的一项原则，它要求在存在不确定性因素的情况下作出估价相关判断时，应当保持必要的谨慎，充分估计抵押房地产在抵押权实现时可能受到的限制、未来可能发生的风险和损失，不高估假定未设立法定优先受偿权利下的市场价值，不低估房地产估价人员知悉的法定优先受偿款。虽然说只要所担保的债权不超过抵押时，抵押物的价值即不违法，但由于需要处分抵押物的时点与抵押价值时点一般相隔较长时间，而且抵押担保的范围包括主债权及利息、违约金、损害赔偿金和实现抵押权的费用，届时抵押物的价值有可能下跌，其他相关的不确定因素也较多，为确保抵押贷款的清偿，拟接受抵押担保的债权人对变现风险高度关注，所以房地产抵押价值评估除了应遵守房地产评估的一般原则外，还应遵守谨慎原则。

单元四　房地产估价的要素

一、宏观因素

影响房地产价格宏观因素是指对不动产价格水平高低及其变动具有普遍性、一般性、共同性和全盘影响的因素，它们主要是经济因素、社会因素、行政因素、政治因素。宏观因素主要引起一个地区房地产价格总体水平在时间上的变动，在空间上的则主要引起大尺度的房地产价格空间分异，如城市与城市之间的价格水平差异。宏观因素包括社会因素、经济因素、行政因素等。

1. 社会因素

社会发展状况和安定状况对房地产价格有很大的影响。具体来说，影响房地产价格的社会因素包括以下几个方面：

(1)政治安定状况。政治安定状况是指现有政权的稳固程度,包括不同政治观点的政党和团体,以及不同宗教团体的冲突情况等。通常来讲,政治不安定、社会动荡,必然造成房地产价格低落。

(2)社会治安状况。社会治安状况是指偷窃、抢劫、强奸、绑架、杀人等方面的刑事犯罪情况。房地产所处的地区如果经常发生此类刑事犯罪案件,则意味着人们的生命财产缺乏保障,因此会造成该地区房地产价格低落。

(3)房地产投机。房地产投机是指不是为了使用而是为了出售(或再购买)而暂时购买(或出售)房地产,利用房地产价格的涨落变化,以期从价差中获利的行为。房地产投机是建立在对未来房地产价格预期的基础上的。一般来说,房地产投机对房地产价格的影响可分为如下两种情况:

1)引起房地产价格上涨。如预计房地产价格有上涨空间的投机者抢购房地产,可能引起价格上涨。

2)引起房地产价格下跌。如预计房地产价格会下跌的投机者抛售房地产,可能会使价格下跌。

(4)城市化。城市化是指人类生产和生活方式由乡村型向城市型转化的过程,也称城镇化、都市化。改革开放以来,我国的城市化进程十分迅速。城市化的结果是越来越多的农民离开土地,搬到城镇和城市,人口向城市日益集中,依靠房地产市场解决住房的人也日益增多,客观上增加了对房地产的需求;城市化还改变了人们的价值观念,使越来越多的农村人口接受了城市生活方式,投身到房地产市场中来,从而扩大了房地产市场,带动房地产价格上升。

2. 经济因素

经济因素对房地产价格的影响是多方面的,而且较为复杂,各种经济因素影响的程度和范围也不尽相同。一般来说,影响房地产价格的经济因素主要有以下几方面:

(1)经济发展。经济发展预示着投资、生产经营活动活跃,对厂房、写字楼、商店、住宅和各种娱乐设施等的需求增加,由此会引起房地产价格上涨,尤其是引起地价上涨。但是经济发展也很可能带来房地产价格的泡沫式上涨,一旦经济发展出现波动,就会出现泡沫破灭式的价格急剧下滑。因此,经济发展与房地产价格的波动并非简单的对应关系,各自的比例和速度变化往往也是不一致的。

(2)物价变动。房地产价格与物价之间关系非常复杂。在物价普遍波动时,实质上是货币购买力在变动,即币值发生变动,房地产价格也随之变动。在其他情况不变的条件下,房地产价格变动的百分比相当于物价变动的百分比,并且变动方向相同。就房地产商品与其他商品的关系而言,其他商品物价的变动可以影响房地产价格的变动,如建筑材料价格上涨、建筑人工费用增加,即货币供应量的增加引起物价上涨,从而带动了房地产价格上涨。国内外统计资料表明,房地产价格的上涨率要高于一般物价的上涨率和国民收入的增长率。这被人们归为房地产的保值增值性。

(3)居民收入。通常,居民收入的真正增长(为非名义增加,名义增加是指在通货膨胀情况下的增加),意味着人们的生活水平将随之提高。至于对房地产价格影响的程度,则要由收入水平及边际消费倾向(指增加的消费在增加的收入中的比例)的大小来定。如果收入增加的主力是中、低收入者,则因其边际消费倾向较大,且衣食等基本生活已有了较好的基础,将增加的收入用于提高居住水平,自然促使居住房地产价格上涨。但如果收入增加的主力是高收入者,那么因其生活设施已具备完备性,其边际消费倾向甚小,增加收入的大部分甚至全部都用于储蓄或其他投资,在这种情况下对居住房地产的价格变动影响不大;但如果利用剩余收入从事房地产投机(或投资),如购买住宅后用于出租或将住宅当作保值、增值的手段,则必然引起房地产价格上涨。

(4)利率。房地产是资金占用量很大的商品,因而房地产价格高低与利率水平密切相关。由于房地产具有生产、消费双重特性,利率水平对房地产价格的影响就有双重意义。一方面,利率水平高低影响房地产消费代价大小。由于房地产消费中借贷资金的比例大,若利率水平高,则使用者需支付高额的利息,导致房地产消费意愿低、房地产需求不强;反之,则导致需求增加。另一方面,利率水平的高低影响到社会上投资收益水平的高低。当利率较低时,对社会投资意愿较强之余,对收益率的要求也较低。投资者愿意支付更高的价格去购买产生同样收益的房地产,导致房地产的价格上升。

3. 行政影响

影响房地产价格的行政因素,是指影响房地产价格的制度、政策、法规等方面的因素,包括土地制度、住房制度、城市规划、税收政策、交通管制、行政隶属变更、特殊政策等方面。

(1)土地制度。土地制度对土地价格的影响非常大。如严禁买卖、出租或以其他形式转让土地的土地政策,可能使地租、地价根本不存在。而在允许地价存在的制度中,科学合理的土地制度和政策可以刺激土地利用者或投资者的积极性,形成合理的土地价格。

(2)住房制度。住房制度对房地产价格的影响也相当大。住房制度改革使住宅走向社会化、市场化和商品化,从而在一定程度上刺激了人们的购房欲望,同时伴随着购房能力的不断提高及居住需求的增加使房地产价格上涨。而我国为改善城市中低收入及住房困难户而实行的安居工程、经济适用房开发计划以大大低于市场价格的成本价或微利价提供解困房、微利房,又在一定程度上对房地产价格的上涨起到了降温作用。住房制度对房地产市场特别是住宅市场有着深远的影响。

(3)城市规划。城市规划是指为了实现一定时期内城市的经济社会发展目标,确定城市性质、规模和发展方向,合理利用城市土地和空间资源,协调城市各项用地和空间布局以及对城市各项建设活动的综合部署、具体安排和实施管理。城市规划对房地产价格有很大影响,特别是对城市发展方向、土地使用性质(用途)、建筑高度、建筑密度、容积率、绿地率等的规定。

(4)税收政策。国家通过税收政策调控房地产业的发展,直接或间接地对房地产课税,实际上减少了利用房地产的收益,因而降低了房地产的价格。不同的税种和税率,对房地产价格的影响是不同的。

(5)交通管制。交通方便程度直接影响房地产价格,所以某些房地产所处的位置,看似交通方便,而实际上并不方便,这可能是受到了交通管制的影响。交通管制主要有严禁某类车辆通行,实行单行道等。交通管制对房地产价格的具体影响,要看这种管制的内容和该房地产的使用性质。如在住宅区内的道路禁止机动车辆通行,可以减少噪声和行人的不安全感,因此有可能会提高房地产的价格;而对商业用途房地产由于造成出行不便,从而降低了价格。

（6）行政隶属变更。行政隶属变更一般都会促进当地房地产价格的上涨。行政隶属变更通常可分为以下两类：一类是级别升格，如某一城市由县级市升为地级市，或者非建制镇上升为建制镇等；另一类是级别不变，其管辖权由原地区划归另一地区。

（7）特殊政策。对于某些地区实行开放、优惠政策，往往会提高该地区的房地产价格。如深圳市变为经济特区，海南岛成为海南省，享受特区政策，开发上海浦东政策，都使这些地区的房地产价格大幅度上涨。

二、区域因素

区域因素是指不动产所在区域由于本身特性而对不动产价格产生影响的因素，也是指对城市内部某一个特定区域内的房地产产生普遍影响的因素。区域因素是指某一特定的区域内的自然条件与社会、经济、行政、技术等因素。区域因素是导致城市内部不同地区之间房地产价格水平空间差异的主导因素。区域因素的变动也会引起相应区域房地产价格水平在时间上的变动。例如，地处交通便利城区的房地产价格较高，交通不方便的郊区的房地产价格则偏低。对于商业房地产，区域因素尤其重要。繁荣的商圈区域内的房地产价格高昂，因此持有这些区域的房地产而取得的租金收入不菲。

区域因素一般有如下几种：

（1）商服繁华因素。这是指所在地区的商业、服务业的繁华状况及各级商业、服务业中心的位置关系。如果商服繁华度较高，则该地区的房地产价格水平较高。

（2）道路通达因素。这是指所在地区道路系统通畅程度，道路的级别（如主干道、次干道、支路）越高，该地区的房地产价格水平也越高。

（3）交通便捷因素。这是指交通的便捷程度，包括公共交通系统的完善程度和公共交通的便利程度。交通便捷度越高，房地产价格水平也越高。

（4）城市设施状况因素。

1）基础设施。主要包括供水、排水、供电、供气、供热和通信等设施。

2）生活设施。主要包括学校、医院、农贸市场、银行、储蓄所、邮局等设施。

3）文化娱乐设施。主要包括电影院、图书馆、博物馆、俱乐部、文化馆等设施。

（5）环境状况因素。若一个地区绿地较多、公园充足、环境优美，则该地区的房地产价格水平较高；若噪声污染、大气污染、水污染较严重，则房地产价格水平较低。

三、个别因素

个别因素是指不动产由于各自条件的差异而影响其价格的因素，如土地的微观位置、形状、面积，建筑物的结构、材料、外观、造型、风格、色调、朝向、质量、物业管理水平等。这是由不动产的个别性质所决定的，并由此造成同类不动产的价格不同。个别因素通常只对其所属房地产个体自身的价格产生影响，在某些情况下会因与相邻房地产的相邻关系对该房地产的价格产生影响，如某种特定的建筑类型或风格独特的房地产会使相邻房地产的价格增高。个别因素是造成房地产价格个别性的直接因素。例如，功能设计合理、施工质量优良、通风采光好和良好的朝向等因素都会相应地在房地产价格上体现出来。

个别因素可细分为与土地有关的个别因素和与建筑物有关的个别因素。与土地有关的因素有：宗地的自然条件、局部条件和环境状况；与建筑物有关的因素包括建筑物用途、类别、建筑结构、层数及质量等。

1. 与土地有关的个别因素

(1)区位因素。区位也叫作宗地位置，是影响地价的一个非常主要的因素。区位有自然地理区位与社会经济区位之别。当区位由劣变优时，地价会上升；相反，则地价下跌。

(2)面积因素、宽度因素、深度因素。一般来说，宗地面积必须适宜，规模过大或过小都会影响土地效用的充分发挥，从而降低单位地价。

(3)形状因素。土地形状有长方形、正方形、三角形、菱形、梯形等。形状不规则的土地不便于利用，从而地价降低。一般认为宗地形状以矩形为佳，特殊情况下，在街道的交叉口、三角形等不规则土地的地价也可能略高。

(4)地力因素、地质因素、地势因素、地形因素。地形是指地面的起伏形状，一般来说，土地平坦，地价较高；反之，土地高低不平，则地价较低。

(5)容积率因素。容积率越大，地价越高；反之，容积率越小，地价越低。容积率与地价的关系一般不呈线性关系。

(6)用途因素。土地的用途对地价影响相当大，同一宗土地，规划为不同用途，则地价不相同。一般来说，对于同一宗土地而言，商业用地、住宅用地、工业用地的地价是递减的。

(7)土地使用年期因素。在年地租不变的前提下，土地使用年期越长，地价越高。

2. 与建筑物有关的个别因素

(1)面积、结构、材料等。建筑物的建筑面积、使用面积、建筑高度等不同，则建筑物的重建成本也不相同。

(2)设计、设备等。建筑物形状、设计风格、建筑装潢是否与建筑物的使用目的相适应，建筑物设计、设备是否与其功能相适应，对建筑物价格有很大的影响。

(3)施工质量。建筑物的施工质量不仅影响建筑物的投入成本，更重要的是影响建筑物的耐用年限和使用安全性、方便性及舒适性。因此施工质量是否优良，对建筑物的价格也有很大影响。

(4)法律限制。有关建筑物方面的具体法律限制，主要是城市规划及建筑法规。

(5)建筑物与周围环境的协调性。建筑物应当与其周围环境相协调，否则就不是最有效的使用状态。建筑物不能充分发挥使用效用，其价值自然会降低。

(6)建筑密度。

阅读材料

影响房地产价格的其他因素

1. 人口因素

房地产(特别是居住房地产)的需求主体是人，人的数量、素质、构成等状况，对房地产价格有很大影响。

(1)人口数量。随着人口数量的增长，人们对房地产的需求必然增加，从而促使房地产价格上涨。反映人口数量的相对指标是人口密度。

人口密度与房地产价格关系密切，它决定了房地产的总体需求规模。人口密度大的地区，对房地产的求多于供，因而房地产价格水平较高。人口密度是人口数量与土地可利用面积的比值。人口密度高对房地产价格的影响表现为：购买力强，有利于促进商业中心的形成。只有人口密度达到一定的程度，城市基础设施和社会服务设施才能产生规模效益，才能得以完善和发展。因此，人口密度越高，土地利用的集约化程度也越高，土地的区位就越好。

（2）人口素质。人们的文化教育水平、生活质量和文明程度，标志着社会的文明程度与经济的发展水平，从而影响房地产价格的高低。随着文明的发展、文化的进步，人们对公共服务设施的要求必然越来越高，同时对居住环境也必然力求宽敞舒适，凡此种种都足以增加对房地产的需求，从而导致房地产价格升高。

在择邻而居现象的影响下，如果一个地区中居民素质低、构成复杂、社会秩序欠佳，人们大多不愿意在此居住，则该地区的房地产价格会相应回落。

（3）家庭人口规模。这里所说的家庭人口规模，是指全社会或某一地区的家庭平均人口数。家庭规模的变化，即使人口总数不变，也影响居住的数量从而导致房地产需求的变化。

2. 心理因素

心理因素对房地产价格的影响，也是一个不可忽视的因素。影响房地产价格的心理因素主要有价格预期、购买或出售心态、欣赏趣味、时尚风气、接近名家住宅心理、讲究门牌号码心理、讲究风水心理等。

3. 国际因素

现代社会，国际交往日益频繁，某个国家或地区的政治、经济、文化等，常常会影响到其他国家和地区。国际经济、军事、政治等环境如何，对房地产价格也有影响。影响房地产价格的国际因素主要有世界经济状况、国际竞争状况、政治对立状况和军事冲突状况等。

4. 环境因素

环境因素是指那些对房地产价格有影响的房地产周围的物理性状因素，主要包括声觉环境、大气环境、水文环境、视觉环境、卫生环境。

5. 其他因素

其他因素指上面列举的因素之外的影响房地产价格的因素。如某些重要政治人物的健康与生死状况，有时人们预期其会影响时局，从而会引起房地产价格的涨落。再如，共有的房地产，如果共有人较多，对于房地产的维护、修缮、处分等很难达成共识，部分共有人如果不堪其烦而转让其在共有的房地产中享有的份额，这时的成交价格多会低于正常价格。

单元五　估价师的职业道德

房地产估价师的职业道德是指房地产估价师在房地产估价活动中应当遵循的道德规范和行为规范。它要求房地产估价师以良好的思想、态度、作风和行为去从事房地产估价工作。

房地产估价师如果没有良好的职业道德，不仅评估出的价值难以客观公正，会损害估价利害关系人的合法权益，会借着专业估价的外衣扰乱市场秩序，甚至会与估价委托人"合谋"坑害第三方的合法权益。例如，与借款人合谋高估房地产价值骗取贷款；与征收人合谋低估被征收房屋的房地产价值损害被征收人的合法权益；与拍卖机构合谋低估拍卖房地产的价值损害被执行人的合法权益等。因此，房地产估价师具有良好的职业道德是十分重要的。

估价师和估价机构应遵守以下8项职责，这是基本的职业道德：

(1) 诚实估价。估价师不得作任何虚假的估价，不得按估价委托人或其他单位、个人的要求高估或低估，也不得按预先设定的价值或价格进行估价。

(2) 回避制度。估价师应回避与自己、近亲属、关联方及其他利害关系人有利害关系的房地产估价业务。

(3) 胜任能力。估价师不得承接超出自己专业胜任能力的估价业务，对于部分超出自己专业胜任能力的工作，应聘请具有相应专业胜任能力的专业人员或专业机构提供帮助，并应在估价报告中说明。

(4) 尽职调查。估价师对估价委托人提供的估价所依据的资料应进行审慎检查，应收集合法、真实、准确、完整的估价所需的资料，并应对估价对象进行认真的实地查勘。

(5) 保守秘密。估价师应保守在执业活动中知悉的国家秘密、当事人的商业秘密和技术秘密，不得泄露个人隐私；应妥善保管估价委托人提供的资料，未经估价委托人同意，不得擅自将其公开或泄露给他人。

(6) 告知义务。估价师在估价假设等重大估价事项上，应向估价委托人详细说明，使估价委托人清楚了解估价的限制条件及估价报告、估价结果的使用限制。

(7) 维护形象。估价师应维护自己的良好社会形象和房地产估价行业声誉，不得采取迎合估价委托人或估价利害关系人不当要求、恶性低收费、给予回扣、贬低同行、虚假宣传等不正当手段承揽估价业务，不得索贿、受贿或谋取估价委托合同约定费用之外的其他利益。

(8) 不得借名。估价师不得允许其他个人和单位以自己的名义从事房地产估价业务，不得以估价者身份在非自己估价的房地产估价报告上签名、盖章，不得超出本机构的估价业务范围，不得以其他房地产估价师、房地产估价机构的名义从事房地产估价业务。

值得强调的是，一个房地产估价师的职业道德应以专业能力为基础，专业能力不胜任本身就是对社会公众的欺诈，是一种不道德的行为。

注册房地产
估价师管理办法

阅读材料

房地产估价师

房地产估价师不仅要懂得房地产价值及其评估方法，而且要具备有关房地产价格及其影响因素的专业知识和经验，了解房地产市场状况。所以，房地产估价师还是房地产价格专家、房地产市场分析专家和房地产投资顾问。人们通常还会要求房地产估价师承担房地产市场调研、房地产投资项目可行性研究、房地产开发项目策划、房地产资产管理等业务。目前，英国估价行业判断估价准确性的途径是考察估价师的估价过程而不是估价结果。例如，估价师是否遵守了行业标准，是否明确地告知委托人估价过程和估价结果的性质和有限性。事实上，不同的估价师采用不同的假设，是造成很多情况下同一估价对象在同一估价目的、同一价值时点的评估价值不相同的重要原因。

模块小结

建立房地产估价制度是我国发展房地产业、培育房地产市场的客观需要，房地产估价有助于建立合理的房地产交易秩序，促进房地产公平交易，将房地价格导向正常化。本模块主要介绍房地产的含义、特性与分类，房地产估价的概念、特征与必要性，以及房地产估价原则、要素、估价师的职业道德。

思考与练习

1. 房地产有哪 3 种存在形态？
2. 从房地产估价的角度来看，人们对一宗土地的认识主要包括哪几个方面？
3. 房地产按用途划分为哪几类？
4. 房地产估价的特征包括哪些？
5. 房地产估价原则包括哪些？
6. 估价师和估价机构应遵守哪些职责？

第二篇　估价程序篇

模块二 房地产估价程序

1. 了解房地产估价程序的含义及作用。
2. 熟悉房地产估价程序的基本内容。
3. 掌握房地产估价技术路线的概念、估价方法，房地产估价技术路线的确定及步骤。

能运用所学知识判定影响房地产价格的具体因素；具备分析房地产估价市场的能力。

课前任务案例

某房地产开发公司在城市规划区内通过出让方式取得了一块土地的使用权，在签订的土地使用权出让合同中规定，此土地按照城市规划为住宅用地。某房地产开发公司通过调查研究，发现将临街的部分土地用于商业将更具市场潜力，同时也会对其后推出的商品楼起到升值作用，遂向有关部门提出建设二层商业中心的申请，申请最终得到批准。征收前委托房地产评估机构，进行了价值评估。商业中心建设按期进行，于次年5月完成施工任务，并通过竣工验收，及时办理了该商业中心的《房屋所有权证》。随后，某房地产开发公司将其出租给××经贸公司进行经营；而××经贸公司由于自身原因，又将该商业中心转租给个体户蔡某。在此之后，商品住宅建设开始启动，在建设过程中，为了融通资金，某房地产开发公司将先前建设的商业中心向建设银行进行了抵押，从而保证了商品住宅的按期完工。

任务：请问该房地产评估机构在评估价格的程序是怎样的？

单元一　房地产估价程序的含义和作用

一、房地产估价程序的含义

房地产估价是一种直接关系到相关当事人的切身利益以及公共利益，较为复杂的专业服务活动。要想使评估活动高效、准确、公正，必须使活动过程遵循一套严谨、科学的工作程序。这套工作程序是进行房地产估价所必须经过的工作阶段，反映了各阶段之间的内在联系，是人们对估价对象形成认识的思维历程，是经过千百万次工作实践总结出来的客观规律。按照房地产估价程序进行评估可以提高效率、减少失误、确保质量。

房地产估价程序是指房地产估价全过程中各项具体工作按其内在联系所排列的先后顺序，其含义有狭义和广义两种。狭义的房地产估价程序注重估价工作本身，开始于受理估价程序的基础上，结束于出具估价报告。广义的房地产估价程序是在狭义的房地产估价程序的基础上，加上了受理估价委托之前的获取估价业务和出具估价报告之后的估价资料归档。

二、房地产估价程序的作用

按照科学、严谨、完整的估价程序有条不紊地开展估价工作，可以使估价工作具有计划性且规范化、精细化，避免疏忽遗漏、顾此失彼或重复浪费，从而可以保证估价工作质量，提高估价工作效率。

作为专业服务行为的估价，不仅实质内容（即估价结果正确）很重要，形式和过程（即程序）也很重要；对于不是有意高估或低估的，可以说"过程"比"结果"更重要，因为如果"过程"做到位了，"结果"一般不会出错。因此，履行必要的估价程序是完成任何估价项目的基本要求，也是估价机构和估价师防范估价风险、保护自己的有效手段。

在针对估价报告或估价结果异议或争议所进行的有关鉴定或评审中，一项重要的鉴定或评审内容是检查估价机构和估价师是否履行了必要的估价程序，或者在履行估价程序方面是否存在简化、省略等问题或疏漏。例如，在受理估价委托时，是否与委托人进行了充分沟通，认真细致地了解其真实的估价需要；在收集估价资料时，是否尽职收集了估价所需资料，包括是否要求了委托人如实提供其知悉的估价所需资料，自己是否努力收集了估价所需的其他资料，并且对估价所依据的资料是否依法进行了核查验证；是否对估价对象进行了实地查勘，以及实地查勘是否符合要求（如认真、到位）；是否恰当选择了估价方法并进行正确、仔细的测算。因此，对于任何估价项目，都不得随意简化和省略必要的估价程序（包括必要的工作步骤和工作内容），都必须在估价程序上经得起严格检查。

归纳起来，估价程序的作用主要有4个：
(1)规范估价行为；
(2)保证估价质量；
(3)提高估价效率；
(4)防范估价风险。

单元二　房地产估价操作程序

一、受理估价委托

1. 估价业务来源

开展估价业务，需先有估价业务。估价业务来源多种多样，从估价机构和估价师的主观能动性角度，可分为"被动接受"和"主动争取"两大渠道。

被动接受就是估价机构和估价师坐等估价需求者找上门来要求为其提供估价服务。这主要是依靠高超估价水平、优质估价服务、良好口碑、知名品牌、回头客、老客户介绍、估价行业组织推介等来获取估价业务。

主动争取即是估价机构和估价师走出去寻找估价需求者并力争为其提供估价服务。这在估价机构多、竞争激烈的情况下，通常是估价业务的主要来源。

2. 估价委托合同的内容构成

（1）委托人和估价机构的基本情况，如委托人的名称或者姓名和住所，估价机构的名称、资质等级和住所。

（2）负责本估价项目的注册房地产估价师，包括注册房地产估价师的姓名和注册号。每个估价项目应至少明确一名能够胜任该项目估价工作的注册房地产估价师担任项目负责人。

（3）本估价项目的估价基本事项，包括估价目的、估价对象、价值时点和价值类型。

（4）委托人应提供的估价所需资料，包括资料的目录和数量，如委托人应向估价机构提供估价对象的权属证明、历史交易价格、运营收入和费用、开发成本以及有关会计报表等资料。

（5）估价过程中双方的权利和义务，如估价机构和注册房地产估价师应保守在估价活动中知悉的委托人的商业秘密，不得泄露委托人的个人隐私；委托人保证所提供的资料是合法、真实、准确和完整的，没有隐匿或虚报的情况，应协助注册房地产估价师对估价对象进行实地查勘，收集估价所需资料。

（6）估价费用及收取方式。

（7）估价报告及其交付，包括交付的估价报告类型、份数以及估价报告交付期限、交付方式等。例如，交付的估价报告是鉴证性报告还是咨询性报告，是仅提供估价结果报告还是既提供估价结果报告又提供估价技术报告。在确定估价报告交付期限时，应保证有足够的时间以保质完成该估价项目，不能"立等可取"。

（8）违约责任。

（9）解决争议的方法。

（10）其他需要约定的事项。

此外，在估价委托合同中还应注明估价委托合同签订日期。

3. 不应接受估价委托的情形

这里所讲的不应接受估价委托的情形，是指估价机构不应受理或承接估价业务的形式，而不是估价师应回避或不应承办估价业务的情形。在受理估价委托过程中，通过与估价需求者沟通，根据所了解的估价目的、估价对象、估价相关当事人等情况，从该项估价业务是否与本机构有利害关系，是否本机构的专业能力不能胜任，是否超出本机构的业务范围，是否存在很大风险等方面进行分析和评估，然后决定是否接受该估价委托。

（1）与本机构有利害关系。估价机构如果与估价需求者或其他相关当事人及估价对象有利害关系，则不应接受该估价委托。例如，应回避与自身、关联方及其他利害关系人有利害关系的估价业务。因为估价机构如果与估价需求者或相关当事人有利害关系，或者与估价对象有利益关系，就有可能影响其独立、客观、公正的估价。

（2）本机构的专业能力不能胜任。估价机构如果认为自己的专业能力（即本机构所有估价师的专业知识和实践经验等有限）不能胜任某项估价业务，则不应接受该估价委托。但是，对于那些新兴或综合性的估价业务，在没有其他合适的估价机构可推荐的情况下，可以承接或其他较合适的估价机构联合承接、合作完成该项估价业务。

（3）超出本机构的业务范围。估价机构应有明确的业务范围，特别是法律法规、经营范围等对估价机构的业务范围有规定和限制的，如果估价业务超出了估价机构的业务范围，则不应接受该估价委托。

（4）估价业务存在很大风险。估价结构应该分析和评估委托的估价业务风险，搞清楚风险之所在及其程度，如果估价业务存在很大风险，则不应接受该估价委托。此外，对估价需求者恶性压价、索要或变相索要回扣的，要依法予以抵制，甚至不接受该估价委托。

4. 估价委托洽商与接受

在与估价需求者相互了解、充分沟通，认真细致地了解其真实、具体的估价需要，以及估价需求者初步指定估价对象的基础上，如果估价需求者愿意将估价业务交给估价机构，估价机构也愿意承接且不属于不应接受估价委托的情形，则可为估价需求者起草好估价委托书，准备好估价委托合同。估价委托书和估价委托合同的内容经与估价需求者洽商并经其确认后，由估价需求者在估价委托书上签名或盖章，估价机构与委托人还应签订书面估价委托合同。

二、确定估价基本事项

房地产估价活动的核心内容是根据特定目的，对特定房地产在特定时间的特定价值进行分析、测算和判断并提供相关专业意见。明确估价事项的内容包括估价目的、估价对象、价值时点和价值类型。在一个房地产估价项目中，估价基本事项之间是有着内在联系的，其中估价目的是龙头。

1. 明确估价目的

估价目的源自对估价的需要。其作为房地产业的一项基础工作，可以有多方面的用途，评估委托人也会根据自己不同的需要提出不同的估价目的。房地产估价的目的可以有很多，如房地产买卖、租赁、抵押、补偿、入股、清产、交换、诉讼、课税、投资决策、统计等。估价目的的不同使价格类型也有所不同，如买卖交易价格、抵押价格、租赁价格、典当价格、课税价格、征用价格等。不同的估价目的，其估价所用的资料、参数选择都有所差异，其估价结果也不尽相同。因此估价者对委托人估价目的的明确把握是正确决策和做好估价工作的前提条件。

2. 明确估价对象

明确估价对象包括明确估价对象的物质实体状况、权益状况和区位状况。估价对象的物质实体范围由委托方提供，但由估价目的决定。有些房地产由于受权益状况所限，不能用于某些估价目的，例如行政办公房、公益型学校的校舍等，通常不能用于以抵押贷款为目的的估价。因此，估价对象不能简单地认同委托人所提出的范围，也不能由估价人员随意确定，而应根据估价目的。依据有关法律法规和政策，有些房地产不应作为某些估价目的的估价对象。

明确估价对象的实物状况，要明确评估对象是什么，范围如何，估价的是土地还是建筑物，或是房地合一。对于正在运营、使用的房地产，如宾馆、商场、餐馆、影剧院、游乐场、高尔夫球场、汽车加油站、码头、厂房等，还应明确是否包含其中的家具、电器、装饰品、专业设备等房地产以外的财产。例如，工业房地产是否包括地块内的基础设施、构筑物、机器设备等。对于房地产开发用地，还应明确其基础设施完备程度和场地平整程度。对于在建工程，还应明确是当前工程进度下的状况，还是未来开发完成后的状况。

明确估价对象的权益状况，就是要确定所评估的是何种权益，是所有权还是使用权或抵押权等。估价是评估估价对象在现实法定权益下的价值，不得随意设定估价对象的权益状况来估价。虽然法院委托的强制处分的房地产，现实法定权益不完整，但是通过法院的强制处分，受让人取得的是完整的权利。这时法院委托的估价就属于评估房地产在设定权益下的价值。

明确估价对象的区位状况，是要弄清估价对象的位置、交通、周围环境和景观、外部配套设施等。值得注意的是，估价对象的用途和实物状况不同，对其区位状况的界定会有所不同。例如，估价对象是整个住宅小区中的一幢住宅楼、一幢住宅楼中的一套住房，对区位状况的界定是不同的，后者的区位状况还应包括楼层和朝向。

3. 明确价值时点

价值时点是现在的某个时日还是过去或将来的某个时日，是由估价目的决定的。房地产价格受多种因素影响，是不断变化的。对于同一宗房地产来说，在不同的时点上，其价格可能有较大的差别。通常所说的某宗房地产的价格，都是指该房地产在某个特定时点上的时价，所要评估的也正是这种时价。非时价的评估不仅是毫无意义的行为，而且也是无法进行的，因此，必须明确价值时点。

三、制订估价作业方案

《房地产估价规范》指出："在明确估价基本事项的基础上，应对估价项目进行初步分析，拟定估价作业方案。"因此，在接受估价委托之后，估价人员应着手估价作业方案的拟订，为下一步评估工作的开展做好思路制定、步骤分解、资源组织等工作。尤其是对那些技术难度大、工作量大、没经历过的、重要性强的项目，如果事先没有拟定一个周密的估价作业方案，将会使整个估价工作陷入无序和混乱，浪费大量的人力、物力、财力，最终还不能满足委托人的要求。

拟定估价作业方案的内容包括以下几方面：

(1)初选估价方法和评估的技术路线,以便于以后的工作有目的地进行。

(2)确定评估人员。这是估价作业计划的关键内容。应根据评估任务量的大小、性质及难易程度确定,在确定时应充分考虑估价人员的专长。

(3)拟收集的资料及其来源渠道。

(4)拟定作业步骤和进度安排。

估价作业步骤和进度安排,主要是对以后要做的各项工作做出具体安排,包括对作业内容、作业人员、时间进度、经费等的安排,以便控制进度及协调合作,通常会附以流程图、进度表等,特别是对于那些大型、复杂的估价项目。

房地产估价规范

四、收集估价所需资料

应根据估价作业方案对资料收集的要求和安排展开资料的收集和整理工作。资料收集的深度和广度很大程度上取决于在计划阶段初选的估价方法,一般应围绕估价方法所赖以计算的资料数据进行收集。若对供出租用的写字楼拟选用收益还原法来评估其价格,则需收集可供出租的面积、出租率或空置率、租金水平、分摊折旧、负担利息、运营管理费、税收等方面的资料,若某块土地拟选用假设开发法来评估其价格,需收集规定用途、容积率、覆盖率、建筑高度等方面的资料。

估价所需资料包括以下几部分内容:

1. 宏观资料和市场状况资料

宏观资料和市场状况资料是指对房地产价格有普遍影响的资料和对估价对象所在地区的房地产有影响的资料,包括:政治制度、土地使用制度、住房制度;相关的法律、法规;自然条件、城市规划、基础设施、公共设施;人口数量、人口素质、家庭规模;房地产的需求状况、供给状况、出售和出租状况、空置状况等。

2. 价估方法所需资料

估价方法不同所需要的资料也会不同,在估价时应根据初选的估价方法,收集估价方法所需资料。

(1)支持运用比较法估价的资料是类似房地产的交易实例资料。它包括交易目的、交易时间、交易情况资料,以及交易实例房地产的区位状况、权利状况和实物状况等资料。

(2)支持运用收益还原法估价的资料是类似房地产的收益资料。它包括租赁价格、经营收入资料、出租率或空置率、运用费用资料,以及收益率及风险程度资料等。

(3)支持运用成本法估价的资料是类似房地产的成本资料。它包括土地重新取得价格资料,建筑物的建造成本,以及开发费用、管理费用、销售费用、销售税费、利润率等。

(4)支持运用假设开发法估价的资料是类似房地产的价格与成本资料。它包括类似房地产的现有价格资料及其预期分析;开发估价对象房地产的成本资料及其预期分析等。

(5)支持运用基准地价修正法的资料是估价对象所在城市的基准地价资料、土地价格随时间变化资料等。

3. 估价对象状况资料

估价对象的资料包括区位、权益和实物3个方面。

(1) 估价对象的区位资料是指它的具体坐落及它与市中心、区域中心、车站、机场、政府机关、学校、医院、绿地等的距离、交通便利度、时间等。

(2) 估价对象的权益资料是指它的权利、利益和收益。即在估价中需要了解的房地产的权利人是谁,是国家所有的土地还是集体所有的土地;是以出让方式取得的土地使用权还是以行政划拨方式取得的土地使用权;剩余土地的使用年限有多长;是否抵押、典当或为他人提供担保;是否有租约、有租赁期限、可否转租等。

(3) 估价对象的实物资料是指土地的生熟程度,即是生地、毛地,还是熟地;是"三通一平""五通一平",还是"七通一平";土地的面积、形状;建筑物的结构、建造年代、新旧程度、装修、外观,以及层次、朝向、房型等。

五、实地查勘估价对象

专业估价人员必须亲自到估价对象现场,检查、观察估价对象的状况,包括感受估价对象的位置、交通环境景观、外部配套设施的优势,对收集的有关估价对象的坐落、四至、面积、产权等资料进行核实,收集补充所需的资料,以及对估价对象及其周围环境或临街状况进行拍照等。

实地查勘一方面有利于核实委托人提供的资料,并将其资料补充完全;另一方面,也有利于形成对估价对象具体、直观的印象。在实地查勘中,一般由委托人中熟悉情况的人陪同估价人员同往实地查勘。在进行实地查勘中,估价人员要认真听取陪同人员的介绍,详细询问在估价中所需弄清楚的问题,并将有关情况和数据认真记录在事先准备好的专门表格中,形成该项目的"实地查勘记录",最后双方在记录上签字认可,并注明实地查勘日期。

如果一些估价项目的委托人不是被查勘房地产的业主,甚至与被查勘房地产的业主有利益冲突,专业估价人员在进行估价时应注意以下两点:一是要求委托人与被查勘房地产的业主做好事先沟通;二是主动向被查勘房地产业主说明来意,取得理解与配合。

实地查勘估价对象的工作和收集估价资料工作从工作程序上一般是并列的,不存在先后次序,可视工作计划安排而定。

六、选用估价方法进行测算

在根据估价对象初步选择估价方法的基础上,估价人员应运用收集到的资料正式确定拟用的估价方法。在选择估价方法时,要注意考虑估价对象的特征及其评估目的和评估前提以及各种估价方法的适用范围。选择多种方法综合运用,以求各种方法之间相互补充和印证。

在测算过程中,如果还需要补充收集新的估价资料,或对估价对象进行补充查勘,甚至调整原先确定的估价技术路线和估价方法,可返回上述程序重新进行。

七、确定估价结果

运用不同的估价方法对同一估价对象进行估价,会得出不同的结果。因此,必须对试算价格进行综合分析确定,使之不致产生重大的误差。在如何决定最终估价结果上,有两种不尽相同的意见:一是以调整得出的最终估算结果为主要依据;二是以估价人员的经验为主，参考估算结果。通常认为第一种意见更为合理，应作为决定最终估价结果的主要方案。但对于比较特殊的估价活动，有时需要估价人员更多地依赖于经验来决定最终估价额。最终估价额的决定是整个估价作业的最关键步骤，一般应由几位资深的估价人员共同研究确定。

在确认所选用的估价方法估算出的结果无误之后，应根据具体情况选用简单算术平均数、加权算术平均数、中位数、众数等数学方法之一计算求出一个综合结果。其中最常用的方法是简单算术平均、加权算术平均。

在计算求出一个综合结果的基础上，还应考虑一些不可量化的价格影响因素，以及估价人员的经验及对市场行情的认识，并听取有关人士的意见，对该结果进行适当的调整，或取整，或认定该结果，作为最终的估价结果。当有调整时，应在估价报告中明确阐述理由。

八、撰写估价报告

估价人员在确定了最终的估价结果之后，应当撰写估价报告。

估价报告可分为书面估价报告和口头估价报告，叙述式估价报告和表格式估价报告，估价结果报告和估价技术报告，鉴证性估价报告和咨询性估价报告，整体评估报告和分户评估报告，纸质估价报告和电子估价报告，中文估价报告和外文估价报告（如英文估价报告）等。

为了估价报告的严肃性、规范化等，估价报告应采取书面形式，即应为书面估价报告。书面估价报告按照格式，分为叙述式估价报告和表格式估价报告。表格式估价报告可以比叙述式估价报告简明扼要一些，但并非是简单或省略的估价报告，其内容应包含叙述式估价报告应有的内容，两者的差别主要是表现形式上的不同。当成套住宅抵押估价或基于同一估价目的大量相似的房地产批量估价时，估价报告可采取表格形式。住宅房屋征收分户估价报告，也可采取表格形式。

一份完整的叙述式估价报告应包括8个部分：
（1）封面；
（2）致估价委托人函；
（3）目录；
（4）估价师声明；
（5）估价假设和限制条件；
（6）估价结果报告；
（7）估价技术报告；
（8）附件。

九、审核估价报告

估价机构应对估价报告进行内部审核。对估价报告进行内部审核，类似于对产品在出厂前进行质量检验，是保证估价报告质量和防范估价风险的最后一道防线。为了保证出具的每份估价报告都是合格的，估价机构应建立健全估价报告质量控制制度（包括估价报告内部审核制度），指定本机构估价水平高、为人正直、责任心强的估价师或外聘估价专家担任审核人员，按照合格的估价报告要求，对已撰写完成而尚未向委托人出具的估价报告，从内容到形式等方面进行全面、认真、细致的审查核定，确认估价结果是否正确合理，提出审核意见和结论。

为使估价报告内部审核工作规范化、标准化及便于审核，可在总结以往估价报告内部审核经验的基础上制作估价报告内部审核表，在审核时按照该表对估价报告进行审核，可以统一审核内容和标准，避免审核上的疏忽遗漏，保证审核工作质量，提高审核工作效率。

审核意见应具体指出估价报告存在的问题，审核结论可为下列之一：
(1)可以出具；
(2)修改后出具；
(3)应重新撰写；
(4)应重新估价。

对审核认为需要修改的估价报告，应进行修改；对审核认为不合格的估价报告，应重新撰写，甚至需要重新估价。经修改、重新撰写和重新估价后的估价报告，还应再次进行审核。只有经审核合格的估价报告才可交付委托人。为避免返工量过大，估价报告审核工作可适当提前介入。

十、交付估价报告

估价报告经内部审核合格并完成估价师签名、估价机构盖章等手续后，应按有关规定和估价委托合同约定的方式，及时交付委托人。在交付估价报告时，为避免交接不清引起的麻烦，可由委托人或其指定的接受人在"估价报告单"上签收（接受人签名并填写收到估价报告交付日期）。

在交付估价报告时，估价师可主动对估价报告中的某些问题特别是估价报告使用建议做口头说明。委托人对估价过程或估价报告、估价结果提出询问的，或对估价报告和估价结果提出异议的，估价机构或承办该项业务的估价师应予以说明解释。

十一、估价资料归档

交付估价报告后，估价人员和估价机构应及时对估价报告及相关的资料进行整理归档，以便今后估价及相关的管理工作，如行业管理部门对评估报告的抽查、估价机构的年检等，同时也有利于今后可能发生的估价纠纷的解决。

估价资料归档是为了方便今后的估价，归档有助于估价机构和估价人员不断提高估价水平，也有助于解决日后可能发生的估价纠纷，还有助于行政主管部门和行业组织对估价进行资质审查和考核。

应归档的资料包括：委托合同、估价报告、实地勘察记录、项目来源和接洽情况记录、修改或调整估价结果意见记录、审核记录，以及估价人员认为有必要保存的资料等。

资料的保管期从估价报告出具之日起计算，应当不少于10年。保管期届满而估价服务的行为尚未了结的估价档案应当保管到估价服务行为了结为止。例如，10年前为某笔房地产抵押贷款服务而出具的估价报告，如果该笔住房抵押贷款期限为20年，则该笔房地产抵押贷款服务的估价档案应当保存20年以上。

房地产估价应当按照上述估价程序进行，不得随意省略其中的工作步骤。在实际估价中，各个工作步骤不是完全割裂的，相互之间可以有一些交叉，有时候甚至需要一定的反复。

阅读材料

房地产估价的方法

房地产估价应当采用科学的估价方法进行严谨的测算，不能单纯依靠经验进行主观判断。从国内外的情况看，房地产估价的方法很多，有的是在实践中产生的，有的是从理论上提出的。在这些众多方法中，哪些是科学的，哪些是非科学的，是值得认真探讨的，对于那些科学的估价方法，其理论依据是什么，其适用的估价对象和估价需要具备的条件有哪些，其计算公式的各种具体形式等问题，也是值得深入研究的。任何一种估价方法要称得上是科学的，必须有其科学的理论依据，并且其测算结果能够反映实际情况，否则，所测算出的结果只是一个数字符号，是无经济意义的。

一宗房地产的价值通常可以从以下3个途径来求取：

（1）近期市场上类似房地产是以什么价格进行交易的。基于明智的买者肯出的价格不会高于其他买者最近购买类似房地产的价格，即基于类似房地产的成交价格来衡量其价值。

（2）如果重新开发建设一宗类似房地产需要多少费用。基于明智的买者肯出的价格不会高于重新开发建设类似房地产所必要的代价，即基于房地产的重新开发建设成本来衡量其价值。

（3）如果将该宗房地产出租或营业预计可以获得多少收益。基于明智的买者肯出的价格不会高于该宗房地产的未来收益的现值之和，即基于该宗房地产的未来收益来衡量其价值。

由此，在房地产估价上产生了三大基本方法，即比较法、成本法、收益法。此外，还有基本估价方法衍生的一些其他估价方法，如假设开发法、长期趋势法、路线价法、基准地价修正法等。

单元三　房地产估价技术路线

一、房地产估价技术路线的概念

房地产估价人员接受了估价委托并且明确了估价目的、估价对象、价值时点等估价基本事项之后，接下来要做的一件至关重要的事情就是确定估价技术路线。只有确定了估价技术路线，才能相应地选择估价方法，进而才能开始进行后面的具体估价作业。

房地产估价技术路线是指导整个房地产估价过程的技术思路，是估价人员对估价对象房地产的价格形成过程和形成方式的认识。

确定房地产估价技术路线，也就是确定房地产价格形成过程和形成方式，确定估价技术路线的结果和目的是：确定价格内涵和价格形成过程。

确定房地产估价技术路线，要对估价对象房地产本身有充分的认识，对委托方的要求有充分的理解。

二、房地产估价技术路线与房地产估价方法

1. 房地产估价技术路线与房地产估价方法的密切关系

房地产估价技术路线是对房地产价格形成过程和形成方式的认识，而房地产估价方法本身也反映了人们对房地产价格形成过程和形成方式的认识，可以说，每种房地产估价方法都体现了一种技术路线。

例如比较法，它所反映的是这样一种估价技术路线：房地产的正常市价是该房地产在公开市场上最可能的成交价格，或者说是被大多数买家和大多数卖家认可的价格。正是按照这样的技术路线，比较法采用选取类似房地产的实际成交价格作为评估价格的技术路线。

又如成本法，它反映的估价技术路线是：在无法通过市场直接得到估价对象的正常市价的情况下，可以通过对估价对象房地产的价格组成部分进行分解，了解各价格组成部分的正常市价，再累加（积算）作为估价对象的正常市价。也就是说，成本法认可这样一种价格形成过程：房地产的价格是由其各组成部分的价格累加而成的。

再如收益法，它体现了对价格形成过程的这样一种认识：可以将购买房地产作为一种投资，将该投资未来可以获得的所有净收益折现之后累加，所得结果不应小于投资额，进而可以用这个结果作为估价对象的房地产价格。收益法所体现的估价技术路线是：房地产现时的价格是由房地产未来可获得的收益决定的。

最后再看假设开发法，它所体现的房地产价格形成过程即估价技术思路是：未完成的房地产的价格取决于它完成后的价格和从未完成到完成阶段所需增加的各项投入以及相应的利、税。

同样一个估价对象，采用不同的估价方法，实际上是在模拟不同的价格形成过程，体现的是不同的估价方法、不同的估价技术路线。例如对一宗尚未完成的房地产开发项目的估价，可以采用成本法，求取获取土地的价格、已投入的建造成本和各项相关费用、利息、利润、税费，累加即得到其价格。这既是成本法的估价过程，也体现了一种技术路线。它所反映的价格形成过程是：产品的价格是由构成产品价格的各组成部分积算而形成的。还可以采用假设开发法，先确定该项目完成后的市场价格，再扣除由未完成状态继续建造完成所需的各项投入和利息、利润、税费，由此也可得出估价对象的价格，这种方法所反映的价格形成过程是：未完成产品的价格最终取决于它开发建设完成后的市场价格，由后者可以推算出前者。

所以说，房地产估价技术路线与房地产估价方法是一种密不可分的关系。

2. 把控房地产估价技术路线有助于正确运用房地产估价方法

由于房地产估价技术路线反映了房地产价格形成过程和价格内涵，而房地产估价方法的实质也是模拟房地产价格的形成过程确定估价对象的价格，因此把握房地产估价技术路线有助于正确运用房地产估价方法。

三、房地产估价技术路线的确定

1. 确定房地产估价技术路线要对估价基本事项有充分的认识

确定房地产估价技术路线首先要对估价基本事项有充分的认识，即要充分了解估价对

象、估价目的、价值时点。

(1)确定房地产估价技术路线时要充分了解估价对象。估价技术路线反映了估价对象房地产的价格形成过程和形成方式，因此和估价对象本身的情况密切相关。

例如，估价对象原为在农村宅基地上建设的"集资房"，在不影响城市总体规划、能够形成基础设施配套等前提下，经市政府批准，补交土地使用权出让金后，可以发给房地产证，自发证之日起5年以后可上市。现由于债务纠纷，法院判决将估价对条抵债，估算其价值。价值时点距离可以上市之日还有6个月时间，此时的估价技术路线应该是：先确定估价对象可以上市之日的快速变现价值，再折现到价值时点。

这里对估价对象情况的了解就非常重要，如果不是这样一个特殊的估价对象，就不存在采用"先确定估价对象可以上市之日的快速变现价值，再折现到价值时点"这样的技术路线问题。

(2)确定房地产估价技术路线时要充分了解估价目的。估价目的决定了价格内涵，进而决定了估价技术路线。

例如，银行需要对抵押人提供抵押的一宗房地产进行估价，而且该房地产的土地是划拨取得的，此时银行要了解的是：当因为抵押人所担保的债权不能按时清偿时，银行能够通过变卖抵押房地产获得的最大价值是多少。因此在"抵押评估"的目的下对该抵押房地产进行估价时，就要向估价委托人(银行)说明：在处分该抵押房地产时将要向国家交多少土地使用权出让金，或者换句话说，该房地产在"抵押评估"的目的下所估算的房地产价格的内涵中应该扣除应向国家交付的土地使用权出让金。又如，为了保险目的进行的房地产估价，其价格内涵将不包括土地的价格，因为保险估价的价值主体(保险公司)所关心的仅仅是房屋的价格，在出险时土地是不会受到损失的。

(3)确定房地产估价技术路线时要充分了解价值时点。确定房地产估价技术路线就是要确定房地产价格的内涵和价格形成过程，而房地产价格内涵与价格形成过程，都与价值时点密切相关。

2. 确定房地产估价技术路线要遵守房地产估价

房地产估价技术路线所反映的是房地产价格的形成过程，而房地产估价原则体现的也正是房地产价格的形成原理，因此在确定房地产估价技术路线时要遵守房地产估价原则就是十分自然的事了。

(1)房地产估价技术路线与合法原则。遵循合法原则，应以估价对象的合法使用、合法处分为前提估价。所谓合法，是指符合国家的法律、法规和当地政府的有关规定。

房地产价格实质上是房地产权益的价格，而房地产权益是由法律法规所确定的，估价所要考虑的也只能是合法的权益价格。又由于房地产价格是在其使用和处分的过程中形成的，因此在确定房地产价格时，就必须坚持其使用和处分的合法性。

合法原则提供了这样的估价技术路线：估价时必须首先确认估价对象具有合法的产权，其次要求估价对象的用途必须是合法的，同时还要求在估价中如果涉及估价对象的交易或处分方式时，该交易或处分方式必须是合法的。

按照"确认估价对象具有合法产权"的估价技术路线，在估价时就必须先确认估价对象房地产具有哪些权利，权利是否完整，以及权利是否合法。例如已经签订了租约的房地产，在租约有效期内，其占有权和使用权已经让渡给承租人；又如违章建筑，对其拥有的占有权是得不到法律保护的。

按照"确定估价对象的合法用途"的估价技术路线，在估价时就要核查估价对象的现状用途是否与其法定用途相符。例如现状用途是商业，而法定用途是住宅，只能按照其法定用途确定其价格，而不能考虑其现状用途；又如在采用假设开发法估价时，需要设定估价对象未来的用途，在设定该用途时，就必须保证该用途的合法性，例如必须符合城市规划限制的要求。

按照"确定合法的交易或处分方式"的估价技术路线，在涉及划拨土地使用权单独设定抵押的估价时，就必须考虑到划拨土地使用权在得到土地行政主管部门的批准并补交土地使用权出让金或向国家上缴土地收益之后才能设定抵押，此时该目的下的估价对象才具有合法性。

(2)房地产估价技术路线与替代原则。遵循替代原则，要求估价结果不得明显偏离类似房地产在同等条件下的正常价格。替代原则的理论依据是同一市场上相同物品具有相同市场价值的经济学原理。替代原则是保证房地产估价能够通过运用市场资料进行和完成的重要理论前提。只有承认同一市场上相同物品具有相同市场价值，才有可能根据市场资料对估价对象进行估价。

替代原则也反映了房地产估价的基本原理和最一般的估价进程。房地产估价所要确定的估价结论是估价对象的客观合理价格或价值。对于房地产交易目的而言，该客观合理价格或价值应当是在公开市场上最可能形成或者成立的价格，房地产估价就是参照公开市场上足够数量的类似房地产的近期成交价格来确定估价对象的客观合理价格或者价值的。

在确定房地产估价技术路线时，无论采用什么估价思路和估价方法，都必然首先承认替代原则。比较法是用相同或类似房地产的成交价格来"替代"估价对象的价格，收益法是用估价对象未来的收益"替代"估价对象在价值时点的价格，成本法是用估价对象各组成部分的价格来"替代"估价对象的价格，等等。

(3)房地产估价技术路线与最高最佳使用原则。遵循最高最佳使用原则，应以估价对象用于最高最佳使用为前提估价。房地产估价中所确定的客观合理价格或价值，其实质是房地产的经济价值，而房地产的经济价值是在房地产的使用过程中实现的。最高最佳使用原则要求在估价时应确定估价对象处于最高最佳使用状态时的价值，因此最高最佳使用原则本身就提供了这样一个确定房地产估价技术路线的基本思路：在估价时首先要确定房地产的最高最佳使用状态，进而才能确定房地产在这种状态下的价值。

(4)房地产估价技术路线与价值时点原则。价值时点原则强调的是估价结论具有很强的时间相关性和时效性。

估价结论首先具有很强的时间相关性，这主要是考虑到资金的时间价值，在不同的时间点上发生的现金流对其价值影响是不同的。所以，在房地产估价时统一规定：如果一些款项的发生时点与价值时点不一致，应当折算为价值时点的现值。在确定估价技术路线涉及估价对象房地产的价格形成过程时，就要注意到这一点，不能直接将不同时间点上发生的现金流直接相加，而要折现以后再相加。

估价结论同时具有很强的时效性，这主要是考虑到房地产市场价格的波动性，同一估价对象在不同时点会具有不同的市场价格。所以强调：估价结果是估价对象在价值时点的价格，不能将该估价结果作为估价对象在其他时点的价格。因此在确定估价技术路线时，就要注意根据不同的价值时点确定估价所依据的房地产市场情况，进而确定在此种房地产市场情况下的房地产总体价格水平。

价值时点原则的另外一层含义是：估价对象在不同的价值时点的状态是不同的，相应就会有不同的价格。例如一宗房地产在其未完工时的状态与竣工后的状态不同，相应地就有不同的价格。在确定估价技术路线时，就要注意准确把握估价对象在所规定的价值时点的状态，进而决定估价对象在该状态下的价格内涵。

综上所述，确定房地产估价技术路线就是要确定估价对象房地产的价格内涵和价格形成过程，因此在确定房地产估价技术路线时，首先要明确估价的测算过程和需要采用的估价方法。

四、确定房地产估价技术路线的步骤

设计房地产估价技术路线时，一般步骤如下。
（1）明确估价的基本事项。
（2）确定价格内涵。价格内涵包含两个层面的问题：一是确定价值标准，二是确定价值类型。例如，一公司拟以其一幢办公楼向银行进行抵押贷款，委托估价机构评估，按照规范，应采用公开市场价值标准，价值类型是房地产抵押价值。
（3）选择适宜的估价方法、途径。
（4）方法应用要点或者需要特殊处理的地方。估价方法在使用过程中，都有其应用条件和技术要求，在熟练掌握估价方法的前提下，应结合估价对象实际情况，对估价方法做必要的处理，使估价方法得以正确地运用，避免由于方法本身使用不当造成评估的误差。

一些简单的房地产估价往往比较容易确定估价技术路线，确定估价技术路线的过程通常简化为选择估价方法。而一些较复杂的房地产估价需要按照上述步骤理清估价思路，最终确定估价技术路线。

阅读材料

房地产估价技术路线案例

上海虹桥开发区某地块进行国有土地使用权有偿出让国际招标，地块面积为 12 927 m²，土地使用权限出让期为 50 年，容积率为 5，规划用途为建造高级宾馆、酒店、高级公寓。日本××集团为参加投标竞争，委托香港某房地产估价机构进行土地使用权投标价格评估。该估价机构设计的技术路线如下。

（1）确定最佳用途的投标建筑类型。依据合法原则及最高最佳使用原则，通过对上海市高级宾馆、酒店及高级公寓市场进行供需调查，拟订兴建多功能高级公寓为主的投标方案。确定需收集的相关法律法规资料与市场分析资料。

（2）收集类似地区高级公寓的市场售价资料，采用比较法求取可能的现时楼价。也可运用长期趋势法求取未来楼价再折算为现时楼价。

（3）收集建造类似高级公寓的造价资料与利息率、利润率、税率等相关财税资料，采用成本估价法进行测算。

(4) 采用假设开发法测算可承受的土地使用权出让价格。

$$土地使用权出让投标价格＝楼价－建造成本－相关费用－利润$$

若业主投标该地块建造高级公寓的经营思路改为出售和出租比例各占一半，则此估价作业的技术路线应调整如下：

(1) 对出售部分的高级公寓仍按以上思路计算现时楼价，即收集类似地区高级公寓的市场售价资料，采用比较法求取可能的现时楼价。也可运用长期趋势法求取未来楼价再折算为现时楼价。

(2) 收集同一供求圈内类似高级公寓的租金资料，采用比较法，估算估价对象年租金额。

(3) 收集类似高级公寓的年物业管理费及其年支出费用，也可采用比较法或成本估价法估算该公寓的出租成本，并求取年净收益。

(4) 收集银行存、贷款利率与相关资本化率资料，估算该公寓的资本化率等参数。

(5) 通过收益还原法求取出租部分的现时楼价。

(6) 总楼价＝出售部分楼价＋出租部分楼价。

(7) 除楼价求取的估价思路有所变化外，土地使用权出让投标价格仍按上述假设开发法的思路进行计算。

模块小结

要高效、高质量地评估出房地产的价格，除了要求估价人员具有坚实的业务基础外，还需遵循房地产估价的基本程序和方法。本模块主要介绍房地产估价程序概述、房地产估价技术路线。

思考与练习

1. 估价程序的作用主要有哪些？
2. 估价委托合同的内容构成包括哪些？
3. 拟定估价作业方案的内容包括哪些方面？
4. 简述确定房地产估价技术路线的步骤。

第三篇　估价方法篇

模块三 比较法

知识目标

1. 了解比较法的概念；熟悉比较法的理论依据，比较法的使用对象和条件。
2. 掌握比较法的估价步骤。

能力目标

能运用所学知识判定哪些房地产需要用比较法估价；能收集完整、真实的交易实例信息；能筛选出符合质量和数量要求的可比实例。

课前任务案例

现拟采用比较法评估某房地产价格，选取了甲、乙、丙 3 宗可比实例，资料见表 3-1。

表 3-1 可比实例

项目	可比实例甲	可比实例乙	可比实例丙	估价对象
建筑面积	1 000 m²	1 200 m²	9 687.6 平方英尺①	1 000 m²
成交价格	240 万元人民币	300 美元/m²	243 万元人民币	
成交日期	2021 年 3 月	2021 年 8 月	2021 年 2 月	2021 年 5 月
交易情况	−5%	0%	0%	
状况因素	0%	+2%	+5%	

另：可比实例乙、丙的付款方式为一次付清，可比实例甲为分期付款：首期 96 万元；第一年年末 72 万元，月利率 1‰；第二年年末 72 万元，第二年月利率 1.05％。2021 年 8 月人民币与美元的市场汇价为 1∶6.4，2021 年 8 月的市场汇价为 1∶6.3。

任务：利用上述资料，用比较法评估该房地产 2021 年 8 月的正常单价。

---

① 1 平方英尺≈0.092 9 平方米。

单元一　比较法的基本原理

一、比较法的概念

所谓比较法，是指将估价对象与在价值时点近期有过交易的类似房地产进行比较对照，从已经发生交易的类似房地产已知价格，修正得出估价对象房地产最可能实现合理价格的一种估价方法。这里所谓类似房地产，是指在用途、建筑结构、所处地区等方面，与估价对象房地产相同或相似的房地产（比较法中通常称此类房地产为交易实例房地产，简称实例房地产、比例案例房地产、可比实例或交易实例）。

阅读材料

比较法的思路

比较法的思路源于房地产价格形成的替代原理。替代原理使存在替代关系的房地产出现价格的相互牵引，并趋于一致。

因此，一宗房地产的市场价格可以由近期出售的相似房地产的价格来决定。也就是说，可利用与评估房地产有替代关系的其他房地产的成交价格，来推测房地产最可能实现的市场价格。

当然，由于房地产的个别性。交易实例与评估房地产之间总是存在着一定的差异，这些差异决定了两者的价格也会有差异。

所以，在依据成交实例的价格来推测评估房地产价格的过程中，必须要对成交实例和待估价地产进行认真的比较，分析两者的特性差异，进而定量估测因这些差异可能产生的价格差异。

二、比较法的理论依据

比较法的理论依据是替代原理。根据经济学理论，在同一市场上，具有相同效用的物品，应具有同一价格，即具备完全的替代关系。这样，在同一市场上，两个以上具有替代关系的商品同时存在时，商品的价格就是由这种有替代关系的商品相互竞争，使其价格相互牵制而趋于一致，这就是替代原理。这一原理作用于房地产市场，便表现为效用相同、条件相似的房地产价格总是相互牵制，并趋于一致。因此，在房地产市场上，任何有理性的当事人都会以已成交的房地产的价格作为参考依据来决定其行动。

在评估房地产的价格时，估价人员模拟房地产市场的这一过程，选择已成交的效用相近的房地产的价格作为基础，以同一价格效用比来求出估价对象的价格。对效用有差异的比较案例进行差异修正，使其与估价对象具有同样效用，从而准确评估出估价对象的市场价格。个别的交易价格可能会偏离市场的常态，如果挑选足够的交易数量，通常都能反映出市场上实际存在的被广泛认同的价格效用比例关系。

三、比较法的适用对象和条件

1. 比较法的适用对象

比较法的适用对象是同种类型数量较多且经常发生交易的房地产,在同一地区或同一供需圈内,与待估房地产类似的房地产交易较多时,比较法才是有效的评估方法。比较法适用具有广泛交易的房地产类型,如房地产开发用地、普通商品住宅、高档公寓、别墅、写字楼、商铺、标准厂房等;而对于很少发生交易的房地产,如特殊工业厂房、学校、古建筑、教堂、寺庙、纪念馆等,则难以用比较法进行估价。

2. 比较法的适用条件

应用比较法估价,需满足以下两个条件:

(1)具备充足的市场交易资料。充足的市场交易资料取决于活跃的房地产市场,具体来说,充足的市场交易资料是指:

1)数量充足。一般认为选择具有 10 个以上可比较交易实例的资料,其中要有 3 个以上具有较高可比性的比较实例,如果可比性好的比较实例少于 3 个,就有可能造成估价结果不能反映客观市场的后果。

2)资料可靠主要是指资料来源的可靠和资料本身的可靠。为保证估价精度,建立比较实例时,要对交易实例资料的完整性和准确性进行核查。

3)质量保证。质量保证的标准以可比性和替代性表示。运用比较法,需要有与估价对象相关程度高和可比性强的比较实例。

(2)具有丰富估价经验的估价人员。比较法的正确运用对估价主体有着较严格的要求,所以需估价人员具有广博的专业知识、丰富的经验。一方面,在采用比较法时,交易实例的交易情况、交易日期、房地产状况这些方面需要估价人员凭借其经验来判断确定修正系数;另一方面,需要估价人员对估价对象所在区域的房地产市场行情和交易习惯非常熟悉,否则,很难运用比较法得出准确的估价结果。

房地产市场的发达一般会伴随着市场经济的发达。频繁的房地产交易,使得房地产交易价格的资料很容易就可以从经纪人、法院或政府税收部门获得。相反地,在那些房地产市场发展不充分的国家或地区,由于交易活动少,缺乏必要的交易资料,就不宜采用比较法来估价。但有时即使在总体上房地产市场比较活跃的国家或地区,某些情况下比较法也是不适用的。

四、比较法的操作步骤

运用比较法估价的操作步骤如下:

(1)收集交易实例;
(2)选取可比实例;
(3)建立比较基础;
(4)进行交易情况修正;
(5)进行市场状况调整;
(6)进行房地产状态调整;
(7)计算比较价值。

单元二　比较法的估价步骤

一、收集交易实例

拥有充足可比较的交易实例是运用比较法估价的前提条件。作为估价机构和估价师，可以在采用比较法估价时根据估价对象、价值时点等情况，有针对性地收集一些交易实例。当然也无须等到采用比较法估价时才去收集交易实例，可在平时就留意收集和积累交易实例。这样，才能充分保证在运用比较法估价时有足够多的交易实例可供选取。

1. 收集交易实例的途径

(1) 查阅政府有关部门的关于房地产交易的申报交易资料。例如，房地产权利人转让房地产时向政府有关部门申报的成交价格资料，政府出让土地使用权的价格资料，政府或者其授权部门确定、公布的基准地价、标定地价、房屋重置价格及房地产市场交易资料。

(2) 查阅各种报刊和媒体上关于房地产租售的信息。

(3) 同开发商、代理商直接接触了解房地产用途、结构、布局、价格等。

(4) 参加年度房地产交易会，索取房地产各种行情方面的资料。

(5) 同行之间的信息提供。估价机构或估价人员之间可以约定相互交换所收集的交易实例及经手的估价案例资料。

(6) 向当事人、潜在购买者、经纪人、房地产登记代理人、金融机构、司法机关等调查了解。

2. 交易实例的内容

一般情况，每个交易实例应包括收集以下内容：交易双方的基本情况和交易目的；交易实例房地产的状况，如坐落、用途、土地状况、建筑物状况、周围环境景观等；成交价格；成交日期；付款方式；交易情况，如交易税费的负担方式，有无隐价瞒价、急卖急买、人为哄抬、亲友间的交易等特殊交易情况。

收集交易实例时应注意所收集内容的统一性和规范化。需要收集的内容最好在事先针对不同类型的房地产分类，如分为居住、商业、办公、旅馆、餐饮、娱乐、工业等房地产类型，制成交易实例调查表，见表 3-2。

表 3-2　交易实例调查表

交易实例名称	
坐落	
卖方	
买方	
成交日期	

续表

成交价格		
付款方式		
房地产状况说明	区位状况说明	
	权益状况说明	
	实物状况说明	
交易情况说明		
位置示意图		

调查人员：　　　　　　　　　调查日期：　　　　　　　　　年　月　日

收集时按表填写，并进行必要的分析和整理，以便日后使用，在实际工作中，还可以将估价人员与交易实例收集者分开，某些人可以专门从事交易实例的收集工作。

对收集的房地产交易实例，还应进行查证，以确保资料的准确无误。作为房地产估价机构和估价人员，应当建立房地产交易实例库，这是从事房地产估价的一项基础性工作。交易实例库的建立，可通过制作交易实例卡片，分门别类存放；或将收集到的交易实例分门别类存入计算机中，这样有利于保存和在需要时查找、调用，提高估价工作的效率。

二、选取可比实例

用于参照比较的交易实例，称为可比实例。针对某一具体的估价对象、估价目的和价值时点，不是任何交易实例都可以拿来参照比较的，有些交易实例并不适用。因此，应根据估价对象状况和估价目的，从收集的交易实例中选择符合一定条件的交易实例作为可比实例。可比实例房地产的选取，要针对估价对象房地产的具体条件，从可供选择的一定数量的交易中进行筛选，选择符合相关性、可比性要求的房地产，进行比较参照。选取数量一般在3个以上。

在实际选取可比实例时，可按下列要求进行。

1. 物质的同一性或类似性

物质的同一性和类似性体现在：

（1）与估价对象房地产的用途相同。这里的用途是指房地产的具体利用方式，不同用途的房地产价格相差很大，所以首要的是应选取用途相同的实例。

（2）与估价对象房地产的价格类型相同。即可比实例的权利性质与估价对象权利性质相同，如估价对象房地产需评估其买卖价格，就不能选取抵押价格的房地产交易实例做比较。

（3）与估价对象房地产的交易类型相吻合。交易类型主要有土地使用权协议出让、一般买卖、租赁、征用、抵押等，应选取相对应的交易类型的交易实例作为可比实例。

（4）与估价对象房地产的建筑结构相同。

2. 估价目的的一致性

根据估价目的的不同而有不同的价格种类。当价格种类不同时，它们之间是不可比较的，因此，选取可比实例时，要求可比实例的估价目的与待估房地产是一致的，不能以抵押的价格作为评估市场上交易价格的依据。

3. 地点的同一性和类似性

房地产所处的位置，按照条件的不同分为不同等级的地段，各地段的差异导致房地产价格的不同，地点的同一性和类似性是为了消除区位因素对房地产效用及价格的影响。最好能在同一地区，越近越好，如果同一地区内没有可选取的实例，可以在同一供需圈（同一供需圈是指与待估房地产能形成替代关系，对待估房地产价格产生显著影响的其他房地产所在的区域）内的类似地区选取。

4. 时间的接近性

房地产价格与其他商品一样，受市场供求关系的影响，不同时期的房地产交易，由于当时的市场因素的影响，价格呈上下波动的趋势。因此，选取交易实例时，要注意勘估时日，充分考虑因勘估日期不同而价格发生的变动。一般地，要求交易实例与待估房地产在时间上尽量接近，越近期的交易实例，越符合现阶段的市场实际，越有说服力。通常，比较实例的交易日期与待估对象房地产的交易日期相差不宜超过5年。

5. 交易情况正常性

收集的交易实例必须为正常的交易或可修正为正常的交易。所谓正常交易，是指交易应当是公平、平等、自愿的，即在公开市场、完全竞争、信息畅通，交易双方自愿平等，没有私自利益关系的情况下的交易。

可比实例应反映市场的真实情况，其价格必须适合市场上的一般情况，为大多数人所接受。如果将一个特殊买家的交易作为交易实例，或者将供求情况特殊时期的交易作评估依据，评估必定发生偏差，结果将是失实的。

阅读材料

可比实例选择要求

采用比较法、收益法时，对可比实例的选择应当符合以下要求。

（1）应与估价对象所处的拆迁区位分区相同。

（2）评估对象的用途相同。其中住宅房屋的可比实例必须是小类用途相同，非住宅房屋的可比实例应按《房地产估价规范》(GB/T 50291—2015)的分类与估价对象的类别相同。

（3）应与估价对象的建筑结构相同。建筑结构主要是指大类建筑结构，一般分为：

1）钢结构；

2）钢筋混凝土结构；

3）砖混结构；

4）砖木、木结构；

5）简易结构。

（4）应与估价对象的规模相当。

（5）交易类型应选取一般买卖或租赁的交易实例，其交易价格应是正常市场交易价格。

（6）成交日期与价值时点接近，通常应为近期6个月内成交的类似房地产实例作为可比实例，一般不应超过12个月。

（7）采用可比实例修正测算确定评估价格的，选用的可比实例的数量应为3个及以上。

(8) 各个可比实例的成交单价相互间的价格差异一般不应超过20%,即使在交易实例较少的情况下,该价格差异最大不应超过30%。

(9) 对可比实例的成交价格的系数修正每项不得超过20%,综合系数修正不得超过30%。

三、建立价格可比基础

选取可比实例后,应对可比实例的成交价格进行换算处理,建立价格可比基础,统一其表达方式和内涵,为后续进行修正、调整建立共同的基础。建立价格可比基础包括以下几项:

1. 统一付款方式

由于交易实例之间或交易实例与待估房地产在这些条件上的差异使得价格缺乏可比性,因而出现了名义价格和实际价格的不同。同一名义价格,付款期限的长短,付款金额在付款期限内的分布不同,实际价格也不同,所以,要将分期付款可比实例的成交价格修正为在其成交日期时一次付清的价格,具体方法是货币的时间价值中的折现计算。

由于房地产价值量大,所以有分期付款的方式。

【例 3-1】 某套房 60 m²,每平方米 6 500 元,其成交价格为 39 万元,其中首付款 20 万元,余款 19 万元于半年后一次性付清。假设月利率为 1%,则在其成交日期时一次性付清的价格为

$$20+\frac{19}{(1+1\%)^6}=37.90(万元)$$

2. 统一采用单价

将所选取的可比实例均统一为单位面积价格,用于比较修正计算。例如,房地产及建筑物通常为单位建筑面积、单位套内建筑面积或者单位使用面积上的价格;土地除了单位土地面积上的价格,还可以为单位建筑面积上的价格——楼面地价。在这些情况下,单位面积是一个比较单位。

3. 统一币种和货币单位

不同币种间价格的换算应采用该价格成交时对应的日期时的市场汇率。在通常情况下采用成交日期时的市场汇率,但如果先按原币种进行交易日期修正,则对进行了交易日期修正后的价格,应采用价值时点时的市场汇率。在货币单位方面,按使用习惯,人民币、美元、港币等,通常都采用"元"。

4. 统一面积内涵

有些实例的土地单价是用楼面地价表示的,有些房地产,如车库按车位个数为单位,都需要统一内涵再进行比较。进行价格换算的计算公式为

$$建筑面积下的价格 = 套内建筑面积价格 \times \frac{套内建筑面积}{建筑面积} \quad (3-1)$$

$$建筑面积下的价格 = 使用面积下的价格 \times \frac{使用面积}{建筑面积} \quad (3-2)$$

$$套内建筑面积下的价格 = 使用面积下的价格 \times \frac{使用面积}{套内建筑面积} \quad (3-3)$$

5. 统一单位面积

在面积单位方面，我国内地通常采用 m^2（土地的面积单位有时还采用 hm^2、亩）；我国香港地区和美国、英国等习惯采用平方英尺，我国台湾地区和日本、韩国一般采用坪。各种单位之间的换算关系如下：

$$平方米下的价格 = 亩下的价格 \div 666.67$$
$$平方米下的价格 = 公顷下的价格 \div 10\,000$$
$$平方米下的价格 = 平方英尺下的价格 \times 10.764$$
$$平方米下的价格 = 坪下的价格 \times 0.303$$

四、比较因素的修正与调整

（一）进行交易情况修正

交易情况修正指排除交易行为中的特殊因素所造成的可比实例成交价格偏差，将可比实例的成交价格调整为正常价格。

1. 造成成交价格偏差的原因

由于房地产的特点以及房地产市场是一个不完全市场，房地产成交价格往往容易受交易中的一些特殊因素的影响，从而使其偏离正常的市场价格。造成成交价格偏差的原因比较复杂，主要有以下几种情况：

（1）有利害关系的人们互相之间的交易。例如，父子之间、兄弟之间、亲友之间、母子公司之间、公司与其员工之间的房地产交易。

（2）急于出售或急于购买的交易。例如，欠债到期或者抵押房地产拍卖清偿等急于出售房地产来偿还债务的，交易价格往往偏低；急于购买情况下的成交价格往往是偏高的。

（3）交易双方或一方有特别动机或偏好的交易。例如，买方或卖方对买卖的房地产有特别的爱好、感情，成交价格往往偏高。

（4）受债权债务关系影响的交易。例如，设立了抵押权、典权或有拖欠工程款的房地产交易，一般交易价格偏低。

（5）买方或卖方不了解市场行情。如果买方对市场行情缺乏了解，盲目购买，往往导致价格偏高；反之，卖方不了解市场行情，盲目出售，则价格偏低。

（6）交易税费非正常负担的交易。正常的成交价格是指在买卖双方各自缴纳自己应缴纳的交易税费下的价格，即在此价格下，卖方缴纳卖方应缴纳的税费，买方缴纳买方应缴纳的税费。需要评估的客观合理价格，也是基于买卖双方各自缴纳自己应缴纳的交易税费。但在现实交易中，往往出现本应由卖方缴纳的税费，买卖双方协议由买方来缴纳；或者本应由买方缴纳的税费，买卖双方协议由卖方来缴纳。如土地增值税本应由卖方负担，却转嫁给了买方；契税本应由买方负担，却转嫁给了卖方；交易手续费本应由买卖双方各负担一部分，却转嫁给了其中的一方。在某些地区，房地产价格之外还有所谓"代收代付费用"，这些"代收代付费用"也可能存在类似的转嫁问题。

（7）相邻房地产的合并交易。由于房地产价格受土地形状是否规则、土地面积或建筑规模是否适当的影响，形状不规则或面积、规模过小的房地产，价格通常较低，但这类房地产如果与相邻房地产合并后，效用通常会增加，所以当相邻房地产的拥有者欲购买该房地产时，该房地产的拥有者会提高价格，而相邻房地产的拥有者往往也愿意以较高的价格购买，成交价格往往高于该房地产单独存在时的正常市场价格。

(8) 特殊方式的交易。房地产正常成交价格的形成方式，应是买卖双方经过充分讨价还价的协议方式。如以拍卖、招标等方式成交的价格，往往导致非正常价格。一般拍卖价格多高于市场正常价格；招标则注意其整体方案效用，成交价格可能偏高，也可能偏低。

2. 交易情况修正的方法

上述情形的交易实例都需要修正，怎样进行修正，修正多少，则要根据具体情况而定，交易情况修正系数的计算公式为

$$交易情况修正系数 = \frac{正常交易情况}{实例交易情况} = \frac{100}{x} \qquad (3-4)$$

其中，当可比实例价格低于正常交易价格时，x 小于 100，反之 x 大于 100。

假设可比实例成交价格比正常价格高或低的百分率为 $\pm S\%$，则有

$$交易情况修正系数 = \frac{1}{1 \pm S\%} = \frac{100}{100 \pm S} \qquad (3-5)$$

交易情况修正的方法主要有百分率法和差额法。

采用百分率法进行交易情况修正的一般公式如下：

$$可比实例正常市场价格 = 可比实例成交价格 \times 交易情况修正系数 \qquad (3-6)$$

其中，交易情况修正系数应以正常市场价格为基准来确定。

采用差额法进行交易情况修正的一般公式如下：

$$可比实例正常市场价格 = 可比实例成交价格 \pm 交易情况修正数额 \qquad (3-7)$$

其中，对于交易税费非正常负担的修正，应将成交价格依照政府有关规定进行调整，无规定的依照当地习惯进行调整，调整为交易双方负担各自应负担的税费下的价格。

为确保比较基准的唯一性，在交易情况修正中要以正常价格为基准。因为在比较法中要求选取多个可比实例来进行比较修正，如果以每个可比实例的实际成交价格为基准，就会出现多个比较基准。如以正常价格为基准，若可比实例的成交价格比其正常价格高 10%，即

$$可比实例的成交价格 = 正常价格 \times (1 + 10\%) \qquad (3-8)$$

【例 3-2】 已知某一房地产的正常价格为 7 500 元/m²，可比实例价格比正常价格高 10%，求可比实例的价格。

解 根据上述公式

$$可比实例价格 = 7\,500 \times (1 + 10\%) = 8\,250(元/m^2)$$

在上例中如果可比实例价格为 7 500 元/m²，正常价格比可比实例的成交价格低 10%，则

$$正常价格 = 可比实例价格 \times (1 - 10\%) = 7\,500 \times (1 - 10\%) = 6\,750(元/m^2)$$

从上面的内容可以看出"可比实例的成交价格比正常价格高 10%"与"正常价格比可比实例的成交价格低 10%"是不等同的，为此，在交易情况修正中应采用可比实例的成交价格比其正常价格是高或低多少的说法。

对于交易税费非正常负担的修正，只要调查、了解清楚了交易税费非正常负担的情况，

然后依据计算公式即可得出。具体是将成交价格调整为依照政府有关规定下的价格。无规定的依照当地习惯，交易双方负担各自应负担的税费下的价格。修正时主要把握下列两点：

$$卖方实际得到的价格＝正常成交价格－应由卖方负担的税费 \quad (3-9)$$

$$买方实际付出的价格＝正常成交价格＋应由买方负担的税费 \quad (3-10)$$

交易状况修正还可以采用：

$$正常价格＝可比实例的成交价格×100÷(\quad) \quad (3-11)$$

其中，100 表示以可比实例正常价格为基准，括号中的分值为可比实例实际成交价格较正常价格分值。

(二)进行交易日期修正

1. 交易日期修正的含义

交易日期修正就是将可比实例在其成交日期时的价格修正到价值时点的价格。交易日期修正实质上是针对房地产市场状况对房地产价格的影响进行调整，故又可称之为房地产市场状况调整，简称市场状况调整。

可比实例的成交价格是其成交日期时的价格，是在其成交日期时的房地产市场状况（如当时的市场供求关系）下形成的价格。要求评估的估价对象的价值是价值时点时的价值，是应当在价值时点时的房地产市场状况（如价值时点是现在的情况下是现在的市场供求关系）下形成的价格。如果可比实例的成交日期与价值时点不同，房地产市场状况就会不同，从而即使两宗完全相同的房地产，在这两个时点上的价格也会有所不同。

2. 交易日期修正的方法

实际估价中常采用百分率法进行交易日期修正，其一般公式为：

$$可比实例估价时的价格＝可比实例成交日期时的价格×交易日期修正系数 \quad (3-12)$$

其中，交易日期修正系数应以成交日期时的价格为基准来确定，假设从成交日期到价值时点，可比实例涨跌的百分率为$±T\%$，则交易日期修正系数为$(1±T\%)$或$100÷(100±T)$。

交易日期修正的关键，是要把握估价对象这类房地产的价格自某个时期以来的涨落变化情况，具体是调查在过去不同时间的数宗类似房地产的价格，找出这类房地产的价格随着时间的变化而变动的规律，据此再对可比实例的成交价格进行交易日期修正。修正的方法可通过价格指数或价格变动率进行调整，也可采用时间序列分析。

价格指数有定基价格指数和环比价格指数，在制定价格指数时，需要选择某个时期作为基期。定基价格指数是以某一时点为基期建立的；可比价格指数基期是不固定的，通常以上一个统计时点为基期。价格指数的编制原理见表 3-3。

表 3-3　价格指数的编制原理

时间	价格	定基价格指数	环比价格指数
1	P_1	$P_1/P_1=1$	P_1/P_0
2	P_2	P_2/P_1	P_2/P_1
⋮	⋮	⋮	⋮
$n-1$	P_{n-1}	P_{n-1}/P_1	P_{n-1}/P_{n-2}
n	P_n	P_n/P_1	P_n/P_{n-1}

采用定基价格指数进行交易日期修正的公式为

$$在价值时点时的价格 = 可比实例在成交日期时的价格 \times \frac{价值时点时的价格指数}{成交日期时的价格指数} \quad (3-13)$$

采用环比价格指数进行交易日期修正的公式为：

$$在价值时点的价格 = 可比实例在成交日期时的价格 \times 成交日期的下一时期的价格指数 \times 再下一时期的价格指数 \times \cdots \times 价值时点的价格指数 \quad (3-14)$$

【例 3-3】 某地区某类房地产 2018 年的价格为 2 300 元/m²，现需要将其调整到 2021 年，已知该区域类似房地产的定基价格指数和环比价格指数见表 3-4 和表 3-5（以 2017 年为 1），试求该宗房地产 2006 年的价格。

表 3-4 定基价格指数示例

时间/年	2017	2018	2019	2020	2021
价格指数	1	1.02	1.05	1.06	1.08

表 3-5 环比价格指数示例

时间/年	2017	2018	2019	2020	2021
价格指数	1	1.02/1=1.02	1.05/1.02=1.03	1.06/1.05=1.01	1.08/1.06=1.02

解 该宗房地产 2017 年的价格计算如下。

利用定基价格指数计算：$2\,300 \times \dfrac{1.08}{1.02} = 2\,435(元/m^2)$

利用环比价格指数计算：$2\,300 \times \dfrac{1.05}{1.02} \times \dfrac{1.06}{1.05} \times \dfrac{1.08}{1.06} = 2\,435(元/m^2)$

房地产价格变动率，有逐期递增或递减的价格变动率和期内平均上升或下降的价格变动率两种。其中，采用逐期递增或递减的价格变动率进行交易日期修正的公式为

$$在价值时点时的价格 = 可比实例在成交日期时的价格 \times (1 \pm 价格变动率)^{期数} \quad (3-15)$$

采用期内平均上升或下降的价格变动率进行交易日期修正的公式为

$$在价值时点时的价格 = 可比实例在成交日期时的价格 \times (1 \pm 价格变动率 \times 期数) \quad (3-16)$$

【例 3-4】 某个可比实例房地产成交价格 5 300 元/m²，成交日期 2020 年 10 月末。另调查获知该类房地产价格 2020 年 6 月末～2021 年 3 月末平均每月比上月上涨 1.5%，2021 年 3 月末～2021 年 9 月末平均每月比上月上涨 2%。采用逐期递增或递减的价格变动率对该可比实例进行交易日期修正，该宗房地产修正到 2021 年 9 月末的价格为

$$5\,300 \times (1+1.5\%)^5 \times (1+2\%)^6 = 6\,430(元/m^2)$$

【例 3-5】 评估某宗房地产 2020 年 12 月价格。选取某个可比实例房地产 2020 年 2 月 1 日的价格为 1 500 美元/m²，该类房地产以美元为基准的价格变动，平均每月比上月下降 0.5%。假设人民币与美元的市场汇价 2020 年 2 月 1 日为 1 美元=6.83 元人民币，2020 年 12 月 1 日为 1 美元=6.82 元人民币。对该可比实例房地产进行交易日期修正，得该宗房地产 2020 年 12 月的价格为

$$1\,500 \times (1-0.5\%)^{10} \times 6.83 = 9\,744(元/m^2)$$

(三)进行房地产状况修正

房地产状况调整，是把可比实例房地产在其自身状况下的价格，调整为在估价对象房地产状况下的价格。可比实例房地产状况应是其成交价格所对应或反映的房地产状况，而不是它在价值时点或其他时候的状况。估价对象房地产状况应是其需要评估的价值所对应或反映的房地产状况，通常是在价值时点时的状况。价值时点为现在、估价对象为历史状况或未来状况下的估价。在这种估价情况下，估价对象房地产状况就不是在价值时点的状况了。

由于房地产状况可以分为区位状况、实物状况和权益状况，所以房地产状况调整可分为区域因素修正、个别因素修正和求取比准价格。

1. 区域因素修正

可比实例房地产若与估价对象房地产不是存在于同一地区中时，虽然在选取可比实例时，按照同一供求圈选取的要求，区域相似或区位状况相似，但是仍然会存在一定的差异，体现为外部环境状况的不同，即区位状况不同。即便在同一区域内，不同的位置也可能存在着外部条件的差异。在这里，将位置差异导致的价格影响纳入个别因素修正中。区域因素修正主要是针对可比实例与估价对象不在同一区域时，对区位差异导致的价格影响进行的修正。

进行区域因素修正，应将可比实例在其外部环境状况下的价格调整为估价对象外部环境状况下的价格。

区域因素修正的内容主要应包括：繁华程度，交通便捷程度，环境、景观，公共配套设施完备程度，城市规划限制等影响房地产价格的因素。

区域因素修正的具体内容应根据估价对象的用途确定。

进行区域因素修正时，应将可比实例与估价对象的区域因素逐项进行比较，找出由于区域因素优劣所造成的价格差异，进行调整。

区域因素修正的方法主要有百分率法、差额法。

采用百分率法进行区域因素修正的一般公式如下：

在估价对象外部环境下的价格＝可比实例在其外部环境状况下的价格×区域因素修正系数

(3-17)

区域因素修正系数应以估价对象的外部环境状况为基准来确定。

采用差额法进行区域因素修正的一般公式如下：

在估价对象外部环境状况下的价格＝可比实例在其外部环境状况下的价格±区域因素调整数额

(3-18)

具体进行房地产区域因素修正的方法有直接比较修正和间接比较修正两种。

(1)直接比较修正一般是采用评分的办法，以估价对象的房地产状况为基准（通常定为100分），将可比实例的房地产状况与它逐项比较打分。如果可比实例的房地产状况劣于估价对象的房地产状况，打的分数就低于100；相反，打的分数就高于100。然后将所得的分数转化为修正价格的比率，参见表3-6。

表 3-6　区域因素直接比较表

区域因素	权重	估价对象	可比实例 A	可比实例 B	可比实例 C
因素 1	f_1	100			
因素 2	f_2	100			
⋮	⋮	⋮			
因素 n	f_n	100			
综合	1	100			

直接比较修正的计算式如下：

在估价对象房地产状况下的价格＝可比实例在其房地产状况下的价格 $\times \dfrac{100}{(\quad)}$　（3-19）

式中，括号内应填写的数字为可比实例房地产相对于估价对象房地产的得分。

【例 3-6】某宗房地产存在可比实例，成交价格为 6 000 元/m²，该可比实例所处区域的环境优于待估对象。经分析，可比实例在商业繁华、交通条件、基础设施、规划条件、文体设施等方面综合起来比估价对象好 3%，则经过区域因素修正后的可比实例价格为：

$$6\,000 \times \dfrac{100}{103} = 5\,825(元/m^2)$$

（2）间接比较法修正即不是以估价对象房地产的因素为基准，也不是以可比实例房地产的因素为基准，所不同的是设定一个标准的房地产，以此标准为基准，将估价对象及可比实例的区域因素均与其逐项比较打分，然后将所得的分数转化为修正价格的比率，见表 3-7。

表 3-7　区域因素间接比较表

区域因素	权重	标准状况	估价对象	可比实例 A	可比实例 B	可比实例 C
因素 1	f_1	100				
因素 2	f_2	100				
⋮	⋮	⋮				
因素 n	f_n	100				
综合	1	100				

直接比较修正的计算式如下：

可比实例在其外部环境状况下的价格 $\times \dfrac{100}{(\quad)} \times \dfrac{(\quad)}{100}$ ＝在估价对象外部环境状况下的价格

（3-20）

上式位于分母的括号内应填写的数字，为可比实例房地产相对于标准房地产的得分；位于分子的括号内应填写的数字，为估价对象房地产相对于标准房地产的得分。由于不同使用性质的房地产，影响其价格的区位因素不同，因此在进行区域状况修正时，应该拿可比实例在成交时的区域因素状况与价值时点时估价对象的区域因素状况做比较，而不应拿可比实例在价值时点时的区域因素状况来做比较。

2. 个别因素修正

虽然在选取可比实例时选取的是相关替代性较强的类似房地产交易实例，但是由于房地产个别性的存在，很难说有可比实例与估价对象完全相同。即可比实例房地产与估价对象房地产本身之间总会存有差异。在进行了交易情况、交易日期和区域因素修正后，一般都应进行个别因素修正。个别因素修正，是将可比实例在其个体状况下的价格调整为估价对象个体状况下的价格。

有关土地方面的个别因素修正的内容主要应包括：面积大小、形状、临路状况、基础设施完备程度、土地平整程度、地势、地质水文状况、规划管制条件、土地使用权年限等；有关建筑物方面的个别因素修正的内容主要应包括：新旧程度、装修、设施设备、平面布置、工程质量、建筑结构、楼层、朝向等。

进行个别因素修正时，应将可比实例与估价对象的个别因素逐项进行比较，找出由于个别因素优劣所造成的价格差异，进行调整。

个别因素修正的具体内容应根据估价对象的用途确定。个别因素修正还可以归类细分为位置状况修正、权益状况修正和实物状况修正。在这3个方面的修正中，还可以再进一步细分为若干因素的修正。

同区域因素一样，修正个别因素的方法也有直接比较法和间接比较法，其内容相似。

阅读材料

房地产状况调整应注意的问题

(1)可比实例的房地产状况，无论是区位状况、权益状况还是实物状况，都应是成交价格所对应或反映的房地产状况，而不是在价值时点或其他时点的状况。因为在价值时点或其他时点，可比实例房地产状况可能发生了变化，从而其成交价格就不能如实反映了。除了期房交易的成交价格之外，可比实例的房地产状况一般是可比实例房地产在其成交日期时的状况。

(2)由于不同使用性质的房地产，影响其价格的区位和实物因素不同，即使某些因素相同，其对价格的影响程度也不一定相同。因此，在进行区位状况和实物状况的比较、调整时，具体比较、调整的内容及权重应有所不同。例如，居住房地产讲求宁静、安全、舒适；商业房地产着重繁华程度、交通条件；工业房地产强调对外交通运输；农业房地产重视土壤、排水和灌溉条件等。

3. 求取比准价格

交易情况修正完成后，将可比实例的实际而可能不是正常的价格变成了正常价格；经过了交易日期修正后，就将可比实例在其成交日期时的价格变成了在价值时点的价格；经过了房地产状况修正后，就将可比实例在其房地产状况下的价格变成了在估价对象房地产状况下的价格。经过这三大方面的修正，就把可比实例房地产的实际成交价格变成了估价对象房地产在价值时点的客观合理价格。

(1)可比实例个别可比价格的求取方法。

1)百分率法修正系数连乘公式。

$$可比实例比准价格 = 可比实例价格 \times 交易情况修正系数 \times 交易日期修正系数 \times 区域因素修正系数 \times 个别因素修正系数 \tag{3-21}$$

2)百分率法修正系数累加公式。

可比实例比准价格＝可比实例价格×(1＋交易情况修正系数＋交易日期修正系数＋
区域因素修正系数＋个别因素修正系数) (3-22)

值得注意的是，上述百分率法下的连乘公式和累加公式都只是文字上的形象表示，这就造成从表面上看，好像各种修正系数无论在连乘公式中还是在累加公式中都是相同的，而实际上则不相同的。假设交易情况修正中可比实例成交价格比其正常市场价格高低的百分率为 $\pm S\%$，交易日期调整中从成交日期到价值时点可比实例价格涨跌的百分率为 $\pm T\%$，房地产状况调整中可比实例在其房地产状况下的价格比在估价对象房地产状况下价格高低的百分率为 $\pm R\%$，则：

修正系数连乘形式为：

$$\text{估价对象房地产价格} \times (1 \pm S\%) \times (1 \pm R\%) = \text{可比实例成交价格} \times (1 \pm T\%) \quad (3-23)$$

或者

$$\text{估价对象房地产价格} = \text{可比实例成交价格} \times \frac{100}{100 \pm S} \times \frac{100 + T}{100} \times \frac{100}{100 \pm R} \quad (3-24)$$

修正系数累加形式为：

$$\text{估价对象房地产价格} \times (1 \pm S\% \pm R\%) = \text{可比实例成交价格} \times (1 \pm T\%) \quad (3-25)$$

或者

$$\text{估价对象房地产价格} = \text{可比实例成交价格} \times \frac{100 \pm T}{100 \pm S \pm R} \quad (3-26)$$

在比较法计算中，连乘形式与累加形式相比，连乘形式应用更为科学简便，另外交易情况、交易日期、房地产状况的修正，通常采用百分率法来计算。

由于房地产的区域修正有直接比较修正和间接比较修正，因此，较具体化的综合修正计算公式有直接比较修正公式和间接比较修正公式两种。以百分率法修正系数连乘形式为例，直接比较修正公式介绍如下：

$$\begin{aligned}\text{可比实例比准价格} = &\text{可比实例价格} \times \frac{\text{交易情况修正 } 100}{(\quad)} \times \frac{\text{交易日期修正}(\quad)}{100} \times \\ &\frac{\text{区域因素修正 } 100}{(\quad)} \times \frac{\text{个别因素修正 } 100}{(\quad)} \\ = &\text{可比实例价格} \times \frac{\text{正常市场价格}}{\text{实际成交价格}} \times \frac{\text{价值时点价格}}{\text{成交日期价格}} \times \\ &\frac{\text{对象区域状况价格}}{\text{实例区域状况价格}} \times \frac{\text{对象个体状况价格}}{\text{实例个体状况价格}} \quad (3-27)\end{aligned}$$

式中，交易情况修正的分子为 100，表示以正常价格为基准，交易日期修正的分母为 100，表示以成交日期时的价格为基准，房地产状况修正的分子为 100，表示以估价对象的房地产状况为基准。

间接比较修正公式如下：

$$\begin{aligned}\text{可比实例比准价格} = &\text{可比实例价格} \times \frac{\text{交易情况修正 } 100}{(\quad)} \times \frac{\text{交易日期修正}(\quad)}{100} \times \\ &\frac{\text{区域标准化修正 } 100}{(\quad)} \times \frac{\text{区域因素修正}(\quad)}{100} \times \\ &\frac{\text{个别标准化修正 } 100}{(\quad)} \times \frac{\text{个别因素修正}(\quad)}{100}\end{aligned}$$

$$=可比实例价格 \times \frac{正常市场价格}{实际成交价格} \times \frac{价值时点价格}{成交日期价格} \times$$

$$\frac{对象区域状况价格}{实例区域状况价格} \times \frac{标准个别状况价格}{实例个别状况价格} \times \frac{对象个别状况价格}{标准个别状况价格}$$

(3-28)

式中,标准化修正的分子为 100,表示以标准房地产的状况为基准,分母是可比实例房地产相对于标准房地产所得的分数;房地产状况修正的分母为 100,表示以标准房地产的状况为基准,分子是估价对象房地产相对于标准房地产所得的分数。

(2)可比实例综合比准价格的求取方法。

每个可比实例的成交价格经过上述各项修正之后,都会相应地得出一个比准价格,如有 3 个可比实例,经过各项修正之后会得到 3 个比准价格,但这些比准价格可能是不一致的。最后,应根据具体情况计算求出一个综合比准价格,以此作为比较法的估算结果。综合的方法可以有以下几种。

1)简单算术平均法。简单算术平均法是指求取具有同等重要性的若干个价格之和再除以其个数,求出综合价格的方法。假设 n 个可比实例的比准价格分别为 V_1,V_2,V_3,…,V_n,则其简单算术平均数的计算公式如下:

$$V = \frac{V_1 + V_2 + V_3 + \cdots + V_n}{n} = \frac{1}{n}\sum_{i=1}^{n}V_i$$

(3-29)

【例 3-7】 如果对某 3 宗可比实例 A、B、C 进行了修正,修正的结果分别为 5 280 元/m²、5 400 元/m²、5 150 元/m²,则采用简单算术平均法得出的价格为(5 280+5 400+5 150)÷3=5 276.67(元/m²)。

2)加权算术平均法。加权算术平均法是指将修正出的各个价格综合成一个价格时,考虑到每个价格的重要程度不同,先赋予每个价格不同的权数,然后求出综合价格的方法。通常对于与估价对象房地产最类似的可比实例房地产所修正出的价格,赋予最大的权数;反之,赋予最小的权数。假设 n 个可比实例的比准价格分别为 V_1,V_2,V_3,…,V_n,其权数分别为 f_1,f_2,f_3,…,f_n,则其加权算术平均数的计算公式如下:

$$V = \frac{V_1 f_1 + V_2 f_2 + \cdots V_n f_n}{f_1 + f_2 + \cdots f_n} = \frac{\sum_{i=1}^{n}V_i f_i}{\sum_{i=1}^{n}f_i}$$

(3-30)

例如,上例中,若认为可比实例 C 与估价对象房地产的情况最为接近,A 次之,B 最差,则相应赋予权数分别为 45%、35%、20%,则采用加权算术平均法计算,得出的价格为 5 280×0.35+5 400×0.20+5 150×0.45=5 245.5(元/m²)。

3)众数法。众数是一组数值中出现的频数最多的数值。如一组数值为 2 580、2 550、2 620、2 580、2 650、2 580,那么它的众数是 2 580。因为这种方法需要较多的可比实例,所以在房地产估价中很少采用。

4)中位数法。中位数法是指把修正后的各个价格按从低到高的顺序排列,当项数为奇数时,位于正中间位置的那个价格为综合价格;当项数为偶数时,位于正中间位置的那两个价格的简单算术平均数为综合价格的方法。例如,上例中的 3 个可比实例的价格按大小顺序排列分别为 A、B、C,即 5 400、5 280、5 150,位于中点位置上的为 A,则可确定为综合结果,即 5 280 元/m²。

5)其他方法。将修正后的多个价格综合成一个价格还有其他的方法,如去掉一个最高值和一个最低值,将余下值的简单算术平均,求出的结果即为综合得出的价格。如一组价格分别为 2 600、2 650、2 780、2 800、2 860、2 920、2 980,去掉最高值 2 980 和最低值 2 600,综合得出的价格为 2 802 元/m²。

单元三 比较法运用实例

一、比较法的总结

比较法是通过可比实例与估价对象进行比较,对这些可比实例的成交价格进行适当的处理来求取估价对象价值的方法。因而首先要收集大量的交易实例,并从中选取若干合适的可比实例;其次,对这些可比实例的成交价格进行换算,即建立价格可比基础;然后进行交易情况、交易日期和房地产状况修正,将可比实例的成交价格修正成为在价值时点及估价对象房地产状况下的正常价格;最后,将这些经过修正的成交价格综合成一个价格,便得到了估价对象的可比价格,其工作流程如图 3-1 所示。

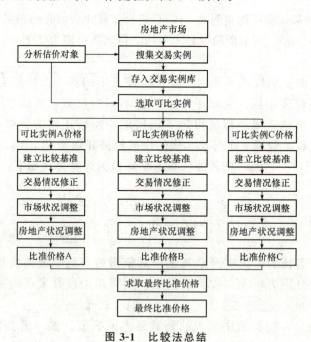

图 3-1 比较法总结

二、比较法运用举例

【例 3-8】 为评估某写字楼 2020 年 12 月 1 日的正常市场价格,在该写字楼附近地区调查选取了 A、B、C 3 宗类似写字楼的交易实例作为可比实例,有关资料见表 3-8,表中,正(负)值表示可比实例房地产状况优(劣)于估价对象房地产状况导致的价格差异幅度。

另假设人民币与美元的市场汇价 2020 年 4 月 1 日为 1 美元＝7.02 元人民币。该类写字楼以人民币为基准的市场价格 2020 年 1 月 1 日—2018 年 3 月 1 日基本保持不变，2020 年 3 月 2 日—5 月 1 日平均每月比上月下降 1%，以后平均每月比上月上升 0.5%。试利用上述资料估算该写字楼 2020 年 12 月 1 日的正常市场价格。

表 3-8 可比实例资料表

可比实例	可比实例 A	可比实例 B	可比实例 C
成交价格	5 800 元/m²	870 美元/m²	6 200 元/m²
成交日期	2020 年 2 月 1 日	2020 年 4 月 1 日	2020 年 6 月 1 日
成交价较正常价增(减)幅度	+2%	+6%	−2%
房地产状况优(劣)导致价格差异幅度	−8%	−3%	+5%

解 该写字楼 2020 年 12 月 1 日的正常市场价格测算如下。

（1）测算公式：

$$比准价格＝可比实例成交价格 \times 交易情况修正系数 \times 市场状况调整系数 \times 房地产状况调整系数$$

（2）求取 V_A：

$$V_A = 5\,800 \times \frac{100}{100+2} \times (1-1\%)^2 \times (1+0.5\%)^7 \times \frac{100}{100-8} = 6\,272.96(元/m^2)$$

（3）求 V_B：

$$V_B = 870 \times 7.02 \times \frac{100}{100+6} \times (1-1\%)^2 \times (1+0.5\%)^7 \times \frac{100}{100-3} = 6\,028.53(元/m^2)$$

（4）求取 V_C：

$$V_C = 6\,200 \times \frac{100}{100-2} \times (1-1\%)^2 \times (1+0.5\%)^7 \times \frac{100}{100+5} = 6\,115.18(元/m^2)$$

（5）求取估价对象单价。估价对象价格（单价）＝(6 272.96＋6 028.53＋6 115.18)÷3＝6 138.89(元/平方米)。

【**例 3-9**】 采用比较法评估某宗房地产价格，从众多交易实例中选取了 A、B、C 共 3 宗可比实例，有关可比实例资料见表 3-9。

表 3-9 可比实例资料

项目	可比实例 A	可比实例 B	可比实例 C
建筑面积	1 200 m²	1 000 m²	11 840.4 平方英尺
成交价格	260 万元人民币	340 美元/m²	258 万元人民币
成交日期	2020 年 11 月初	2020 年 5 月初	2020 年 2 月初
交易情况	−3%	0%	0%
状况因素	0%	+2%	+4%

经调查得知：可比实例 A 为分期付款，首期付款 80 万元，第一年年末付 100 万元，其间月利率为 1%，第二年年末又付款 80 万元，其间月利率为 1.05%。可比实例 B、C 的付

款方式均为一次性付清。又知2021年5月初美元与人民币的市场汇价为1∶6.8。该地区该类房地产的人民币价格2020年12月以来逐月上涨1.2%。1 m²＝10.764平方英尺。表中正值表示可比实例的成交价格高于正常价格、负值表示低于正常价格。利用上述资料,评估该宗房地产在2021年9月初的正常单价(若需计算平均值,可采用简单算术平均值)。

解 (1)测算公式:

估价对象的价格＝可比实例的价格×交易情况修正系数×交易日期修正系数×房地产状况修正系数

(2)建立价格可比基础,将可比实例价格统一到一次性付款并以人民币表示单价。

1)可比实例A价格＝$\left[80+\dfrac{100}{(1+1\%)^{12}}+\dfrac{80}{(1+1\%)^{12}\times(1+1.05\%)^{12}}\right]\div 1\,000=2\,492.2$ (元/m²)

2)可比实例B价格＝$340\times 6.8=2\,312$(元/m²)。

3)可比实例C价格

统一面积单位:因为是以平方英尺为面积单位,故要换算成以m²为计价单位:

$$11\,840.4\text{平方英尺}\div 10.764=1\,100\text{ m}^2$$

统一采用单价如下: $2\,580\,000\div 1\,100=2\,345.5$(元/m²)

(3)求取交易情况修正系数。

可比实例A: $\dfrac{100}{100-3}=\dfrac{100}{97}$

可比实例B: $\dfrac{100}{100-0}=\dfrac{100}{100}$

可比实例C: $\dfrac{100}{100-0}=\dfrac{100}{100}$

(4)求取交易日期修正系数。

可比实例A: $(1+1.2\%)^{10}=112.67\%$

可比实例B: $(1+1.2\%)^{4}=104.89\%$

可比实例C: $(1+1.2\%)^{7}=108.71\%$

(5)求取房地产状况修正系数。

可比实例A: $\dfrac{100}{100-0}=\dfrac{100}{100}$

可比实例B: $\dfrac{100}{100+2}=\dfrac{100}{102}$

可比实例C: $\dfrac{100}{100+4}=\dfrac{100}{104}$

(6)计算比准价格。

$V_A=2\,492.2\times\dfrac{100}{97}\times 112.67\%\times\dfrac{100}{100}=2\,894.81$(元/m²)

$V_B=2\,312\times\dfrac{100}{100}\times 104.89\%\times\dfrac{100}{102}=2\,377.51$(元/m²)

$V_C=2\,345.5\times\dfrac{100}{100}\times 108.71\%\times\dfrac{100}{104}=2\,451.72$(元/m²)

(7)将上述3个比准价格的简单算术平均数作为比较法的测算结果:

$$V=\frac{V_A+V_B+V_C}{3}=\frac{2894.81+2377.51+2451.72}{3}=2\ 574.68(元/m^2)$$

模块小结

比较法是房地产估价的基本方法之一，是参照价值时点近期类似房地产的实际成交价格来评定待估价房地产价格的一种估价方法。本模块主要介绍比较法的基本原理、估价步骤。

思考与练习

1. 比较法的适用对象什么？其需满足哪两个条件？
2. 运用比较法估价的操作步骤有哪些？
3. 简述比较法的估价步骤。

模块四 收益法

知识目标

1. 了解收益法的基本概念、理论依据、适用对象和条件。
2. 熟悉收益法的最一般的公式、净收益不变的公式、收益法不同情况下的公式。
3. 掌握净收益测算的基本原理、计算公式及不同收益类型房地产净收益的求取。
4. 了解报酬率的定义和实质；掌握报酬率的求取方法。
5. 熟悉资本化率的含义及基本公式；掌握资本化率的求取方法。
6. 熟悉投资组合技术、剩余技术的计算。

能力目标

能够熟悉收益法的基本原理、操作步骤和净收益、报酬率，以及投资组合和剩余技术的求取方法；在掌握基本技能方法的基础上，能够运用收益法测算适用对象的房地产价格。

课前任务案例

A公司是一家大型商贸公司，因融通资金需要，于2021年9月17日委托我公司所对其所属的××商场进行评估。评估对象简介：

××商场坐落于N市最繁华的商业街区，是N市经商的黄金地带。建筑物共24层，其中地下1层，地上23层(裙楼5层，主体塔楼18层)。大厦的裙楼自2015年开始运营，以招商出租营业场所为主要方式。第一层为日用百货区，二、三层是服装、鞋帽、床上用品区，四层为家具区，五层为电影院、餐馆等，地下室按人防工程设计施工，现为停车场和其他出租经营。主体塔楼为写字楼设计，外部为面砖贴面、铝合金窗、玻璃幕墙。大厦自营业以来，一直是N市经营较好的商家之一。

任务：请用"收益法"完成该项任务。

模块四 收益法

单元一 收益法的基本原理

一、收益法的基本概念

收益法是房地产估价中预测评估对象的未来收益，然后利用报酬率或资本化率、收益乘数将其转化为价值来求取估价对象价值的方法。收益法又称收益资本化法、收益现值法、收益还原法等，是房地产估价中最常用的方法之一，是对房地产和其他具有收益性质资产评估的基本方法，其本质是以房地产的预期未来收益为导向求取估价对象的价值。运用收益法评估的价格被称为收益价格。

根据将未来预期收益转换为价值的方式的不同，收益法分为报酬资本化法和直接资本化法两种形式。报酬资本化法即现金流量折现法，是通过预测估价对象未来各期的净收益（净现金流量），选用适当的报酬率（折现率）将其折算到价值时点后相加来求取估价对象价值的方法。直接资本化法是将估价对象的某种预期收益除以适当的资本化率或者乘以适当的收益乘数来求取估价对象价值的方法。其中，将某种预期收益乘以适当的收益乘数来求取估价对象价值的方法，也被称为收益乘数法。

二、收益法的理论依据

收益法是以预期原理为基础的，即是基于未来收益权利的现在价值的。其基本思想首先可以粗略地表述如下：由于房地产的使用寿命相当长久，占用某一收益性房地产，不仅现在能取得一定的纯收益，而且能期待在将来继续取得这个纯收益，这样，该宗房地产的价格就相当于这样一个货币额，如果将这个货币额存入银行也会源源不断地带来一种与这个纯收益等量的收入。形象一点表示：

$$房地产纯收益 = 某一货币额 \times 利息率 \tag{4-1}$$

那么，这笔资金就是该宗房地产的价格。将这个等式变换一下便可得出：

$$房地产价格 = 纯收益 \div 利息率 \tag{4-2}$$

例如，假设某人有一房地产，每年可产生 2 万元的净收益，此投资者另有 40 万元的资金以 5% 的年利率存入银行，每年可得到 2 万元的利息，对某人来说，该宗房地产与 40 万元的资金等价，即值 40 万元。

不难看出，上面关于收益法原理的表述还不是很确切。在后面将会看到，上面的例子在下述前提条件下才成立，即纯收益每年不变，资本化率每年不变，获取纯收益的年限为无限年，并且投资房地产的风险与银行存款的风险相当的收益法情形。

在现实中，房地产的净收益不是固定在一数额上，而是不断发生变化，时为 2 万元，时为 2.5 万元，那么就很难用一个固定的货币额和一个固定的收益率与它等同，如果在收益率也变化的情况下，如时为 5%，时为 6%，那么就更不易确定房地产的价格。如果再加上购买的房地产使用年期有限（如土地使用年限不是无限年而是 40 年，像通过土地使用权有偿出让取得的土地；或由于其他原因造成获取纯收益的年期有限，如预计 30 年后某处房地产将被海水淹没或沙漠化),问题就更加复杂。而将一笔资金存入银行的所得的利息,从理论上讲是未来无限年都会有的(忽略银行倒闭的情况)。另外,收益法中的报酬率为什么要与银行的利率等同起来,而不与其他可能获得更高利息(报酬)的资本的利率(报酬率)等同起来呢?在后面的内容中,将论述收益法中的报酬率等同于一定的银行利率也是一个特例。从实际看来投资房地产的报酬率平均要高于一定期限的银行存款利率,银行存款利率也受国家宏观调控因素的影响而发生变化。考虑到上述种种情况,我们可以将普遍适用的收益法原理表述如下:将价值时点视为现在,那么现在购买一宗有一定期限收益的房地产,预示着在其未来的收益期限内可以源源不断地获取净收益,如果现有一笔资金可与未来一定期限内的净收益的现值之和等值,则这笔资金的数额就是该宗房地产的价格。

收益性房地产价值是该房地产的未来净收益的现值之和,其高低取决于下列3个因素(每讨论一个因素时假设其他因素不变)。

(1)可获取净收益的大小,自价值时点起未来可获取净收益越大,房地产的价值就越高,反之就越低;

(2)可获取净收益期限的长短,自价值时点起未来可获取净收益期限越长,房地产的价值就越高,反之就越低;

(3)可获取净收益的可靠性,自价值时点起未来可获取净收益越可靠,房地产的价值就越高,反之就越低。

三、收益法的适用对象和条件

1. 收益法的适用对象

收益法适用对象是潜在收益的房地产,如住宅(特别是公寓)、写字楼、旅馆、商店、餐馆、游乐场、影剧院、停车场、加油站、标准厂房(用于出租的)、仓库(用于出租的)、农地等。它不限于估价对象本身现在是否有收益,只要估价对象现在所属的这类房地产有获取收益的能力即可。例如,估价对象目前为自用或空闲的住宅,虽然没有实际收益,但却具有潜在收益,因为类似住宅以出租方式获取收益的情形很多,所以可将该住宅设想为在出租的情况下运用收益法测算出该住宅的价值。但对于无收益或收益性受到制约的房地产,如行政办公楼、学校、公园等公用、公益性房地产的估价,收益法大多不适用。

2. 收益法估价需要具备的条件

采用收益法测算出的房地产价值是多个因素共同作用的结果,取决于专业房地产估价人员对未来的预期,错误和非理性的预期就会得出错误的评估价值。因此,收益法适用的条件是房地产未来的收益和风险都能较准确量化。对未来的预期通常是基于过去的经验和对现实的认识作出的,必须以广泛、深入的市场调研为基础。

四、收益法的操作步骤

运用收益法估价一般分为以下4个步骤。

(1)收集并验证可用于预测估价对象未来收益的有关数据资料,包括经营前景、财务状况、市场形势和经营风险等。

(2)分析预测估价对象的预期收益(如净收益)。

(3)确定折现率或资本化率。

(4)选用适宜的收益法公式计算收益价格。

运用收益法进行评估涉及许多经济技术参数,其中最主要的参数有3个:净收益、折现率和获利期限。

阅读材料

收益法估价的基本前提

收益法评估出的价值取决于估价师对未来的预期,而错误和非理性的预期会得出错误的评估价值。其涉及3个基本的要素:

(1)估价对象的预期收益;

(2)报酬率或资本化率;

(3)估价对象取得预期收益的持续时间。

因此,收益法估价需要具备的条件是房地产未来的收益和风险都能够较准确地量化(预测)。从这个意义上,运用收益法必须具备的前提条件如下:

(1)估价对象的未来预期收益可以预测,并且可以用货币衡量,这就要求估价对象与其经营收入之间存在着较为稳定的比例关系。

(2)估价对象拥有者获得预期收益所承担的风险也可以预测,并且可以用货币衡量,这是测算折现率或资本化率的基本参数之一。对于投资者来说,投资风险大,要求的回报率就高;投资风险小,其回报率也就相应降低。

(3)被评估资产预期获利年限可以预测。对未来的预期通常是基于过去的经验和对现实的认识作出的,所以必须以广泛、深入的市场调查和市场分析为基础。

单元二 收益法的基本计算公式

一、最一般的公式

$$V = \frac{A_1}{1+Y_1} + \frac{A_2}{(1+Y_1)(1+Y_2)} + \cdots + \frac{A_n}{(1+Y_1)(1+Y_2)\cdots(1+Y_n)} = \sum_{i=1}^{n} \frac{A_i}{\prod_{j=1}^{i}(1+Y_j)}$$

(4-3)

式中 V——房地产在价值时点的收益价格,通常又称为现值;

n——房地产的收益期限,是从价值时点开始未来可以获得收益的持续时间,通常为收益年限;

$A_1, A_2, \cdots, A_n$——分别为房地产相对于估价时间而言的未来的第1期,第2期,$\cdots$,第n期末的净运营收益,通常简称净收益;

$Y_1, Y_2, \cdots, Y_n$——分别为房地产相对于估价时间而言的未来的第1期,第2期,…，第 n 期末的报酬率（折现率）。

说明：

(1) 此公式实际上是收益法基本原理的公式化；

(2) 当公式中 A、Y、n 变化时可以导出其他各种公式，所以其他各种公式只是本公式的一个特例。

(3) 本公式只有理论分析上的意义，实际估价中无法操作。

(4) 公式中 A、Y、n 的时间单位是一致的，通常为月、季、半年等。

二、净收益不变的公式

净收益每年不变的公式分为收益期限为有限年和收益期限为无限年两种情况。

1. 收益期限为有限年

收益期限为有限年的公式如下：

$$V = \frac{A}{Y}\left[1 - \frac{1}{(1+Y)^n}\right] \tag{4-4}$$

公式原型为：

$$V = \frac{A}{1+Y} + \frac{A}{(1+Y)^2} + \cdots + \frac{A}{(1+Y)^n} \tag{4-5}$$

此公式的假设前提（也是应用条件，下同）是：净收益每年不变，为 A；报酬率不等于零，为 Y；收益期限为有限年 n。

上述公式的假设前提是公式推导上的要求（后面的公式均如此），其中报酬率 Y 在现实中是大于零的，因为报酬率也表示一种资金的时间价值或机会成本。从数学上看，当 $Y=0$ 时，$V = A \times n$。

【例 4-1】某宗在政府有偿出让的土地上开发建造的房地产，土地出让年限为 70 年，不可续期，至今已经使用了 30 年；预计该宗房地产正常情况下每年的净收益为 20.5 万元；当地同类房地产的报酬率为 10%。试计算该宗房地产的收益价格。

解 根据上述公式有

$$V = \frac{A}{Y}\left[1 - \frac{1}{(1+Y)^n}\right] = \frac{20.5}{10\%} \times \left[1 - \frac{1}{(1+10\%)^{70-30}}\right] = 200.47（万元）$$

2. 收益期限为无限年

收益期限为无限年的公式如下：

$$V = \frac{A}{Y} \tag{4-6}$$

公式原型为：

$$V = \frac{A}{1+Y} + \frac{A}{(1+Y)^2} + \cdots + \frac{A}{(1+Y)^n} \tag{4-7}$$

此公式的假设条件是：净收益每年不变，为 A；报酬率大于零，为 Y；收益期限 n 为无限年。

【例 4-2】某宗房地产预计未来正常情况下每年的净收益为 25 万元，暂视收益期限为无限年，当地同类房地产的报酬率为 15%。试计算该宗房地产的收益价格。

解 该宗房地产的收益价格计算如下：

$$V = \frac{A}{Y} = \frac{25}{15\%} = 166.67(万元)$$

三、收益法不同情形下的公式

(一)净收益在前若干年有变化，若干年后保持不变的公式

净收益在前若干年有变化的公式具体有两种情况：一是收益期限为有限年；二是收益期限为无限年。

1. 收益期限为有限年

收益期限为有限年的公式如下：

$$V = \sum_{i=1}^{t} \frac{A_i}{(1+Y)^i} + Y \frac{A}{(1+Y)^t}\left[1 - \frac{1}{(1+Y)^{n-t}}\right] \tag{4-8}$$

式中 t——净收益有变化的期限。

该公式的假设前提是：净收益在未来前 t 年(含第 t 年)有变化，分别为 A_1，A_2，…，A_t，在 t 年以后无变化，为 A；报酬率不等于零，为 Y；收益期限为有限年期，为 n。

【例 4-3】 有一宗房地产，预计未来的收益年限为 38 年，通过预测知其今后 5 年的净收益分别是 21 万元、23 万元、24 万元、26 万元、28 万元，从第 6 年起到第 38 年，每年的净收益将有可能稳定在 34 万元左右，假如该类房地产的报酬率为 10%，试确定该宗房地产的收益价格。

解 该宗房地产的收益价格计算如下：

$$V = \frac{21}{1+10\%} + \frac{23}{(1+10\%)^2} + \frac{24}{(1+10\%)^3} + \frac{26}{(1+10\%)^4} + \frac{28}{(1+10\%)^5} +$$

$$\frac{34}{10\%} \times \left[1 - \frac{1}{(1+10\%)^{38-5}}\right] \times \frac{1}{(1+10\%)^5} = 293.3(万元)$$

2. 收益期限为无限年

收益期限为无限年的公式如下：

$$V = \sum_{i=1}^{t} \frac{A_i}{(1+Y)^i} + \frac{A}{Y(1+Y)^t} \tag{4-9}$$

此公式的假设前提是：净收益在未来的前 t 年(含第 t 年)有变化，分别为 A_1，A_2，…，A_t，在 t 年以后无变化为 A；报酬率大于零，为 Y；收益期 n 为无限年。

【例 4-4】 通过预测得到某宗房地产其未来 4 年的纯收益分别为 12 万元、14 万元、16 万元、18 万元，假设从第 5 年到未来无穷远每年的纯收益将稳定在 22 万元，该类房地产的收益率为 10%，计算该宗房地产的收益价格。

解 该宗房地产的收益价格计算如下：

$$V = \frac{12}{1+10\%} + \frac{14}{(1+10\%)^2} + \frac{16}{(1+10\%)^3} + \frac{18}{(1+10\%)^4} + \frac{22}{10\% \times (1+10\%)^5} = 183.4(万元)$$

净收益在前若干年有变化的公式在估价实务中有重要的实用价值。收益性房地产在前若干年每年的净收益往往不稳定，如果采用净收益每年不变的公式来估价又不符合实际，

模块四 收益法

如果房地产的收益期限较长，一般很难准确预测在房地产的整个收益期限内每年的净收益，但如果根据纯收益每年都有变化的情况来估价，又不可能。为了解决这个矛盾，可以根据估价对象的经营状况和市场环境，对其在未来3～5年或可以预测的更长收益期限的净收益做出估算，并且假设以后的净收益将不变或者按照一定规律变动，然后对这两部分净收益进行折现处理，计算出房地产的收益价格。

（二）净收益按等差级数递增的公式

净收益按一定数额递增的公式具体有收益期限为有限年和收益期限为无限年两种情况。

1. 收益期限为有限年

收益期限为有限年的公式如下：

$$V=\left(\frac{A}{Y}+\frac{b}{Y^2}\right)\left[1-\frac{1}{(1+Y)^n}\right]-\frac{b}{Y}\times\frac{n}{(1+Y)^n} \quad (4-10)$$

式中 b——净收益逐年递增的数额，其中，净收益未来第1年为 A，未来第2年为 $(A+b)$，未来第3年为 $(A+2b)$，依次类推，未来第 n 年为 $[A+(n-1)b]$。

此公式的假设前提是：净收益未来第一年为 A，此后按数额 b 逐年递增；报酬率不等于零，为 Y；收益期限为有限年 n。

【例 4-5】 通过预测得到某宗房地产未来第一年的净收益为15万元，此后每年的净收益会在上一年的基础上增加2万元，收益年限可视为50年。该类房地产的报酬率为10%。试计算该宗房地产的收益价格。

解 根据上述公式，该宗房地产的收益价格计算如下：

$$V=\left[\frac{15}{10\%}+\frac{2}{(10\%)^2}\right]\left[1-\frac{1}{(1+10\%)^{50}}\right]-\frac{50\times2}{10\%\times(1+10\%)^{50}}=338.5(万元)$$

2. 收益期限为无限年

收益期限为无限年的公式如下：

$$V=\frac{A}{Y}+\frac{b}{Y^2} \quad (4-11)$$

式中 A、b 的含义同上。

此公式的假设前提是：净收益未来第1年为 A，此后按数额 b 逐年递增；报酬率大于零，为 Y；收益期限 n 为无限年。

【例 4-6】 通过预测得到某宗房地产未来第一年的净收益为28万元，此后每年的净收益会在上一年的基础上增加2.8万元，收益期限可视为无限年，该类房地产的报酬率为8%，根据上式条件确定该宗房地产的收益价格。

解 该宗房地产的收益价格计算如下：

$$V=\frac{A}{Y}+\frac{b}{Y^2}=\frac{28}{8\%}+\frac{2.8}{(8\%)^2}=787.5(万元)$$

（三）净收益按等差级数递减的公式

净收益按一定数额递减的公式只有收益期限为有限年一种。其公式为

$$V=\left(\frac{A}{Y}-\frac{b}{Y^2}\right)\left[1-\frac{1}{(1+Y)^n}\right]+\frac{b}{Y}\times\frac{n}{(1+Y)^n} \quad (4-12)$$

式中 b——净收益逐年递减的数额；

A——未来第 1 年的净收益，则未来第 2 年的净收益为 $(A-b)$，未来第 3 年的净收益为 $(A-2b)$，依次类推，未来第 n 年的净收益为 $[A-(n-1)b]$。

该公式的假设前提是：净收益按一定数额 b 递减；报酬率不等于零，为 Y；收益期限为有限年 n，且 $n \leqslant \dfrac{A}{b}+1$。

$n \leqslant \dfrac{A}{b}+1$ 和不存在收益期限为无限年期的原因是：当 $n > \dfrac{A}{b}+1$ 年时，第 n 年的净收益小于 0。此后各年的净收益均为负值。任何一个理性经营者在 $\left(\dfrac{A}{b}+1\right)$ 年后都不会再经营下去。

【例 4-7】 通过预测得到某宗房地产未来第一年的净收益为 20 万元，此后每年的净收益会在上一年的基础上减少 0.1 万元，收益期限为 50 年。该类房地产的报酬率为 10%。根据上述条件求该宗房地产的收益价格。

解 该宗房地产的收益价格计算如下：

$$V = \left(\dfrac{20}{10\%} - \dfrac{0.1}{(10\%)^2}\right)\left[1 - \dfrac{1}{(1+10\%)^{50}}\right] + \dfrac{0.1 \times 50}{10\% \times (1+10\%)^{50}} = 188.81（万元）$$

(四) 净收益按等比级数递增的公式

净收益按等比级数递增的公式具体有收益期限为有限年和无限年两种情形。

1. 收益期限为有限年

收益期限为有限年的公式如下：

$$V = \dfrac{A}{(1+Y)} + \dfrac{A(1+g)}{(1+Y)^2} + \cdots + \dfrac{A(1+g)^{n-1}}{(1+Y)^n}$$

$$= \dfrac{A}{(1+Y)}\left[1 + \left(\dfrac{1+g}{1+Y}\right) + \left(\dfrac{1+g}{1+Y}\right)^2 + \cdots + \left(\dfrac{1+g}{1+Y}\right)^{n-1}\right] \quad (4\text{-}13)$$

设 $\dfrac{1+g}{1+Y} = x$，则上式变为

$$V = \dfrac{A}{1+Y}[1 + x + x^2 + \cdots + x^{n-1}] \quad (4\text{-}14)$$

如果 $x=1$，即 $Y=g$ 时，上式变为

$$V = \dfrac{A}{1+Y}[\underbrace{1 + 1 + 1 + \cdots + 1}_{n-1}] = \dfrac{A \times n}{1+Y} \quad (4\text{-}15)$$

如果 $x \neq 1$，即 $Y \neq g$ 时，上式变为

$$V = \dfrac{A}{1+Y}\left(\dfrac{1-x^n}{1-x}\right) = \dfrac{A}{1+Y} \times \dfrac{1 - \left(\dfrac{1+g}{1+Y}\right)^n}{1 - \dfrac{1+g}{1+Y}} = \dfrac{A}{1+Y} \times \dfrac{1 - \left(\dfrac{1+g}{1+Y}\right)^n}{\dfrac{1+Y-(1+g)}{1+Y}} = \dfrac{A}{Y-g}\left[1 - \left(\dfrac{1+g}{1+Y}\right)^n\right]$$

$$(4\text{-}16)$$

故有

$$V = \begin{cases} \dfrac{A \times n}{1+Y}, Y = g; \\ \dfrac{A}{Y-g}\left[1-\left(\dfrac{1+g}{1+Y}\right)^n\right], Y \neq g \end{cases} \quad (4\text{-}17)$$

式中　g——净收益逐年递增的比率，假设净收益未来第 1 年为 A，则未来第 2 年为 $A(1+g)$，未来第 3 年为 $A(1+g)^2$，依次类推，未来第 n 年为 $A(1+g)^{n-1}$。

公式的假设前提是：纯收益按等比级数递增；Y 每年不变，且 $Y \neq g$；年限有限为 n；递增时 g 为正，递减时 g 为负。

【例 4-8】 预计有一宗房地产未来第 1 年的净收益为 20 万元，此后每年的净收益会在上一年的基础上增长 1%；该类房地产的报酬率为 10%。该地产是在政府有偿出让的土地上建造的，土地使用权剩余期限为 50 年；试计算该宗房地产的收益价格。

解　该宗房地产的收益价格计算如下：

$$V = \dfrac{A}{Y-g}\left[1-\left(\dfrac{1+g}{1+Y}\right)^n\right] = \dfrac{20}{10\%-1\%} \times \left[1-\left(\dfrac{1+1\%}{1+10\%}\right)^{50}\right] = 219.11(万元)$$

2. 收益期限为无限年

收益期限为无限年的计算公式为

$$V = \dfrac{A}{Y-g} \quad (4\text{-}18)$$

此公式的假设前提是：净收益未来第 1 年为 A，此后按比率 g 逐年递增；报酬率 Y 大于净收益逐年递增的比率 g；收益期限 n 为无限年。

此公式要求 Y 大于 g 的原因是，从数学上看，如果 g 大于或等于 Y，V 就会无穷大。但这种情况在现实中是不可能出现的：原因之一是任何房地产的净收益都不可能以极快的速度无限递增下去；原因之二是较快的递增速度通常意味着较大的风险，从而要求提高风险报酬。

【例 4-9】 预计房地产未来第一年的纯收益为 22 万元，此后各年的纯收益会在上一年的基础上增长 2%，该类房地产的收益率为 10%，收益期限为无限年，试确定该宗房地产的收益价格。

解　该宗房地产的收益价格计算如下：

$$V = \dfrac{22}{10\%-2\%} = 275(万元)$$

(五) 净收益按等比级数递减的公式

净收益按一定比率递减的公式具体分收益期限为有限年和收益期限为无限年两种情况。

1. 收益期限为有限年

收益期限为有限年的公式如下：

$$V = \dfrac{A}{1+Y} + \dfrac{A(1-g)}{(1+Y)^2} + \dfrac{A(1-g)^2}{(1+Y)^3} + \cdots + \dfrac{A(1-g)^{n-1}}{(1+Y)^n} = \dfrac{A}{Y+g}\left[1-\left(\dfrac{1-g}{1+Y}\right)^n\right]$$

$$(4\text{-}19)$$

式中　g——净收益逐年递减的比率，其中，净收益未来第 1 年为 A，未来第 2 年为 $A(1-g)$，未来第 3 年为 $A(1-g)^2$，依次类推，未来第 n 年为 $A(1-g)^{n-1}$。

此公式的假设前提是：净收益未来第 1 年为 A，此后按比率 g 逐年递减；报酬率不等于零，为 Y；收益期限为有限年 n。

2. 收益期限为无限年

收益期限为无限年的公式如下：

$$V = \frac{A}{Y+g} \qquad (4\text{-}20)$$

该公式的假设前提是：净收益在未来第 1 年为 A，此后按比率 g 逐年递减；报酬率大于零，为 Y；收益期限为无限年。

如果有效毛收入与运营费用逐年递增或递减的比率不等，或者一个逐年递增另一个逐年递减，也可以利用净收益按一定比率递增或递减的公式计算估价对象的收益价格。假设有效毛收入逐年递增的比率为 g_I，运营费用逐年递增的比率为 g_E。

收益期限为有效年，则计算公式为

$$\begin{aligned}
V &= \frac{1-E}{1+Y} + \frac{I(1+g_I) - E(1+g_E)}{(1+Y)^2} + \frac{I(1+g_I)^2 - E(1+g_E)^2}{(1+Y)^3} + \cdots + \\
&\quad \frac{I(1+g_I)^{n-1} - E(1+g_E)^{n-1}}{(1+Y)^n} \\
&= \left[\frac{1}{1+Y} + \frac{I(1+g_I)}{(1+Y)^2} + \frac{I(1+g_I)^2}{(1+Y)^3} + \cdots + \frac{I(1+g_I)^{n-1}}{(1+Y)^n} \right] - \\
&\quad \left[\frac{E}{1+Y} + \frac{E(1+g_E)}{(1+Y)^2} + \frac{E(1+g_E)^2}{(1+Y)^3} + \cdots + \frac{E(1+g_E)^{n-1}}{(1+Y)^n} \right] \\
&= \frac{I}{Y-g_I}\left[1 - \left(\frac{1+g_I}{1+Y}\right)^n\right] - \frac{E}{Y-g_E}\left[1 - \left(\frac{1+g_E}{1+Y}\right)^n\right] \qquad (4\text{-}21)
\end{aligned}$$

式中　I——有效毛收入；

　　　E——运营费用；

　　　g_I——I 逐年递增的比率；

　　　g_E——E 逐年递增的比率。

此公式的假设前提是：g_I 或 g_E 不等于报酬率 Y；收益期限为有限年期 n，并且能满足 $I(1+g_I)^{n-1} - E(1+g_E)^{n-1} \geqslant 0$。

如果有效毛收入与运营费用逐年递增的比率不等，或者一个逐年递增一个逐年递减，其计算公式都能较容易地推导出来。其中，在有效毛收入始终大于运营费用的前提下，收益期限为无限年的计算公式为：

$$V = \frac{I}{Y \pm g_I} - \frac{E}{Y \pm g_E} \qquad (4\text{-}22)$$

在上述公式中，有效毛收入逐年递增时，g_I 前面取"−"，逐年递减时，g_I 前面取"+"；运营费用逐年递增时，g_E 前面取"−"，逐年递减时，g_E 前面取"+"。

（六）预知未来若干年后的价格的公式

该情形的假设前提是：已知 t 年末的房地产价格为 V_t；已知第 1 年到第 t 年的纯收益为 A_i，则

$$V = \frac{A_1}{1+Y} + \frac{A_2}{(1+Y)^2} + \cdots \frac{A_t}{(1+Y)^t} \cdots + \frac{V_t}{(1+Y)^t} = \sum_{i=1}^{t} \frac{A_i}{(1+Y)^i} + \frac{V_t}{(1+Y)^t}$$
(4-23)

式中 V——房地产的现值；

A_i——房地产在未来第 i 年的净收益；

V_t——预测房地产在未来第 t 年末的价格；

t——房地产的持有期限。

此公式的假设前提是：

(1)已知房地产在未来第 t 年末的价格为 V_t（或第 t 年末的市场价值，或第 t 年末的残值。如果购买房地产的目的是为了持有一段时间后转售，则 V_t 为预期的第 t 年末转售时的价格减去销售税费后的净值，简称为期末转售收益）。

(2)已知房地产未来 t 年（含第 t 年）的净收益（简称为期间收益）。

(3)期间收益和期末转售收益具有相同的报酬率 Y。

若 t 年前的纯收益每年相等，即 $A_i = A$，则

$$V = \frac{A}{Y}\left[1 - \frac{1}{(1+Y)^t}\right] + \frac{V_t}{(1+Y)^t}$$
(4-24)

若 t 年前的纯收益每年按一定比率 g 递增，则

$$V = \frac{A}{Y-g}\left[1 - \left(\frac{1+g}{1+Y}\right)^t\right] + \frac{V_t}{(1+Y)^t}$$
(4-25)

【例 4-10】 某旅馆现行的市场价格为 3 800 元/m²，年净收益为 200 元/m²，利率为 8%。现获知该地区将兴建一座大型的现代化火车站，该火车站将在 6 年后建成投入使用，到那时该地区将达到该城市现有火车站地区的繁荣程度。在该城市现有火车站地区，同类房地产的价格为 6 000 元/m²。据此预计新火车站建成投入使用后，新火车站地区该类房地产的价格将达到 6 000 元/m²。试求获知兴建火车站后该宗房地产的价格。

解 $V = \frac{A}{Y}\left[1 - \frac{1}{(1+Y)^t}\right] + \frac{V_t}{(1+Y)^t} = \frac{200}{8\%}\left[1 - \frac{1}{(1+8\%)^6}\right] + \frac{6\ 000}{(1+8\%)^6}$

  = 4 705.59(元/m²)

可见，该宗房地产在获知兴建火车站的前后，价格由每平方米 3 800 元涨到 4 705.59 元。

在估价实务中，预知未来若干年后收益性房地产价格的公式适用范围为：

(1)对于待估房地产目前的价格难以确定，但根据城市规划的发展前景，或由于社会经济地理位置的改变，能够比较容易预测待估房地产未来某一时点的房地产价格或未来价格相对于当前价格的变化率时，适宜采用该公式，特别是某地区将会出现可以预见的较大改观或房地产市场行情较之现在有较大变化的情况；

(2)对于收益期限较长的房地产，有时不是按其收益期限来估价，而是先确定一个合理的持有期，然后预测持有期间的净收益和持有期末的价值，再将它们折算为现值。

单元三　净收益的求取

一、净收益的概念和净收益流的模式

1. 净收益的概念

运用收益法估价，需要预测估价对象的未来收益。在收益法中可转换为价值的未来收益主要有 4 种：

(1) 潜在毛收入；
(2) 有效毛收入；
(3) 净收益（均在客观值）；
(4) 税前现金流量。

净收益的计算公式：

净收益＝潜在毛收入－空置等造成的收入损失－运营费用＝有效毛收入－运营费用

(4-26)

净收益是净运营收益的简称，它是由有效毛收入扣除运营费用后得到的归属于房地产的收入。

2. 净收益流模式的确定

运用报酬资本化法估价，在求取估价对象的净收益时，应根据估价对象的净收益在过去和现在的变动情况及预期的收益期限，预测估价对象未来各期的净收益，并判断未来净收益流属于下列哪种类型，以便于选用相应的报酬资本化法公式进行计算：

(1) 净收益每年基本上固定不变；
(2) 净收益每年基本上按照某个固定的数额递增或递减；
(3) 净收益每年基本上按照某个固定的比率递增或递减；
(4) 其他有规则变动的情况。

在实际估价中使用最多的是净收益每年不变的公式，其净收益 A 的求取方法有下列 3 种：

(1) "过去数据简单算术平均法"。这是通过调查，求取估价对象过去若干年的净收益，例如过去 3 年或 5 年的净收益，然后将其简单算术平均数作为 A。

(2) "未来数据简单算术平均法"。这是通过调查，预测估价对象未来若干年的净收益，例如未来 3 年或 5 年的净收益，然后将其简单算术平均数作为 A。

(3) "未来数据资本化公式法"。这是通过调查，预测估价对象未来若干年的净收益，例如未来 3 年或 5 年的净收益，然后利用报酬资本化法公式演变出的下列等式来求取 A（可视为一种加权算术平均数）：

$$\frac{A}{Y}\left[1-\frac{1}{(1+Y)^t}\right]=\sum_{i=1}^{t}\frac{A_i}{(1+Y)^i}$$

即

$$A=\sum_{i=1}^{t}\frac{A_i}{(1+Y)^i}\times\frac{Y(1+Y)^t}{(1+Y)^t-1}$$

(4-27)

二、净收益测算的基本原理

收益性房地产获取收益的方式,可分为出租和自营两大类。据此,求取净收益的途径可分为两种:一是基于租赁收入求取净收益,如有大量租赁实例的住宅、写字楼、商铺、停车场、标准厂房、仓库等类房地产;二是基于营业收入求取净收益,如以自营为主的宾馆、影剧院、娱乐中心、汽车加油站等类房地产。在英国,将前一种情况下的收益法称为投资法,后一种情况下的收益法称为利润法。有些房地产既有大量租赁实例又有营业收入,如商铺、餐馆、农地等。在实际估价中,只要是能够通过租赁收入求取净收益的,应优先通过租赁收入求取净收益。因此,基于租赁收入求取净收益的收益法是收益法的典型形式。

1. 基于租赁收入测算净收益

基于租赁收入测算净收益的基本公式为:

净收益＝潜在毛收入－空置等造成的收入损失－运营费用＝有效毛收入－运营费用

(4-28)

式中　有效毛收入——从潜在毛收入中扣除空置和收租损失以后得到的房地产的收入;

潜在毛收入——房地产在充分利用、没有空置下所能获得的房地产的总收入;

运营费用——维持房地产正常使用或营业所必要的费用,包括房地产税、保险费、人员工资及办公费用、保持房地产正常运转的成本(建筑物及相关场地的维护、维修费)、为承租人提供服务的费用(如清洁、保安)等。

应用基本公式需要注意:

(1)潜在毛收入、有效毛收入、运营费用、净收益通常以年度计,并假设在年末发生。

(2)空置等造成的收入损失一般以潜在毛收入的某一百分率来计算。

(3)运营费用与会计上的成本费用有所不同,是从估价角度出发的,不包含房地产抵押贷款还本付息额、会计上的折旧额、房地产改扩建费用和所得税。

1)对于有抵押贷款负担的房地产,采用收益法估价时,其运营费用不包含抵押贷款偿还额的前提是:测算的是包含有资金和抵押贷款价值在内的整体房地产的价值。

2)不包含会计上的折旧额是指不包含建筑物折旧额、土地摊销费等,但包含寿命比整体建筑物经济寿命短的构件、设备、装饰装修等的折旧费。由于空调、电梯、锅炉等的寿命比整体建筑物的经济寿命短,它们在寿命结束后必须重新购置、更换才能继续维持房地产的正常使用功能,所以这些部分的折旧费应当包含在运营费用中。

3)运营费用中不包含所得税是因为所得税与特定业主的经营状况有关。

2. 基于营业收入测算净收益

有些收益性房地产,是以营业方式获取收益,其业主与经营者是合二为一的,如旅馆、娱乐中心、加油站等。这些收益性房地产的净收益测算与基于租赁收入的净收益测算,不同之处体现在:一是潜在毛收入或有效毛收入变成了经营收入;二是要扣除归属于其他资本或经营的收益,如商业、餐饮、工业、农业等经营者的正常利润。

三、净收益的计算公式

净收益＝租赁收入－维修费－管理费－保险费－税金－租赁代理费　　　(4-29)

$$\text{租赁收入} = \text{有效毛收入} + \text{租赁保证金、押金等利息收入} \quad (4\text{-}30)$$

在实际求取时,是否要扣除维修费、管理费、保险费、房地产税和租赁代理费,应在分析租赁契约的基础上决定。应该注意租赁预定税费由谁负担,从而确定扣除项目。带家具、设备出租的,应扣除其对租金的贡献。

四、不同收益类型房地产净收益的求取

1. 出租型房地产净收益

出租型房地产净收益的计算公式为

$$\text{年净收益} = \text{年租赁收入} - \text{年租赁费用} \quad (4\text{-}31)$$

出租的房地产是收益法估价的典型对象,包括出租的住宅、商铺、停车场、标准厂房等,其净收益通常为租赁收入扣除由出租人负担的费用后的余额。

租赁收入包括有效毛租金收入和租赁保证金或押金的利息收入等其他收入。但在实际中,房租可能包含真正的房租构成因素之外的费用,也可能不包含真正的房租构成因素的费用。因此,在求取净收益时,维修费、管理费、保险费、房地产税和租赁代理费等是否要扣除,应在分析租赁合同的基础上决定要扣除或增添的费用项目。如果维修、管理费等费用全部或部分由承租人来承担,则出租人所得的租赁收入就接近于净收益,此时扣除的费用项目就要相应地减少。出租的房地产求取净收益需要扣除的费用见表4-1。

表4-1 出租的房地产求取净收益需要扣除的费用

项目名称	出租人负担	承租人负担	标准	数量	年金额/元
水费					
电费					
燃气费					
供暖费					
通信费					
有线电视费					
家具设备折旧费①					
物业服务费用②					
维修费					
保险费③					
房地产税④					
租赁费用⑤					
租赁税费⑥					
其他费用					

注:①如果由出租人提供家具设备(如家具、电视机、电冰箱、空调机等),应扣除它们的折旧费。
②如果物业服务企业对房屋及配套的设施设备和相关场地进行维修、养护、管理、维护相关区域内的环境卫生和秩序,所收取的费用。
③如投保房屋火灾险等的保险费。
④如城镇土地使用税、房产税或城市房地产税等。
⑤如委托房地产经纪机构出租,房地产经纪机构向出租人收取的租赁代理费。
⑥包括增值税、城市维护建设税、教育费附加、租赁手续费。

由于租约所约定的租金有高有低，租金所包含的内容或多或少都会受到法律的保护。所以，有租约限制的房地产估价，如果租金与市场租金的偏差不是很大，在租约期内的租金应采用租约所确定的租金，租约其外的租金应采用正常客观的租金。

2. 经营性房地产净收益

商业经营的房地产，应根据经营资料测算净收益，净收益为商品销售收入扣除商品销售成本、经营费用、商品销售税金及附加、管理费用、财务费用和商业利润的余额。

工业生产用的房地产，应根据产品市场价格以及原材料、人工费用等资料测算净收益，净收益为产品销售收入扣除生产成本、产品销售费用、产品销售税金及附加、管理费用、财务费用和厂商利润的余额。

3. 启用或尚未使用的房地产净收益

对于启用或尚未使用的房地产，可比较有收益的类似房地产的有关资料，按上述相应的方式计算净收益，或直接比较得到净收益。

4. 混合性收益的房地产净收益

现实中有些收益性房地产包含多种收益类型，如星级宾馆一般有客房、会议室、餐厅、商场、商务中心、娱乐中心，商务楼有商场、餐饮、服务，写字楼往往有商务、办公、住宅等，其净收益视具体情况采用下列方式之一求取：一是把它看成是各种单一收益类型房地产的简单组合，先分别求取各自的净收益，然后予以加总；二是先测算各种类型的收入，再测算各种类型的费用，然后将两者相减；三是把费用分为固定费用和变动费用，将测算出的各种类型的收入分别减去相应的变动费用，予以加总后再减去总固定费用。

五、净收益求取中应该注意的问题

由于经营管理水平等原因，某一估价对象的收入和费用具有个别性，而估价要求评估的是客观合理价格，因而需要参照市场上类似房地产的一般收入和费用水平，对估价对象的实际收入和费用进行调整，调整为具有代表性的客观收入和客观费用作为估价依据。在实际估价中净收益的求取应注意以下几点：

1. 有形收益和无形收益

在求取净收益时不仅要包括有形收益，还要考虑到各种无形收益。但是，无形收益通常难以货币化，因而在计算净收益时难以考虑，但可以通过选取较低的报酬率或资本化率来考虑无形收益。同时值得注意的是，如果无形收益通过有形收益得到体现，则不应单独考虑，以免重复计算。

2. 运营费用

运营费用包括：维持房地产正常生产、经营或使用所必须支出的费用，如维修费、管理费等；归属于其他资本的收益，或称非房地产本身所创造的收益，如货币资金的利息和经营利润等。

3. 租约对房地产价格的影响

房地产有租约的，必须考虑租约对房地产价格的影响。从投资角度来说，租约租金有租约限制的，租赁期限内的租金应采用租约约定的租金。高于市场租金时，房地产的价值就要高一些；相反，当租约租金低于市场租金时，房地产的价值就要低一些。因此，租约租金高于或低于市场租金，都会影响房地产的价值。当租约租金与市场租金差异较大时，毁约的可能性也较大。

承租人权益的价值等于剩余租赁期限内租约租金与同期市场租金的差异经折现后的现值。如果租约租金低于市场租金，则承租人权益就是正价值；反之，如果租约租金高于市场租金，则承租人权益就是负价值。

4. 收益年限的确定

收益年限是估价对象自价值时点起至未来可获收益的年数。收益年限应视估价对象的不同，在房地产自然寿命、法律规定（如土地使用权法定最高年限）、合同约定（如租赁合同约定的租赁期限）等的基础上，结合房地产剩余经济寿命来确定。一般情况下，估价对象的收益年限为其剩余经济寿命，其中，土地的收益年限为剩余使用年限。

（1）对于单独土地和单独建筑物的估价，应分别根据土地剩余使用年限和建筑物剩余经济寿命确定收益年限，选用相应的收益年限为有限年的公式进行计算，净收益中不扣除建筑物折旧费和土地摊提费。

（2）对于土地与建筑物合成体的估价对象，如果是建筑物的经济寿命晚于或与土地使用年限一起结束的，应根据土地剩余使用年限确定收益年限，选用相应的收益年限为有限年的公式进行计算，净收益中不扣除建筑物折旧费和土地摊提费。

（3）对于土地与建筑物合成体的估价对象，如果是建筑物的经济寿命早于土地使用年限结束的，可采用下列方式之一：

1）先根据经济寿命确定未来可获收益年限，选用对应的有限年的收益法计算公式，净收益中不扣除建筑物折旧费和土地摊提费，再加上土地使用年限超出建筑物经济寿命的土地剩余使用年限价值的折现值；

2）将未来可获收益的年限设想为无限年，选用无限年的收益法计算公式，净收益中应扣除建筑物折旧费和土地摊提费。

单元四 报酬率的求取

一、报酬率的定义和实质

报酬率即折现率，是与利率内部收益率同类性质的比率。要想弄清报酬率的内涵，需要弄清一笔投资中投资回收与投资回报的概念及其之间的区别。投资回收是指所投入的资本的回收，即保本；投资回报是指所投入的资本全部回收之后所获得的额外资金，即报酬。以向银行存款为例，投资回收就是向银行存入的本金的回收，投资回报就是从银行那里得到的利息。所以，投资回报中是不包含投资回收的，报酬率为投资回报与所投入的资金的比率，即

$$报酬率 = \frac{投资回报}{所投入的资金} \tag{4-32}$$

从全社会来看，报酬率与投资风险正相关，风险大的投资，其报酬率也高，反之亦然。报酬率与投资风险的关系如图 4-1 所示。

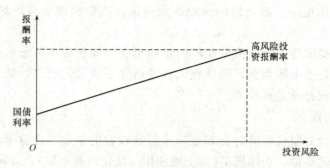

图 4-1 报酬率与投资风险的关系

不同地区、不同时期、不同用途或不同类型的房地产，同一类型房地产的不同权益、不同收益类型（如期间收益和未来转售收益），由于投资的风险不同，报酬率是不尽相同的。因此，在估价中并不存在一个统一不变的报酬率数值。

二、报酬率的求取方法

掌握了报酬率的实质以后，下面了解各种求取报酬率的方法。

1. 累加法

累加法是先将报酬率视为包含无风险报酬率和风险补偿率两大部分，然后分别求出每一部分，再将它们相加得到报酬率的方法。无风险报酬率是指无风险投资的报酬率，是资金的机会成本。风险补偿率是指承担额外风险所要求的补偿。

累加法的一个基本公式为：

报酬率＝无风险报酬率＋投资风险补偿＋管理负担补偿＋缺乏流动性补偿－投资带来的优惠

(4-33)

(1) 投资风险补偿是指当投资者投资于收益不确定、具有风险性的房地产时，他必然会要求对所承担的额外风险有补偿，否则就不会投资。

(2) 管理负担补偿是指一项投资要求的关心和监管越多，其吸引力就会越小，从而投资者必然会要求对所承担的额外管理有补偿。房地产要求的管理工作一般远远超过存款、证券。

(3) 缺乏流动性补偿是指投资者对所投入的资金由于缺乏流动性所要求的补偿。房地产与股票、债券相比，买卖要困难，交易费用也较高，缺乏流动性。

(4) 投资带来的优惠是指由于投资房地产可能获得某些额外的好处，如易于获得融资，从而投资者会降低所要求的报酬率。因此，针对投资估价对象可以获得的好处，要作相应的扣减。

完全无风险的投资在现实中难以找到，有鉴于此，我们通常选用同一时期的相对无风险的报酬率去代替无风险报酬率来计算。例如，选用同一时期的国债利率或银行存款利率。于是，投资风险补偿就变为投资估价对象相对于投资同一时期国债或银行存款的风险补偿；管理负担补偿变为投资估价对象相对于投资同一时期国债或银行存款管理负担补偿；缺乏流动性补偿变为投资估价对象相对于投资同一时期国债或银行存款缺乏流动性的补偿；投资带来的优惠变为投资估价对象相对于投资同一时期国债或银行存款所带来的优惠。

2. 市场提取法

市场提取法是利用与估价对象房地产具有类似收益特征的可比实例房地产的价格、净收益等资料，选用相应的报酬资本化法公式，反求出报酬率的方法。

3. 投资报酬率排序插入法

报酬率是典型投资者在房地产投资中所要求的报酬率。由于具有同等风险的任何投资的报酬率应该是相近的，所以，可以通过与估价对象同等风险的投资报酬率来求取估价对象的报酬率。

三、报酬率的种类

在实际的房地产估价中，评估者应该根据不同估价对象而采用不同性质的报酬率。在房地产估价中应用最广泛的3种报酬率是：综合报酬率、建筑物报酬率和土地报酬率。这3种报酬率是与房地产估价对象的3种实物存在形态相对应的。

1. 综合报酬率

综合报酬率是应用于评估复合房地产时所采用的报酬率，采用综合报酬率估算复合房地产的收益价值时，所对应的净收益是土地和建筑物产生的年净收益之和。

2. 建筑物报酬率

建筑物报酬率是应用于评估建筑物时所采用的报酬率，采用建筑物报酬率估算建筑物的收益价值时，所对应的净收益是建筑物产生的年净收益，即是从房地产的总年净收益中分离出来的建筑物的收益。

3. 土地报酬率

土地报酬率是应用于评估土地时所采用的报酬率，采用土地报酬率估算土地的收益价值时，所对应的净收益是土地的年净收益，即这个净收益中不包括其他方面带来的收益部分。如果在求取土地的价值时选用的不是纯粹的土地报酬率，算出的结果肯定不是土地价值。值得注意的是，报酬率的确定同整个房地产估价活动一样，是科学与艺术的有机结合。

尽管有上述求取报酬率的方法，但这些方法并不能确切地告诉估价师报酬率究竟应是个多大的数字，这些方法对报酬率的确定都含有某些主观选择性，需要估价师运用自己掌握的关于报酬率的理论知识，结合实际估价经验和对当地的投资及房地产市场有了充分了解之后，作出一个相应的综合判断。但在一定时期内，报酬率大体上有一个合理的区间。

单元五　资本化率的求取

一、资本化率的含义及基本公式

1. 资本化率的含义

资本化率又称还原化率、收益率，它与银行利率一样也是一种利率，是把资本投入到不动产所带来的收益率。资本化率也不同于其他行业的收益率，因为它反映的是不同投资领域的获利能力。从理论上讲,虽然市场竞争者使各行业的年平均利润率趋于一致,它们在量上有时也可能相等或相近,但实际上由于新技术的应用、不同的投资组合、不同的投资领域和投资环境都会产生新的不同的超额利润,因此,不应把资本化率与其他利率(收益率)混同。

2. 资本化率的基本公式

资本化率是房地产未来第一年的净收益与其价值或价格的百分比。利用资本化率将未来收益转换为价值的直接资本化法的公式为:

$$V = \frac{NOV}{R} \tag{4-34}$$

式中　　V——房地产价值;

　　　　NOV——房地产未来第一年的净收益,简称"年净收益";

　　　　R——资本化率。

收益乘数是房地产价值或价格与其未来第一年的收益的比值。该未来第一年的收益简称"年收益",包括但不限于年净收益。利用收益乘数将未来收益转换为价值的直接资本化法的公式为:

$$房地产价值 = 房地产年收益 \times 收益乘数 \tag{4-35}$$

直接资本化中未来第一年的收益有时用当前的收益近似代替。

阅读材料

资本化率的实质

资本化率不是房地产纯收益与房地产价格的比率,其实质是资本投资的收益率,即是将各年纯收益折现到价值时点的折现率。在收益法中资本化率确定的准确与否,直接关系到房地产价格的定位。购买房地产可以看成是一种投资,这种投资所需投入的资本是房地产价格,这笔投资试图获得的收益是房地产每年产生的纯收益。因此,资本化率实质上是一种资本投资的收益率(由一笔投资赚回的收益的百分数,有若干种不同的名称,诸如收益率、获利率、报酬率、利润率、回报率、赢利率和利率)。

以最小的风险获得最高的收益,可以说是所有投资者的愿望。所谓投资风险,是指投资收益的不确定性,即投资的结果可能盈利较多,也可能盈利较少,甚至会有亏损。在一个较为完善的市场中,要获得高的投资收益意味着要承担高的风险,即与投资风险成正相关,风险大者收益率也高,反之则低。例如,将资金存入国家银行,风险小,但利息率低,收益也就低;而将资金搞投机冒险,收益率高,但风险也大。收益率与投资风险关系如图4-2所示。

资本化率实质上是一种投资的收益率,认识到这点就已经在观念上把握住了求取资本化率的方法:收益法中应采用的资本化率,等同于与获取估价对象房地产所产生的纯收益具有同等风险的资本的收益率。

对资本化率应等同于具有同等风险的资本的收益率这样一种认识,使资本化率的确定可以包容多种情况,避免一些过于武断或只适合于某些特定情况下的结论。拿土地来说,像马克思所讲的那样,当人们把土地所有权看作所有权的特别高尚的形式,并且把购买土地看作特别可靠的投资时,资本化率就要低于其他较长期投资的收益率,甚至比银行的利率还要低。但当情况不再是这样,如拥有土地者不再有任何特殊地位,受自然或社会因素

模块四 收益法

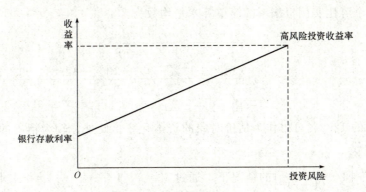

图 4-2 收益率与投资风险关系

的影响获取地租并不稳定、有风险时，资本化率就高于其他较长期投资的收益率。因为土地的不可移动性使它不易于逃避一些政策、社会动荡和天灾的影响。

不同地区的房地产所在具体社会经济环境不同，所面临的供求关系市场条件不同，其风险也必然不同，存在风险差异，这都使资本化率产生差异。因此在房地产估价中并不存在一个统一不变的资本化率。

二、资本化率的求取方法

求取资本化率的基本方法有比较法、安全利率加风险调整值法、投资收益率排序插入法等，运用这些方法的前提条件是要求房地产市场比较发达。

1. 比较法

比较法是利用收益法公式，通过收集与估价对象房地产具有类似收益特征的可比实例房地产的价格、净收益等资料，反求出资本化率。

比较法求取资本化率与比较法的估价思路相同，需要选择多宗可比房地产，由可比房地产的资料计算出各自的资本化率，然后采用算术平均或加权平均等数学方法将各自的资本化率进行综合分析得到所需房地产的资本化率。

运用比较法求取资本化率有以下几种情况。

(1) 在 $V=\dfrac{a}{r}$ 的情况下，通过 $r=\dfrac{a}{V}$ 来求取 r，即可以将市场上类似房地产的净收益与其价格的比率作为报酬率。举例说明，见表 4-2。

表 4-2 选取的 6 个可比实例及其相关资料

可比实例	净收益/(万元·年$^{-1}$)	价格/万元	资本化率/%
1	14.28	102	14
2	24.7	190	13
3	7.92	88	9
4	70.2	542	13
5	92.16	720	12.8
6	30	250	12

表 4-2 中 6 个可比实例报酬率的简单算术平均数为：

$$r = \frac{r_1+r_2+r_3+r_4+r_5+r_6}{6}$$

$$= \frac{(14\%+13\%+9\%+13\%+12.8\%+12\%)}{6}$$

$$=12.3\%$$

由上式求出的 12.3% 可以作为估价对象的资本化率。此外，较为精确的计算还可以采用加权算术平均数。

(2) 在 $V=\dfrac{a}{r}\left[1-\dfrac{1}{(1+r)^n}\right]$ 的情况下，通过 $V=\dfrac{a}{r}\left[1-\dfrac{1}{(1+r)^n}\right]=0$ 来求取 r。在手工计算的情况下，先采用试错法计算。计算到一定精度后再采用线性内插法求取，即 r 是通过试错法与线性内插法相结合的方法来求取的。

试错法是先以任何方式挑选一个认为是最可能的 r，通过计算这一选定 r 下公式左边的结果来检验它。如果计算出的结果正好等于零，则通过；如果计算结果为正值，则通常表明必须试一下较小的 r；相反，如果计算结果为负值，就必须试一下较大的 r。这个过程一直进行到找到一个使计算结果等于零的 r 为止。在不利用计算机的情况下，求解 r 必须进行反复的人工试算。在利用计算机的情况下，只要输入 V、a、n，让计算机来做计算就可以了。

(3) 在 $V=\dfrac{a}{r-g}$ 的情况下，$r=\dfrac{a}{V}+g$。

2. 安全利率加风险调整值法

安全利率指无风险的资本投资的收益率。可选用同一时期的一年期国债年利率或中国人民银行公布的一年期定期存款年利率；风险调整值应根据估价对象所在地的经济现状及对未来的预测、估价对象的用途及新旧程度等确定。

安全利率加风险调整值法又称累加法，是以安全利率为基础，再加上风险调整值作为资本化率的方法。其基本方法如下：

资本化率＝安全利率＋投资风险补偿＋管理负担补偿＋缺乏流动性补偿－投资带来的优惠

(4-36)

这种方法的具体操作是首先找出安全利率，然后确定在安全利率基础上的调整，包括对投资风险、管理负担和投入资金缺乏流动性的各项补偿。其中流动性指在不损失太多价值的条件下，将非现金资产的各项资产转换为现金的速度。速度越快则流动性越好，反之越差。房地产买卖通常耗时甚久，在市场上不易找到合适的买者，因此房地产缺乏流动性。投资风险、管理负担和缺乏流动性的补偿是根据估价对象所在地区现在和未来的经济状况、估价对象的用途及新旧程度等来确定的。此外，投资估价对象也可能得到某些额外的好处，投资者因此会降低所要求的收益率，所以还应扣除这种投资所带来的优惠。

3. 投资收益率排序插入法

投资收益率是典型投资者在房地产投资中所要求的收益率。投资收益率排序插入法的操作步骤和主要内容如下：

(1) 调查、收集估价对象所在地区的房地产投资、相关投资及其收益率和风险程度的资料，如各种类型的银行存款利率、政府债券利率、公司债券利率、股票报酬率及其他投资的收益率等。

(2)将所收集的不同类型投资的收益率按低到高的顺序排列,制成图表,如图 4-3 所示。

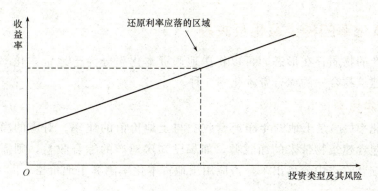

图 4-3 投资收益率排序插入法

(3)将估价对象与这些类型投资的风险程度进行分析比较,考虑投资的流动性、管理的难易以及作为资产的安全性等,判断出同等风险的投资,确定估价对象风险程度应落的位置。

(4)根据估价对象风险程度所落的位置,结合估价理论、估价经验对估价对象房地产所在区域的投资进行综合分析,确定资本化率的取值。

4. 复合投资收益率法

复合投资收益率法主要有抵押贷款与自有资金的组合和土地与建筑物的组合两种。这里重点介绍抵押贷款与自有资金的组合。

抵押贷款与自有资金的组合是将购买房地产的抵押贷款收益率与自有资金收益率的加权平均数作为综合资本化率。

按下式计算:

$$R = M \times R_M + (1-M) \times R_E \tag{4-37}$$

式中 R——资本化率(%);

M——贷款价格比率,即抵押贷款额占房地产价格的比率;

R_M——抵押贷款资本化率,即第一年还本息额与抵押贷款额的比率;

R_E——自有资金要求的正常收益率。

上式中,抵押贷款常数是按年偿还贷款计算的,但实际中房地产抵押贷款多数是按月偿还的,在分期等额还本付息还款情况下,由于等额还款额为:

$$A_M = \frac{V_M \times Y_M}{\left[1 - \dfrac{1}{(1+Y_M)^n}\right]} \tag{4-38}$$

则抵押贷款常数的计算公式为:

$$r_M = \frac{A_M}{V_M} = Y_M + \frac{Y_M}{(1+Y_M)^n - 1} \tag{4-39}$$

式中 r_M——抵押贷款常数,即抵押贷款月资本化率;

A_M——等额还款额;

Y_M——月抵押贷款利率；

V_M——抵押贷款资金；

n——抵押贷款期限。

三、资本化率的种类及相互关系

根据房地产的物质存在形态，可以将房地产资本化率分为土地资本化率、建筑物资本化率和土地与建筑物合一的综合资本化率 3 种。

1. 土地资本化率

土地资本化率（r_L）是土地的年净经营收益与土地价值的比率。对应的净收益应是土地的净收益，不包含建筑物带来的净收益。如果已知房地产的综合收益，则需将土地的净收益从房地产的综合收益中分离出来，再应用土地资本化率测算土地价格。

2. 建筑物资本化率

建筑物资本化率（r_B）是建筑物的净经营收益与建筑物价值的比率。对应的净收益应是建筑物所产生的净收益，不包含土地带来的净收益，对应的是建筑物价格。

3. 综合资本化率

综合资本化率（r_O）是房地产单一年度净经营收益期望值与房地产总价值或总价格的比率，其对应的价格为房地产价格。

土地资本化率、建筑物资本化率、综合资本化率虽然有严格的区分，但又相互联系，三者存在如下关系：

$$r_O = \frac{r_L V_L + r_B V_B}{V_L + V_B} \tag{4-40}$$

式中　r_O——综合资本化率；

　　　r_L——土地资本化率；

　　　r_B——建筑物资本化率；

　　　V_L——土地价值；

　　　V_B——建筑物价值。

若知道土地价格占房地产价格的比例或知道建筑物价格的比例，也可以确定土地资本化率、建筑物资本化率、综合资本化率三者的关系。

$$r_O = L \times r_L + B \times r_B \tag{4-41}$$

式中　L——土地价值占房地产价值的比率；

　　　B——建筑价值占房地产价值的比率，$L + B = 100\%$。

单元六　投资组合技术和剩余技术

一、投资组合技术

投资组合技术主要有土地与建筑物的组合和抵押贷款与自有资金的组合两种。

1. 土地与建筑物的组合

运用直接资本化法估价,由于估价对象不同,相应的3种资本化率分别是综合资本化率、土地资本化率、建筑物资本化率。

综合资本化率是求取房地价值时应当采用的资本化率。这时对应的净收益应是建筑物及其占用范围内的土地共同产生的净收益。也就是说,在评估土地与建筑物综合体的价值时,应采用建筑物及其占用范围内的土地共同产生的净收益,同时应选用综合资本化率将其资本化。如果选用的不是综合资本化率,则求出的就不是土地与建筑物综合体的价值。

土地资本化率是求取土地价值时应当采用的资本化率。这时对应的净收益应是土地产生的净收益(即仅归属于土地的净收益,不包含建筑物带来的净收益)。建筑物资本化率是求取建筑物价值时应当采用的资本化率。这时对应的净收益应是建筑物产生的净收益(即仅归属于建筑物的净收益),不包含土地带来的净收益。如果在求取建筑物价值时选用的不是建筑物资本化率,则求出的就不是建筑物价值。

综合资本化率、土地资本化率、建筑物资本化率三者虽然有严格区分,但又是相互联系的。如果能从可比实例房地产中求出其中两种资本化率,便可利用下列公式求出另外一种资本化率:

$$R_O = \frac{V_L \times R_L + V_B \times R_B}{V_L + V_B} \tag{4-42}$$

$$R_L = \frac{(V_L + V_B)R_O - V_B \times R_B}{V_L} \tag{4-43}$$

$$R_B = \frac{(V_L + V_B)R_O - V_L \times R_L}{V_B} \tag{4-44}$$

式中　R_O——综合资本化率;
　　　R_L——土地资本化率;
　　　R_B——建筑物资本化率;
　　　V_L——土地价值;
　　　V_B——建筑物价值。

上述公式必须确切地知道土地价值、建筑物价值分别是多少。这有时难以做到。但如果知道了土地价值或建筑物价值占房地价值的比率,也可以找出综合资本化率、土地资本化率和建筑物资本化率三者的关系,公式为

$$R_O = L \times R_L + B \times R_B \tag{4-45}$$

式中　L——土地价值占房地价值的比率;
　　　B——建筑物价值占房地价值的比率,($L+B=100\%$)。

2. 抵押贷款与自有资金的组合

购买房地产的资金通常由两部分构成:一部分是抵押贷款,另一部分是自有资金(或称权益资本)。因此,房地产的报酬率必须同时满足这两部分资金对投资报酬的要求:贷款人(贷款银行)要求得到与其贷款所谓风险相当的贷款利率报酬,自有资金投资者要求得到与其投资所冒风险相当的投资报酬。由于抵押贷款通常是分期偿还的,所以抵押贷款与自有资金的组合一般不是利用抵押贷款利率和自有资金报酬率来求取房地产的报酬率,而是利用抵押贷款常数和自有资金资本化率来求取综合资本化率,具体是综合资本化率为抵押贷

款常数与自有资金资本化率的加权平均数，即

$$R_O = M \times R_M + (1-M)R_E \tag{4-46}$$

式中　R_O——综合资本化率；

M——贷款价值比，也称为贷款成数，是指贷款金额占房地产价值的比率，一般为 60%～90%；

R_M——抵押贷款常数；

R_E——自有资金资本化率。

在上述公式中，抵押贷款常数一般采用年抵押贷款常数，它是每年的还款额（还本付息额）与抵押贷款金额（抵押贷款本金）的比率。如果抵押贷款是按月偿还的，则年抵押贷款常数是将每月的还款额乘以 12，然后除以抵押贷款金额；或者将月抵押贷款常数（每月的还款额与抵押贷款金额的比率）乘以 12。在分期等额本息偿还贷款的情况下，由于等额还款额为

$$A_M = \frac{V_M \times Y_M}{\left[1 - \dfrac{1}{(1+Y_M)^n}\right]} \tag{4-47}$$

则抵押贷款常数公式为：

$$R_M = \frac{A_M}{V_M} = \frac{Y_M(1+Y_M)^n}{(1+Y_M)^n - 1} = Y_M + \frac{Y_M}{(1+Y_M)^n - 1} \tag{4-48}$$

式中　R_M——抵押贷款常数；

A_M——等额还款额；

V_M——抵押贷款金额；

Y_M——抵押贷款报酬率，即抵押贷款利率（i）；

n——抵押贷款期限。

自有资金资本化率是税前现金流量（从净收益中扣除抵押贷款还本付总额后的余额）与自有资金额的比率，通常为未来第一年的税前现金流量与自有资金额的比率，可以通过市场提取法由可比实例房地产的税前现金流量除以自有资金额得到。综合资本化率必须同时满足贷款人对还本付息额的要求和自有资金投资者对税前现金流量的要求。

房地产价格×综合资本化率＝抵押贷款金额×抵押贷常数＋自有资金额×自有资金资本化率

$$\begin{aligned}综合资本化率&=\frac{抵押贷款金额}{房地产价格}\times 抵押贷款常数+\frac{自有资金额}{房地产价格}\times 自有资金资本化率\\&=贷款价格比率\times 抵押贷款常数+(1-贷款价值比率)\times\\&\quad 自有资金资本化率\end{aligned} \tag{4-49}$$

二、剩余技术

剩余技术是当已知整体房地产的净收益、其中某一构成部分的价值和各构成部分的资本化率或报酬率时，从整体房地产的净收益中扣除归属于已知构成部分的净收益，求出归属于另外构成部分的净收益，再将它除以相应的资本化率或选用相应的报酬率予以资本化，得出房地产中未知构成部分的价值的方法。此外，把求出的未知构成部分的价值加上已知构成部分的价值，就可以得到整体房地产的价值。剩余技术主要有土地剩余技术和建筑物剩余技术，另外还有自有资金剩余技术和抵押贷款剩余技术。

1. 土地剩余技术

房地产的净收益是由土地及其上的建筑物共同产生的,如果采用收益法以外的方法(如成本法)能求得建筑物的价值时,则可利用收益法公式求得归属于建筑物的净收益,然后从土地与地上建筑物共同产生的净收益中扣除归属于建筑物的净收益,得到归属于土地的净收益,再除以土地资本化率或选用土地报酬率折现,即可求得土地的价值。

直接资本化法的土地剩余技术的公式为

$$V_L = \frac{A_O - V_B R_B}{R_L} \tag{4-50}$$

式中 A_O——土地与地上建筑物共同产生的净收益;
V_L——土地价值;
V_B——建筑物价值;
R_B——建筑物的资本化率;
R_L——土地资本化率。

在净收益每年不变、收益年限为有限年情况下的土地剩余技术的公式为

$$V_L = \frac{A_O - \dfrac{V_B R_B}{\left[1 - \dfrac{1}{(1+Y_B)^n}\right]}}{R_L}\left[1 - \dfrac{1}{(1+Y_L)^n}\right] \tag{4-51}$$

式中 Y_B——建筑物报酬率;
Y_L——土地报酬率。

土地剩余技术在土地难以采用其他估价方法估价时,是有效的方法。例如,城市商业区内的土地,有时没有可参照的土地交易实例,难以采用比较法估价,成本法往往也不适用,但存在着大量的房屋出租、商业经营行为,此时可以采用土地剩余技术估价。另外,在需要对附有旧建筑物的土地进行估价时,虽然采用比较法可求得设想该旧建筑物不存在时的空地价值,但对于因附有旧建筑物而导致的土地价值降低应减价多少,比较法通常难以解决,这时如果运用土地剩余技术便可以求得。

2. 建筑物剩余技术

土地与地上建筑物共同产生收益,设其中土地的价值可以独立测算出来,则可以采用收益法公式求得归属于土地的净收益,然后从房地产的净收益中扣除归属于土地的净收益,可得到归属于建筑物的净收益。将归属于建筑物的净收益除以建筑物资本化率或建筑物报酬率予以资本化,即可求得建筑物的价值。这就是建筑物剩余技术。

将建筑物的价值加上土地的价值即可得到房地产的价值。

直接资本化法的建筑物剩余技术的公式为

$$V_B = \frac{A_O - V_L R_L}{R_B} \tag{4-52}$$

式中 V_B——建筑物价值;
A_O——房地产的净收益;
V_L——土地价值;
R_B——建筑物资本化率;
R_L——土地资本化率。

模块四 收益法

在净收益每年不变、收益年限为有限年情况下的建筑物剩余技术的公式为

$$V_B = \frac{A_O - \dfrac{V_L R_L}{\left[1 - \dfrac{1}{(1+Y_L)^n}\right]}}{R_B}\left[1 - \dfrac{1}{(1+Y_B)^n}\right] \tag{4-53}$$

式中　Y_B——建筑物报酬率；

　　　Y_L——土地报酬率。

另外，如果将建筑物价值与土地价值相加，还可以得到整体房地产的价值。

建筑物剩余技术对于检验建筑物相对于土地是否规模过大或过小很有用处。此外，还可以用来测算建筑物的折旧。用建筑物的重新购建价格减去运用建筑物剩余技术求取的建筑物价值即为建筑物的折旧。

3. 自有资金剩余技术

自有资金剩余技术用来计算自有资金权益的价值。在已知抵押贷款金额的情况下，求取自有资金权益价值的剩余技术。它是先根据从市场上得到的抵押贷款条件（包括贷款金额、贷款利率、贷款期限等）计算出年还本付息额，再把它从净收益中扣除，得到自有资金权益的剩余收益，然后除以自有资金资本化率就可以得到自有资金权益价值。

直接资本化法的自身资金剩余技术的公式为

$$V_E = \frac{A_O - V_M R_M}{R_E} \tag{4-54}$$

式中　V_E——自有资金权益价值；

　　　A_O——房地产净收益；

　　　V_M——抵押贷款金额；

　　　R_M——抵押贷款常数；

　　　R_E——自有资金资本化率。

自有资金剩余技术对测算抵押房地产的自有资金权益价值特点很有用。如果将抵押贷款金额加上自有投资权益价值，还可以得到整体房地产的价值。

4. 抵押贷款剩余技术

抵押贷款剩余技术是在已知自有资金数量的情况下，求取抵押贷款金额或价值的剩余技术。在已知房地产自有资金数量的情况下，从房地产的净收益中扣除自有资金资本化率下能满足自有资金的收益，得到属于抵押贷款部分的收益，然后除以抵押贷款常数就得到了抵押贷款金额或价值。

抵押贷款金额加上自有资金权益价值可得到房地产的价值。

采用直接资本化法计算抵押贷款剩余技术的公式为

$$V_M = \frac{A_O - V_E R_E}{R_M} \tag{4-55}$$

式中　V_M——抵押贷款金额；

　　　A_O——房地产净收益；

　　　V_E——自有资金权益价值；

　　　R_M——抵押贷款常数；

　　　R_E——自有资金资本化率。

抵押贷款剩余技术假设投资者愿意投在房地产上的自有资金数量已确定，并且假设投资者需要从房地产中得到特定的自有资金资本化率也已确定，则贷款金额取决于可作为抵押贷款偿还额的剩余现金流量和抵押贷款常数。

在估价中，如果需要使用税前现金流量估算房地产自有资金权益的价值，则应从净收益中减去抵押贷款还本付息额，并从期末转售收益中减去抵押贷款余额。而期末转售收益既可以是减去抵押贷款余额前的收益，也可以是减去抵押贷款余额后的收益。

阅读材料

收益法实际计算中常见错误

（1）项目和参数使用错误，收益或费用（出租方为取得收益而支出的费用）的项目判断不准或错误。

（2）年期计算错误，主要错在折旧年限或房屋剩余使用年限。

（3）有几个还原率时，还原率采用不准。

（4）计算错误，如只算单价，不算总价，或相反；未能区分楼面地价与地面地价，建筑面积与土地面积等。

收益法应用过程中应注意的问题：

（1）收益是否采用客观收益，是否考虑租约限制、空置率、损失率，对于客观收益是否考虑到未来的变化，收益均应以年为单位，查看是否一致。

（2）运营成本考虑得是否全面，是否剥离了其他资产的收益，是否有漏项和重复计算问题。

（3）资本化率的确定理由是否充分，方式是否正确。选用的是综合收益率，还是土地收益率或建筑物收益率，以及各种收益率所对应的收益。

（4）收益年限的确定是否正确。

（5）模型的选用是否正确，对其前提条件是否做了说明等。

（6）年限差别注意：建筑耐用年限必须服从于土地使用年限。

（7）承租土地使用权评估方法注意：市场租金和合同租金差值的还原。

单元七　收益法运用实例

【例4-11】 某旅馆需要估价，据调查该旅馆具有350张床位，平均每张床位每天向客人实收58元，年平均空房率为25%，该旅馆营业平均每月花费15万元；据调查，当地同档次旅馆一般床价为每床每天48元，年平均空房率为18%，正常营业每月总费用平均占每月总收入的30%，该类房地产的资本化率为10%。试用所给资料测算该旅馆的价值。

解 这种题目主要应注意区分实际收益与客观收益及在何种情况下应当采用何种收益进行估价的问题：通常情况下在估价中，除了有租约限制以外，都应采用客观收益。在弄清了此问题的基础上，该旅馆的价值测算如下：

年有效毛收入 = 350 × 48 × 365 × (1 − 18%) = 502.82（万元）

模块四 收益法

年运营费用 = 502.82×30% = 150.85(万元)
年净收益 = 502.82 - 150.85 = 351.97(万元)
旅馆价值 = 351.97÷10% = 3 519.7(万元)

【例 4-12】 估价对象概况：估价对象是一幢出租的写字楼；土地总面积 10 000 m²，总建筑面积为 55 000 m²；建筑层数为地上 25 层，地下 2 层，建筑结构为钢筋混凝土结构，建筑物的经济寿命为 60 年；建设用地使用期限为 50 年，自 2016 年 7 月 1 日起计算。试评估该幢写字楼 2021 年 7 月 1 日的购买价格。

解 估价过程：

(1) 选择估价方法。该宗房地产是出租的写字楼，为收益性房地产，适用于收益法估价，故选用收益法评估该幢写字楼在 2021 年 7 月 1 日的购买价格。具体选用收益法中的报酬资本化法，公式为

$$V = \frac{A_1}{1+Y_1} + \frac{A_2}{(1+Y_1)(1+Y_2)} + \cdots + \frac{A_n}{(1+Y_1)(1+Y_2)\cdots(1+Y_n)}$$

(2) 收集有关资料。

1) 租金按净使用面积计。可供出租的净使用面积总计为 42 000 m²，占总建筑面积的 60%，其余部分为大厅、公共过道、楼梯、电梯、公共卫生间、大楼管理人员用房、设备用房等占用的面积。

2) 租金平均为 40 元/m²/月。

3) 出租率年平均为 80%。

4) 经常费平均每月 18 万元，包括人员工资、水、电、空调、维修、清洁、保安等费用。

5) 房产税以房产租金收入为计税依据，税率为 14%。

6) 其他税费(包括城镇土地使用税、营业税等)为租金收入的 6%。

(3) 测算年有效毛收入：

年有效毛收入 = 42 000×40×12×80% = 1 612.8(万元)

(4) 测算年运营费用。

1) 年经常费：

年经常费 = 18×12 = 216(万元)

2) 年房产税：

年房产税 = 1 612.8×14% = 225.79(万元)

3) 年其他税费：

年其他税费 = 1 612.8×6% = 96.77(万元)

4) 年运营费用：

年运营费用 = 216 + 225.79 + 96.77 = 538.56(万元)

(5) 计算年净收益：

年净收益 = 年有效毛收入 - 年运营费用
= 1 612.8 - 538.56 = 1 074.24(万元)

(6) 确定资本化率。在调查市场上相似风险的投资所要求的报酬率的基础上，确定资本化率为 10%。

(7)计算房地产价格。根据该宗写字楼过去及现在的出租行情、收益变动情况，推测其未来的净收益基本上每年不变，建设用地使用权期限为有限年期，因此，选用报酬资本化法中净收益每年保持不变、收益期限为有限年的公式计算：

$$V = \frac{A}{Y}\left[1 - \frac{1}{(1+Y)^n}\right] = \frac{1\,074.24}{10\%} \times \left[1 - \frac{1}{(1+10\%)^{45}}\right] = 10\,595(万元)$$

估价结果：根据计算结果，并参考房地产估价师的估价经验和同一供求范围内类似写字楼的价值，确定本估价对象于 2021 年 7 月 1 日的购买价格为 10 595 万元，约合 1 926 元/m²（建筑面积）。

模块小结

收益法是房地产价格评估中较为科学合理的方法之一，其本质是以房地产的未来收益为导向来求取房地产的价值。本模块主要介绍收益法的基本原理、收益法的基本计算公式、净收益的求取、报酬率的求取、资本化率的求取、投资组合技术和剩余技术。

思考与练习

1. 运用收益法估价一般分为哪几个步骤？
2. 资本化率的求取方法有哪几种？
3. 简述资本化率的种类及相互关系。

模块五 成本法

知识目标

1. 了解成本法的概念、理论依据、对象和条件。
2. 熟悉房地产价格的构成、成本法的基本公式。
3. 掌握重新购建价格的求取思路、建筑物重新购建价格的求取方式、求取方法。
4. 了解建筑物折旧的概念和原因;熟悉现行房屋完损等级的分类和评定标准;掌握建筑物折旧的求取方法。

能力目标

能运用所学知识判定哪些房地产需要用成本估价;能厘清房地产的成本项目;能界定建筑物折旧的程度并取其折旧额。

课前任务案例

H公司为了扩大产能,欲把本公司一栋土地面积为 8 197 m²,建筑面积为 3 284 m² 的厂房(包含土地及建筑物)向银行申请抵押贷款。该厂房共5层,砖混结构,设计用途为工业;2017年5月6日取得该土地50年使用权,建筑物建成于2019年11月9日。该公司于2021年9月17日委托我司对该厂房价值进行评估。

任务:请用"成本法"完成该项任务。

单元一 成本法的基本原理

一、成本法的概念

成本法又称逼近法、原价法,是以房地产重新开发建设成本为导向求取估价对象价格的一种估价方法，采用成本法求得的房地产价格又称积算价格。成本法的本质是以房地产的重新开发成本为导向求取待估房地产的价格。成本法是房地产估价的基本方法之一，换个角度讲，这是一种将房地产价格的各组成部分逐项合并，最后加总的方法。成本法与比较法的区别在于，成本法是始终对待估房地产本身进行计算，比较法则是始终对待估房地产以外的可比实例进行修正计算。

阅读材料

成本法的实质与基本评价

成本法是通过对估价对象房地产的各组成部分的市场价格的估算，最终确定估价对象整体的市场价格的方法。其实质是以房地产的开发建设成本为导向，求取估价对象的价值。

土地商品价格取决于效用、稀缺性和有效购买力，并非取决于成本，所以运用该方法评估土地商品的估价结果与市场价格水平会有差异。因此，成本法应用范围受到一定的限制，它主要适用在收益法、比较法很难用的场合。

二、成本法的理论依据

成本法的理论依据是生产费用价值论——商品的价格依据生产其所必需的费用而决定。从卖方的角度来看，房地产的价格是基于其过去的"生产费用"，重在过去的投入，具体地讲是卖方愿意接受价格的下限，不能低于卖方为开发建设该房地产已花费的代价，如果低于该代价，卖方就要亏本。从买方的角度来看，房地产的价格是基于社会上的"生产费用"，类似于替代原则。具体讲是买方愿意接受价格的上限，如果高于该代价，还不如自己开发建设。例如，当房地产为土地与建筑物合成体的房地时，买方在确定其购买价格时通常会这样考虑：如果自己另外购买一块类似土地时的现时价格是多少，然后在该块土地上建造类似建筑物时的现时费用又是多少，此两者之和即为自己所愿意支付的最高价格。

因此，买卖双方都能接受的价格，既不低于开发建造已花费的代价，也不高于预计重新开发建造所需花费的代价。此时，计算出的估价是一个正常的价格（包括正常的费用、税金和利润）。因此，在实际评估时，可以根据开发建造待估房地产所需的正常费用、税金和利润之和来估算其价格。

三、成本法的适用估价对象和条件

1. 成本法的适用估价对象

成本法适用于新近开发建设完成的房地产（简称新开发的房地产）、可以假设重新开发建设的现有房地产（简称旧的房地产）、正在开发建设的房地产（即在建工程）、计划开发建设的房地产。在房地产保险（包括投保和理赔）及其他房地产损害赔偿中，采用成本法估价。因为在保险事故发生后或其他损失中，房地产的损毁通常是建筑物的局部，需要将其恢复到原状，对于发生建筑物全部损毁的，有时也需要采取重新建造的办法来解决。成本法一般适用于评估那些可独立开发建设的整体房地产的价值。当采用成本法评估局部房地产的价值时，例如评估某幢住宅楼中的某套住宅的价值，通常是先评估该住宅楼平均每单位面

积的价值，然后在此基础上进行楼层、朝向、装饰装修等因素调整后才可得到该套住宅的价值。成本法主要适用于评估建筑物是新的或者比较新的房地产的价值，不适用于评估建筑物过于老旧的房地产的价值。

2. 成本法适用的条件

现实中，房地产的价格直接取决于其效用，而非花费的成本。也就是说，成本的增加并不一定增加其价值，投入成本不多也不一定说明其价值不高。同时，由于土地的价值具有自然增值性，与投入成本关系不大，所以，成本法在土地估价中的应用受到限制。

成本法估价比较费时费力，测算重新购建价格和折旧也有一定的难度，尤其是那些过于旧的建筑物，往往需要估价人员针对建筑物进行实地勘察，依靠其主观判断进行估价。成本法估价还要求估价人员有专业知识和丰富的经验，特别是要具有良好的建筑、建筑材料、建筑设备和工程造价等方面的专业知识。

四、成本法的操作步骤

运用成本法估价一般分为4个步骤进行：
(1) 弄清估价对象房地产的价格构成，收集相关资料；
(2) 测算重新购建价格；
(3) 测算建筑物折旧；
(4) 求取积算价格。

阅读材料

成本法的优缺点

成本法的优点是："成本"能让一般人看得见，估价有"依据"。但运用成本法估价时值得注意的是：在现实中，房地产的价格直接取决于其效用，而非花费的成本，成本的增减一定要对效用有所作用才能影响价格；换一个角度讲，房地产成本的增加并不一定能增加其价值，投入的成本不多也不一定说明其价值不高。

成本法的缺点是：在现实中，房地产的价格直接取决于其效用，而非花费的成本，成本的增减一定要对效用有所作用才能影响价格。价格等于"成本加平均利润"是在长期内平均来看的，而且还需要具备两个条件：一是自由竞争（即可以自由进入市场），二是该种商品本身可以大量重复生产。房地产的开发建设成本高并不一定意味着房地产的价格就该高，开发建设成本低也不一定说明房地产的价格就不该高。

单元二　房地产价格的构成

运用成本法估价的一项基础工作，就是搞清楚房地产价格的构成。现实中的房地产价格构成极其复杂，不同地区、不同时期、不同类型的房地产，其价格构成可能不同。房地产价格的构成还可能因不同的单位和个人对构成项目划分的不同而不同。

但在实际运用成本法估价时，不论当地房地产价格的构成如何，首先最关键的是要调查、了解当地从取得土地一直到建筑物竣工乃至完成销售的全过程，以及该全过程中所涉及的费、税种类及其支付标准、支付时间，以做到既不重复，也不漏项。然后在此基础上针对估价对象的实际情况，确定估价对象的价格构成并测算各构成项目的金额。

下面以房地产开发商取得房地产开发用地进行商品房建设，然后进行预售或销售所建成的商品房这种典型的房地产经营方式为例，并从便于测算各构成项目的金额的角度，来划分房地产价格构成。在这种情况下，房地产价格通常由以下 7 个项目构成。

一、土地取得成本

土地取得成本通常称土地费用，是指取得房地产开发用地的必要支出。它的构成根据房地产开发取得土地的途径及土地的生熟程度分为下列 3 种。

(1) 通过征用农地取得的，土地取得成本包括农地征用费和土地使用权出让金等。

(2) 通过在城市中进行房屋拆迁取得的，土地取得成本包括城市房屋拆迁补偿安置费和土地使用权出让金等。

(3) 通过在市场上拍卖和投标等取得的，如购买政府出让或其他开发商转让的已完成征用拆迁的熟地，土地取得成本包括购买土地的价款和在购买时应由买方缴纳的税费，如交易手续费、契税等。

二、开发成本

开发成本是指在取得的房地产开发用地上进行基础设施建设、房屋建设所必要的直接费用、税金等，主要包括下列几项。

1. 勘察设计和前期工程费

勘察设计和前期工程费包括项目开发前期的筹建、规划、设计、可行性研究、水文地质勘察、测绘、"三通一平"等工程费用。这些费用可以根据实际工作量，参照有关计费标准估算。

2. 建筑安装工程费

建筑安装工程费包括建造商品房及附属工程所发生的土建工程费用、安装工程费用、装饰装修工程费用等。附属工程是指房屋周围的围墙、水池、建筑小品、绿化等。要注意避免与下面的基础设施建设费、公共配套设施建设费重复。

3. 基础设施建设费

基础设施建设费是指建筑物以外和项目用地规划红线以内的各种管线和道路工程。其中包括：自来水、雨水、污水、煤气、热力、供电、电信、道路、绿化、环卫、室外照明等设施的建设费用，以及各项设施与市政设施干线、干管、干道的接口费用。

4. 公共配套设施建设费

公共配套设施建设费是指居住小区内为居民服务配套建设的各种非营利性的公共配套设施（又称公建设施）的建设费用，其不能有偿转让。主要包括居委会、派出所、幼儿园、公共厕所、停车场等的建设费用。这些费用一般按规划指标和实际工程量估算。

5. 开发期间税费

开发期间税费包括有关税收和地方政府或其他有关部门收取的费用，如绿化建设费、人防工程费等。

三、管理费用

管理费用是指房地产开发企业的管理部门为组织和管理房地产项目的开发经营活动而发生的各项费用，如果是新建建筑物价格评估，管理费是以建筑物建造成本为基础的。其中主要包括管理人员工资及福利、办公费、差旅费、折旧费、修理费、工会经费、职工教育经费、劳动保险费、待业保险费、董事会费、咨询费、审计费、诉讼费、排污费、绿化费、房地产税、车船使用税、土地使用税、技术转让费、技术开发费、无形资产摊销、开办费摊销、业务招待费、坏账损失、存货盘亏、毁损和报废损失以及其他管理费用。在估价时，可按土地取得成本和开发成本之和的一定比率来测算，一般取3%左右。

四、投资利息

此处的投资利息与会计上的财务费用不同，包括土地取得成本、开发成本和管理费用的利息，无论它们的来源是借贷资金还是自有资金都应计算利息。

如果是新建房地产价格评估，投资利息的计算是以土地取得成本、开发成本、建造成本和管理费用为基础；如果是新建建筑物价格评估，投资利息的计息是以建筑物建造成本和管理费用为基础的。关于计息期的长短、计息方式的处理与新开发土地的投资利息计算相同。

五、销售费用

销售费用是销售开发完成后的房地产所需费用，主要包括销售人员工资、奖金、福利费、差旅费和销售机构的折旧费、修理费、物料消耗、广告费、宣传费、代销手续费、销售服务费及预售许可证申领费等。销售费用约占销售收入的5%。其中，广告宣传费约为销售收入的2%；销售代理费约为销售收入的1.5%；其他销售费用约为销售收入的0.5%。

六、销售税费

销售税费是指销售开发完成后的房地产应由开发商（作为卖方）缴纳的税费，又可分为下列两类。

(1) 销售税金及附加，包括增值税、城市维护建设税和教育费附加（通常简称"两税一费"）。

(2) 其他销售税费，包括印花税、交易手续费等。

销售税费一般是按照售价的一定比例收取，例如"两税一费"一般为售价的5.5%。因此，销售税费通常按照开发完成后的房地产价值的一定比例来测算。

值得指出的是，这里的销售税费不包含应由买方缴纳的契税等税费以及应由卖方缴纳的土地增值税、企业所得税。

七、开发利润

开发利润是指房地产开发商（业主）的利润而不是建筑承包商的利润。开发利润应以土地取得费用与开发成本之和为基础，根据开发、建造类似房地产相应的平均利润率水平来求取。关于利润，在实际工作当中有不同的计取方式。一种是销售收入减去销售成本和销售税金，可称为销售利润；另一种是销售收入减去销售成本和销售税金，得出销售利润后，再用销售利润减去开发成本（或开发总投资），可称为开发利润。不考虑所得税和土地增值税的利润一般被称为毛利润，考虑所得税和土地增值税的利润一般被称为净利润。运用成本法估算需要先估算出开发利润，估算开发利润应掌握以下几点。

（1）开发利润是所得税前的，即

$$开发利润 = 开发完成后的房地产价值 - 土地取得成本 - 开发成本 - 管理费用 - 投资利息 - 销售费用 - 销售税费 \quad (5-1)$$

这个开发利润是在正常条件下房地产开发商所能获得的平均利润，而不是个别房地产开发商最终获得的实际利润，也不是个别房地产开发商所期望获得的利润。

（2）开发利润通常按照一定基数乘以同一市场上类似房地产开发项目所要求的相应利润率来测算。开发利润的计算基数和相应的利润率主要有下列 4 种。

1）计算基数为土地取得成本与开发成本之和的，相应的利润率可称为直接成本利润率，即

$$直接成本利润率 = \frac{开发利润}{土地取得成本 + 开发成本} \quad (5-2)$$

2）计算基数为土地取得成本与开发成本、管理费用之和的，相应的利润率可称为投资利润率，即

$$投资利润率 = \frac{开发利润}{土地取得成本 + 开发成本 + 管理费用} \quad (5-3)$$

3）计算基数为土地取得成本与开发成本、管理费用、投资利息、销售费用之和的，相应的利润率可称为成本利润率，即

$$成本利润率 = \frac{开发利润}{土地取得成本 + 开发成本 + 管理费用 + 投资利息 + 销售费用} \quad (5-4)$$

4）计算基数为开发完成后的房地产价格（售价）的，相应的利润率可称为销售利润率，即

$$销售利润率 = \frac{开发利润}{开发完成后的房地产价格} \quad (5-5)$$

在测算房地产开发利润时要注意计算基数与利润率的匹配，即采用不同的计算基数，应选用相对的利润率；相反选用不同的利润率，应采用相对应的计算基数。

阅读材料

土地开发周期、土地开发利润、土地增值收益

（1）土地开发周期。土地开发周期是从拿地（签订出让合同，取得土地使用权）至具备开工

建设的条件(指评估设定宗地外开发条件到位、宗地内实现场平整,可以进场施工)的期限。

(2)土地开发利润。

$$土地开发利润=(土地取得费及税费+开发费)\times 利润率$$

如一般城市规定普通商品住宅投资利润率为投资成本的10%,经济适用房投资利润率为投资成本的3%;目前工业用地开发利润一般为6%~10%。

(3)土地增值收益。

$$土地增值收益=(土地取得费+土地开发费+税费+利息+利润)\times 土地增值收益率$$

单元三 成本法的基本公式

一、成本法的基本公式

成本法的基本公式为:

$$房地产价格=重新购建价格-折旧 \tag{5-6}$$

上述公式可以根据下列3类待估房地产而具体化:新开发的土地、新建的房地产(分为房地、建筑物两种情况)、旧房地产(分为房地、建筑物两种情况)。其估计公式是在基本公式的基础上做相应调整。此外,新开发的土地和新建的房地产采用成本法估价时,一般不扣除折旧,但应考虑其工程质量、周围环境和房地产市场等因素给予适当修正。例如,当遇到房地产开发投入成本高而售租市场不景气,或投入成本低而市场需求旺盛等房地产市场状况时,房地产市场因素将会对房屋价格产生影响,在进行评估时应注意从市场角度看成本法的估价问题,适当给予减价或加价的调整。

二、适用于新开发土地的基本公式

新开发的土地包括开山造地、填海造地、征用农地并进行"三通一平""五通一平"或"七通一平"等基础设施建设,以及城市房屋拆迁并进行场地平整和清理及道路和市政设施改造等。在这些情况下,成本法的基本公式为

$$新开发的房地价格=土地取得成本+开发成本+管理费用+销售费用+\\投资利息+销售税费+开发利润 \tag{5-7}$$

具体方法是根据房地产价格构成,先分别求取各个组成部分,然后将它们相加。其中,土地是从生地开始还是从毛地、熟地开始,要根据价值时点类似房地产开发取得土地的情况来考虑。

上述新开发房地产的基本公式,在具体情况下还会有具体形式,例如,成片开发完成后的熟地(如新开发区土地)的成本法估价公式如下:

$$新开发区某宗土地的单价=(取得开发区用的总成本+土地开发总成本+总管理费+\\总投资利息+总销售费用+总销售税费+总开发利润)\div\\(开发区用地总面积\times 开发完成后可转让土地面积的比率)\times\\用途区位等因素修正系数 \tag{5-8}$$

三、适用于新建房地产的基本公式

新建成的建筑物价格为建筑物建设成本及与该建设成本相应的管理费用、销售费用、投资利息、销售税费和开发利润，不包含土地取得成本、土地开发成本以及与土地取得成本、土地开发成本相应的管理费用、销售费用、投资利息、销售税费和开发利润。因此，测算新建成的建筑物价格的公式为

$$新建成的建筑物价格 = 建筑物的建设成本 + 管理费用 + 销售费用 + 投资利息 + 销售税费 + 开发利润 \quad (5-9)$$

四、适用于旧房地产的基本公式

旧有房地产的成本法估价基本公式为

$$旧有房地产价格 = 房地产的重新建造完全价格 - 建筑物的折旧 \quad (5-10)$$

式中　房地产的重新建造完全价格 = 土地重新取得价格 + 建筑物重新购建价格。

值得注意的是，必要时还应扣除由于旧建筑物的存在而导致的土地价值减损。

例如，评估没有保护价值的旧城区危房或破损严重的住宅时，拆除该住宅建筑的费用即为土地价值的减损。

对于旧有建筑物的成本法的基本公式为

$$旧有建筑物价格 = 建筑物重新购建价格 - 建筑物的折旧 \quad (5-11)$$

阅读材料

运用成本法的注意事项

要求在运用成本法时注意"通近"，其中最主要的是：要区分实际成本和客观成本。实际成本是某个开发商的实际花费，客观成本是假设开发建造时大多数开发商的正常花费，由于各开发商对同一项目进行开发的实际花费是不一样的，估价时应反映该项目的客观合理价格，故在估价中应采用客观成本，而不是实际成本；结合市场供求来确定评估价格，当市场供大于求时，价格应向下调整。

土地成本的求取：若土地是在既成的城市建成区内，难以把握其重新开发成本时，则通常是采用比较法或收益法等其他估价方法，求取假设地上建筑物不存在时的实地价格。

单元四　重新购建价格的确定

一、重新购建价格的概念

重新购建价格是假设在价值时点重新取得或重新开发、重新建造全新状况的估价对象所需的一切合理的和必要的费用、税金，以及应得到利润之和。

模块五 成本法

在这里，应特别记住下列 3 点。

(1) 重新购建价格是价值时点时的。价值时点并非总是"现在"，也可能为"过去"。如房地产纠纷案件，通常是以过去为价值时点。

(2) 重新购建价格是客观的。重新购建价格不是个别企业或个人的实际耗费，而是社会一般的公平耗费，是客观成本，不是实际成本。如果实际耗费超出了社会一般的平均耗费，超出的部分不仅不能形成价格，而且是一种浪费；而低于社会一般平均耗费的部分，不会降低价格，只会形成个别企业或个人的超额利润。

(3) 建筑物的重新购建价格是全新状况下的价格，未扣除折旧；土地的重新购建价格（具体为重新取得价格或重新开发成本）是在价值时点状况下的价格。

二、重新购建价格的求取思路

1. 求取房地产的重新购建价格

求取房地产重新购建价格有房地合价、房地分估和房地整估 3 个路径。这 3 个路径在实际估价中的选择额，应根据估价对象状况和土地市场状况进行。房地合估路径主要适用于估价对象为可独立开发建设的整体房地产，如一栋办公楼、一幢厂房。房地分估路径主要适用于两种情况：一是土地市场上以能直接在其上进行房屋建设的小块熟地交易为主，如农村、小城镇的独栋房屋；二是有关成本、费用、税金和利润较容易在土地和建筑物之间进行分配。房地整估路径主要适用于估价对象有较多与其相似的有交易的新的房地产，如一幢旧住宅楼中的一套住宅、一幢旧写字楼中的一间办公用房。

2. 求取土地的重新购建价格

求取土地的重新购建价格，通常是假设该土地上没有建筑物，除此之外的状况均维持不变，然后采用比较法、基准地价修正法等求取该土地的重新购置价格。这种求取思路特别适用于城市建成区内难以求取重新开发成本的土地。求取土地的重新购建价格，也可以采用成本法求取其重新开发成本。因此，土地的重新购建价格进一步分为重新购置价格和重新开发成本。在求取旧的房地特别是其中建筑物破旧的土地重新购建价格时应注意，有时需要考虑土地上已有的旧建筑物导致的土地价值减损，即此时空地的价值大于已有旧的建筑物的土地价值，甚至大于已有旧的建筑物的房地价值。

3. 求取建筑物的重新购建价格

求取建筑物的重新购建价格，是假设该建筑物所占用的土地已经取得，并且该土地为没有该建筑物的空地，但除没有该建筑物之外，其他状况均维持不变，然后在该土地上建造与该建筑物相同或者具有同等效用的全新建筑物的必要支出和应得利润；也可以设想将该全新建筑物发包给建筑承包商（建筑施工企业）建造，由建筑承包商将能直接使用的全新建筑物移交给发包人，这种情况下发包人应支付给建筑承包商的全部费用（即建设工程价款或工程承发包价格），再加上发包人的其他必要支出（如管理费用、销售费用、投资利息、销售税费等）及发包人的应得利润。

三、建筑物重新购建价格的求取方式

按照建筑物重新建造方式的不同，建筑物重新购建成本分为重置成本和重建成本。这两种成本可以说是两种重新购建成本基准，分别称为重置成本基准和重建成本基准。

建筑物重置成本也称为建筑物重置价格，是采用价值时点的建筑材料、建筑构配件和设备及建筑技术、工艺等，在价值时点的国家财税制度和市场价格体系下，重新建造与估价对象中的建筑物具有相同效用的全新建筑物的必要支出及应得利润。

建筑物重建成本也称为建筑物重建价格，是采用与估价对象中的建筑物相同的建筑材料、建筑构配件和设备及建筑技术、工艺等，在价值时点的国家财税制度和市场价格体系下，重新建造与估价对象中的建筑物完全相同的全新建筑物的必要支出及应得利润。这种重新建造方式即是复原建造，可形象地理解为"复制"。因此，进一步说，重建成本是在原址，按照原有规格和建筑形式，使用与原有建筑材料、建筑构配件和设备相同的新的建筑材料、建筑构配件和设备，采用原有建筑技术和工艺等，在价值时点的国家财税制度和市场价格体系下，重新建造与原有建筑物相同的全新建筑物的必要支出及应得利润。

重建成本与重置成本不同。一般的建筑物适用重置成本，具有历史、艺术、科学价值或代表性的建筑物适用重建成本。因年代久远、已缺少与旧建筑物相同的建筑材料、建筑构配件和设备，或因建筑技术、工艺改变等使得旧建筑物复原建造有困难的建筑物，一般只有部分或全部使用重置成本，并尽量做到"形似"。重置成本是科技进步的结果，也是"替代原理"的体现。因科技进步使得原有的许多材料、设备、结构、技术、工艺等过时落后或成本过高。而采用新的材料、设备、结构、技术、工艺等，不仅功能更加完善，而且成本会降低，所以重置成本通常低于重建成本。

四、建筑物重新购建价格的求取方法

建筑物的重新购建价格可以采用比较法、成本法求取，也可以通过政府或者其授权的部门公布的房屋重置价格、房地产市场价格扣除其中可能包含的土地价格来求取；建筑物的重新购建价格实际估算方法主要有 4 种：单位比较法、分部分项法、工料测量法和指数调整法。

1. 单位比较法

单位比较法是估算建筑物成本应用最广泛及最实用的方法，单位比较法主要有单位面积法和单位体积法。

（1）单位面积法又称平方法，是根据当地近期建成的类似建筑物的单位面积重置价，见表 5-1，对其存在的差异做适当的调整修正，然后乘以估价对象建筑物的面积来估算建筑物的重新购建价格。这种方法主要适用于造价与面积关系较大的房屋，如住宅、办公楼等。

表 5-1 建筑物基准重置价格表

基准日期：　　年　　月　　日　　　　　　　　　　　　　　　　　单位：元/m²

结构 类型	钢结构	钢筋混凝土结构	混合结构	砖木结构	其他结构
普通住宅					
高档公寓					
别墅					
大型商场					
中小商店					

续表

结构 类型	钢结构	钢筋混凝土结构	混合结构	砖木结构	其他结构
办公楼					
星级宾馆					
加油站					
其他					

(2)单位体积法与单位面积法相似,是调查、了解在价值时点近期建成的类似建筑物的单位体积建筑安装工程费,然后对其进行适当的修正、调整。这种方法主要适用于同一类型的建筑物的单位体积建筑安装工程费基本相同的建筑物,如储油罐、地下油库等。

2. 分部分项法

分部分项法是先假设将估价对象建筑物分解为各个独立的构件或分部分项工程,并测算每个独立构件或分部分项工程的数量,然后调查了解价值时点时的各个独立构件或分部分项工程的单位价格或成本,最后将各个独立构件或分部分项工程的数量乘以相应的单位价格或成本后相加,再加上相应的专业费用、管理费用、销售费用、投资利息、销售税费和开发利润,来求取建筑物重新购建价格的方法。

在运用分部分项法测算建筑物的重新购建价格时,需要注意以下两点。

(1)应结合各个构件或分部分项工程的特点使用计量单位,有的要用面积,有的要用体积,有的要用长度,有的要用容量(如 kW、kV·A)。例如,基础工程的计量单位通常为体积,墙面抹灰工程的计量单位通常为面积,楼梯栏杆工程的计量单位通常为延长米。

(2)既不要漏项也不要重复计算,以免造成测算不准。

采用分部分项法测算建筑物重新购建价格的一个简化例子见表 5-2。

表 5-2 某项目分部分项的成本构成

项目	单位成本	数量	金额/元
基础工程	300 元/m³	200m³	60 000
墙体工程	400 元/m²	160m²	64 000
楼地面工程	300 元/m²	200m²	60 000
屋面工程	300 元/m²	200m²	60 000
给水排水工程			35 000
供暖工程			15 000
电气工程			20 000
直接费合计			269 000
工程承发包价格			288 000
开发商管理费、利息和税费			50 000
建筑物重新购建价格			338 000

3. 工料测量法

工料测量法是先假设将估价对象建筑物还原为建筑材料、建筑构配件和设备,并测算重新建造该建筑物所需要的建筑材料、建筑构配件、设备的种类、数量和人工时数,然后调查、了解价值时点时相应的建筑材料、建筑构配件、设备的单价和人工费标准,最后将各种建筑材料、建筑构配件、设备的数量和人工时数乘以相应的单价和人工费标准后相加,再加上相应的专业费用、管理费用、销售费用、投资利息销售税费和开发利润来求取建筑物重新购建价格的方法。

工料测量法的优点是详细、准确,缺点是比较费时、费力并需要其他专家(如建筑师、造价工程师)的参与,主要用于具有特殊价值的建筑物估价。

采用工料测量法测算建筑物重新购建价格的简化例子见表5-3。

表5-3 工料测量法的实例

项目	单价	数量	成本/元
现场准备			2 800
水泥			6 200
水石			4 800
砂石			13 000
木材			7 500
瓦面			2 900
铁钉			200
人工			15 000
税费			1 000
其他			5 000
重新购建价格			58 400

4. 指数调整法

指数调整法是利用有关价格指数或变动率,将估价对象建筑物的原始成本调整到价值时点的现行成本估算建筑物重新购建价格的方法。这种方法主要用于检验其他方法的测算结果。

将原始价值调整到价值时点的价值的具体方法,与比较法中交易日期修正的方法相同。

单元五 建筑物的折旧

一、建筑物折旧的定义和原因

1. 建筑物折旧的定义

估价上的折旧与会计上的折旧,虽然都称为折旧,但两者的内涵与本质是不同的。估价上的建筑物折旧是指各种原因造成的建筑物价值损失,其金额为建筑物在价值时点的市场价格与在价值时点的重新购建价格之差,即

$$建筑物折旧 = 建筑物重新购建价格 - 建筑物市场价格 \quad (5-12)$$

建筑物的重新购建价格表示建筑物在全新状况下所具有的价值,将其减去建筑物折旧相当于进行减价调整,其所得的结果则表示建筑物在价值时点状况下所具有的价值。

2. 建筑物折旧的原因

引起建筑物折旧的原因是多方面的,具体又可分为物质折旧、功能折旧和经济折旧三大类。

(1)物质折旧。物质折旧也称为有形损耗,是指建筑物在实体上的老化、磨损、损坏所造成的建筑物价值损失,其主要原因有4个:

1)自然经过的老化。自然经过的老化主要是由自然力作用引起的,如风吹、日晒、雨淋等引起的建筑物腐朽、生锈、风化、基础沉降等,它与建筑物的实际经过年数(建筑物从竣工之日起到价值时点止的日历年数)正相关。同时还要看建筑物所在地区的气候和环境条件,如酸雨多的地区,建筑物老化就快。

2)正常使用的磨损。正常使用的磨损主要是由人工使用引起的,例如使用过程中的磨损,以及受到废气、废液等的不良影响等。

3)意外破坏的损毁。意外破坏的损毁主要是由突发性的天灾人祸引起的,如地震、水灾、风灾、雷击;人为方面的,如失火、碰撞等。对于这些损毁即使进行了修复,但可能仍然有"内伤"。

4)延迟维修的损坏残存。延迟维修的损坏残存主要是由于没有适时地采取预防、养护措施或者修理不及时所引起的,它造成建筑物不应有的损坏或提前损坏,或者已有的损坏仍然存在,例如门窗有破损、墙体或地面有裂缝、洞等。

(2)功能折旧。功能折旧也称为无形损耗,是指建筑物在功能上的相对缺乏、落后或过剩所造成的建筑物价值损失。导致建筑物功能相对缺乏、落后或过剩的原因,可能是建筑设计上的缺陷、过去的建筑标准过低、人们的消费观念改变、建筑技术进步、出现了更好的建筑物等。

(3)经济折旧。经济折旧又称外部折旧,是指建筑物本身以外的各种不利因素所造成的建筑物价值损失。不利因素可能是经济因素(如市场供给过量或需求不足)、区位因素(如环境改变,包括自然环境恶化、环境污染、交通拥挤、城市规划改变等),也可能是其他因素(如政府政策变化等)。例如,一个高级居住区附近兴建了一座工厂,使得该居住区的房地产价值下降,这就是一种经济折旧。这种经济折旧一般是永久性的。再如,在经济不景气时期的高税率、高失业率等,使得房地产的价值下降,这也是一种经济折旧。但这种现象不会永久下去,在经济复苏后,这种经济折旧也就消失了。

二、现行房屋完损等级的分类和评定标准

(一)房屋完损等级的分类

根据《房屋完损等级评定标准》和《房地产估价规范》的有关规定,房屋完损等级是根据房屋的结构、装修、设备3个组成部分的各个项目完好、损坏程度来划分的,具体分为下列5类:完好房、基本完好房、一般损坏房、严重损坏房、危险房。

房屋结构、装修、设备3个组成部分的各个项目为:

(1)房屋结构组成分地基基础、承重构件、非承重墙、屋面、楼地面；
(2)房屋装修组成分门窗、外抹灰、内抹灰、顶棚、细木装修；
(3)房屋设备组成分水卫、电照、暖气及特种设备(如消防栓、避雷装置等)。

(二)现行房屋完损等级评定标准

1. 完好房

结构构件完好，装修和设备完好、齐全完整，管道畅通，现状良好，使用正常。或虽然个别分项有轻微损坏，但一般经过小修就能修复的。

2. 基本完好房

基本完好房即结构基本完好，少量构部件有轻微损坏，基础出现不均匀沉降但已稳定；装修基本完好，油漆缺乏保养；设备、管道现状基本良好，能正常使用。

3. 一般损坏房

结构一般性的损坏，部分构部件有损坏或变形，屋面局部漏雨，装修局部有破损，油漆老化，设备、管道不够畅通，水卫、电照管线、器具和零件有部分老化、损坏或残缺，这类房屋需要进行中修或局部大修，更换部件。

4. 严重损坏房

严重损坏房即房屋年久失修，结构有明显变形或损坏，屋面严重漏雨；装修严重破损、油漆老化见底；设备陈旧不全，管道严重堵塞，水卫、电照管线、器具和零部件残缺及严重损坏。这类房屋需进行大修或翻修、改建。

5. 危险房

危险房即承重构件已属危险构件，结构稳定及承载能力严重下降，随时有倒塌可能，不能确保住用安全。

三、建筑物折旧的求取方法

建筑物折旧的求取方法有年限法、市场提取法和分解法。

1. 年限法

年限法又称年龄-寿命法，是根据建筑物的经济寿命、有效经过年数或剩余经济寿命来求取建筑物折旧的方法。

(1)建筑物的寿命分为自然寿命和经济寿命。自然寿命又称物理寿命，是指建筑物从建成之日起到不堪使用时的年限。建筑物的经济寿命是指从建筑物竣工之日开始到建筑物对房地产价值不再有贡献为止的时间。经济寿命应根据建筑物的建筑结构用途和维修保养情况结合市场状况、周围环境、经营收益状况等综合判断。如收益性建筑物的经济寿命，具体是从建筑物竣工之日开始在正常市场和运营状态下产生的收入大于运营费用的持续时间，如图5-1所示。

(2)建筑物的经过年数分为实际经过年数和有效经过年数。建筑物的实际经过年数是指从建筑物竣工之日开始到价值时点为止的日历年数，类似于人的实际年龄。建筑物的有效经过年数(effective age)是指价值时点时的建筑物状况和效用所显示的经过年数，类似于人看上去的年龄。建筑物的有效年龄与实际年龄不完全一致，类似于有的人看上去比实际年

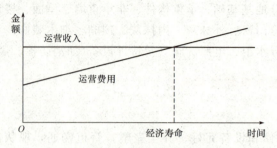

图 5-1 建筑物的经济寿命

龄小,有的人看上去比实际年龄大。实际年龄是估计有效年龄的基础,即有效年龄通常是在实际年龄的基础上进行适当调整后得到的:

1)若建筑物的维修养护是正常的,则其有效经过年数与实际经过年数相当;

2)若建筑物的维修养护比正常维修养护好或者经过更新改造的,则其有效经过年数短于实际经过年数;

3)若建筑物的维修养护比正常维修养护差的,则其有效经过年数长于实际经过年数。

(3)建筑物的剩余寿命是其寿命减去经过年数之后的寿命,分为剩余自然寿命和剩余经济寿命。建筑物的剩余自然寿命是其自然寿命减去实际经过年数之后的寿命。建筑物的剩余经济寿命是其经济寿命减去有效经过年数之后的寿命,即

$$剩余经济寿命 = 经济寿命 - 有效经过年数 \tag{5-13}$$

因此,如果建筑物的有效经过年数大于实际经过年数,就会延长建筑物的剩余经济寿命;反之,就会缩短建筑物的剩余经济寿命。如果建筑物的有效年龄小于实际年龄,就相当于建筑物比其实际竣工之日晚建成。此时,建筑物的经济寿命可视为从这个晚建成之日开始到建筑物对房地产价值不再有贡献为止的时间。

利用年限法求取建筑物折旧时,建筑物的寿命应为经济寿命,经过年数应为有效经过年数,剩余寿命应为剩余经济寿命。只有这样,求出的建筑物折旧,进而求出的建筑物价值,才能符合实际。因为两幢同时建成的完全相同的建筑物,如果维修养护不同,其市场价格就会不同,但如果采用实际经过年数计算折旧,那么它们的价格就会是完全相同的。进一步来说,新近建成的建筑物未必完好,从而其价值未必高;而较早建成的建筑物未必损坏严重,从而其价值未必低。

运用年限法求取建筑物折旧的方法很多,其中最常用的是直线法与成新折扣法。

(1)直线法。直线法是一种简单也是应用最普遍的建筑折旧方法,它是假定建筑物在耐用年限范围内的损耗是均匀的,每年的折旧额相等,该方法又称定额法。直线法的年折旧额计算公式为

$$D_i = D = \frac{C-S}{N} = \frac{C(1-R)}{N} \tag{5-14}$$

式中　D_i——第 i 年的折旧额或称为第 i 年的折旧(在直线法的情况下,每年的折旧额 D_i 是一个常数 D);

C——建筑物的重新购建价格;

S——建筑物的净残值,是建筑物残值减去清理费用后的余额(建筑物残值是预计建

筑物达到经济寿命后，不宜继续使用时，经拆除后的旧料价值；清理费用是拆除建筑物和搬运废弃物所发生的费用）；

N——建筑物的经济寿命；

R——建筑物的净残值率，简称残值率，是建筑物的净残值与其重新购建价格的比率，即

$$R = \frac{S}{C} \times 100\%$$

有效经过年数为 t 年的建筑物折旧总额的计算公式为

$$E_t = Dt = \frac{(C-S)t}{N} = \frac{C(1-R)t}{N} \tag{5-15}$$

式中 E_t——建筑物的折旧总额。

采用直线法折旧下的建筑现值的计算公式为

$$V = C - E_t = C - (C-S)t \div N = C[1-(1-R)t \div N] \tag{5-16}$$

式中 V——建筑物的现值。

【例 5-1】 某建筑物的建筑总面积为 80m²，已使用 9 年，建筑物的日常维修保养较好，其重置价格为 580 元/m²，经济寿命为 30 年，残值率为 6%。试用直线法计算该建筑物的年折旧额、折旧总额，并计算其现值。

解 已知 $C=580\times80=46\ 400$（元），$R=6\%$，$N=30$ 年，$t=9$ 年。则

年折旧额 $D=46\ 400\times(1-6\%)/30=1\ 453.87$（元）

折旧总额 $E_t=Dt=1\ 453.87\times9=13\ 084.83$（元）

建筑物现值 $V=C-E_t=46\ 400-13\ 084.83=33\ 315.17$（元）

（2）成新折扣法。根据建筑物的建成年代、新旧程度或完损程度等，判定出建筑物的成新率，或者用建筑物的寿命、经过年数计算出建筑物的成新率，然后将建筑物的重新购建价格乘以该成新率来直接求取建筑物的现值。这种方法被称为成新折扣法，计算公式为

$$V = C \times q \tag{5-17}$$

式中 V——建筑物的现值；

C——建筑物的重新购建价格；

q——建筑物的成新率（%）。

若建筑物的剩余经济寿命为 n，则有 $N=t+n$，此时成新折扣法就成了直线折旧法的另一种形式，计算公式为

$$q = \left[1-(1-R)\frac{t}{N}\right]\times100\%$$

$$= \left[1-(1-R)\frac{N-n}{N}\right]\times100\%$$

$$= \left[1-(1-R)\frac{t}{t+n}\right]\times100\% \tag{5-18}$$

当 $R=0$ 时，有

$$q = \left[1-\frac{t}{N}\right]\times100\% = \frac{n}{N}\times100\% = \frac{n}{t+n}\times100\% \tag{5-19}$$

这种成新折扣法主要用于初步估价，或者需要同时对大量建筑物进行估价的场合，尤

其是大范围的建筑物现值摸底调查,但比较粗略。

【例 5-2】 某 20 年前建成交付使用的建筑物,实地观察判定其剩余经济寿命为 10 年,残值率为零。试用直线法计算该建筑物的成新率。

解 已知:$t=20$ 年,$n=10$ 年,$R=0$,则

$$该建筑物的成新率 = \frac{n}{t+n} \times 100\% = \frac{10}{20+10} \times 100\% = 33\%$$

2. 市场提取法

市场提取法是利用与待估价建筑物具有类似折旧状况的建筑物的可比实例,来求取待估价建筑物折旧的方法。

市场提取法是基于先知道旧的房地价值,然后利用适用于旧房地的成本法公式反求出建筑物折旧。适用于旧房地的成本法公式为:

$$旧的房地价值 = 土地重新购建价格 + 建筑物重新购建价格 - 建筑物折旧 \quad (5-20)$$

在假设建筑物残值率为零的情况下,该方法求取建筑物折旧的步骤和主要内容如下:

(1)大量收集交易实例。

(2)从交易实例中选取 3 个以上与估价对象建筑物具有类似折旧程度的可比实例。

(3)对可比实例成交价格进行付款方式、交易情况等有关换算、修正和调整。

(4)求取可比实例在其成交日期时的土地价值,将可比实例的成交价格减去该土地价值得出建筑物的折旧后价值。

(5)求取可比实例在其成交日期时的建筑物重新购建价格,将该建筑物重新购建价格减去建筑物折旧后价值得出建筑物折旧。

(6)根据知道的房地价值、土地重新购建价格、建筑物重新购建价格,便可以求出建筑物折旧,从而进一步求出其总折旧率(可比实例的建筑物折旧除以建筑物重新购建价格)或年平均折旧率,如果可比实例的经过年数与估价对象的经过年数相近,求出的各可比实例折旧率的范围较窄,则可将可比实例折旧率调整为适合估价对象的折旧率。

如果各可比实例的经过年数、区位、维修养护程度等之间有差异,求出的各可比实例折旧率的范围较宽,则应将每个可比实例的折旧率除以其经过年数转换为年折旧率,然后将年折旧率的范围调整为适合估价对象的年折旧率。

(7)将估价对象建筑物的重新购建价格乘以折旧率,或者乘以年折旧率再乘以其经过年数,便可求出估价对象建筑物的折旧。

利用市场提取法求出的年折旧率,还可以求取年限法所需要的建筑物经济寿命,即

$$建筑物经济寿命 = \frac{1}{年折旧率} \quad (5-21)$$

3. 分解法

分解法是对建筑物各种类型的折旧分别予以分析和估算,然后将它们加总来求取建筑物折旧的方法。它是求取建筑物折旧最详细、最复杂的一种方法。

分解法认为,建筑物各种类型的物质折旧、功能折旧和经济折旧应根据各自的具体情况分别采用适当的方法来求取,即

$$建筑物折旧 = 物质折旧 + 功能折旧 + 经济折旧 \quad (5-22)$$

在求取各类型折旧时,又将其分为可修复项目和不可修复项目两类。修复是指恢复到

新的或者相当于新的状况，有的是修理，有的是更换。预计修复所必要的费用小于或者等于修复所能带来的房地产价值增加额的，是可修复的；反之，是不可修复的。

对于可修复项目，估算在价值时点采用最优修复方案使其恢复到新的或者相当于新的状况下所必要的费用作为折旧额。

对于不可修复项目，根据其在价值时点的剩余使用寿命是否短于整体建筑物的剩余经济寿命，将其分为短寿命项目和长寿命项目两类。短寿命项目是剩余使用寿命短于整体建筑物剩余经济寿命的部件、设备、设施等，它们在建筑物剩余经济寿命期间迟早需要更换甚至可能更换多次。长寿命项目是合在一起，根据建筑物重新购建价格减去可修复项目的修复费用和各短寿命项目的重新购建价格后的余额、建筑物的经济寿命、有效年龄或剩余经济寿命，利用年限法计算折旧额。

【例 5-3】 某建筑物的重置价格为 180 万元，其经济寿命为 50 年，有效经过年数为 10 年。其中，门窗等损坏的修复费用为 2.5 万元；装饰装修的重置价格为 32 万元，平均寿命为 5 年，经过年数为 3 年；设备的重置价格为 65 万元，平均寿命为 15 年，经过年数为 10 年；残值率假设均为零。试计算该建筑的物质折旧额。

解 该建筑物的物质折旧额计算如下：

门窗等损坏的修复费用 $F_1 = 2.5$（万元）

装饰装修的折旧额 $F_2 = 32 \div 5 \times 3 = 19.2$（万元）

设备的折旧额 $F_3 = 65 \div 15 \times 10 = 43.3$（万元）

长寿命项目的折旧额 $F_4 = (180 - 2.5 - 32 - 65) \div 50 \times 10 = 16.1$（万元）

四、求取建筑物折旧应注意的问题

（1）估价上的折旧与合计上的折旧区别。在求取建筑物折旧时，应注意估价上的折旧与会计上的折旧的本质区别：估价上的折旧注重的是市场价值的真实减损，科学地说不是"折旧"，而是"减价调整"；会计上的折旧注重的是原始价值的分摊、补偿或回收。有些房地产，尽管在会计账目上折旧早已提足或者快要提足，但估价结果显示其仍然有较大的现时价值，例如保存完好的旧建筑物；而有些房地产，尽管在会计账目上折旧尚未提足甚至远未提足，但估价结果却显示其现时价值已所剩无几，例如存在严重工程质量问题的新建房屋。

（2）土地使用期限对建筑物经济寿命的影响。求取建筑物折旧时应注意土地使用年限对建筑物经济寿命的影响。在实际估价中，土地是有期限的使用权，建筑物经济寿命结束的时间可能与土地使用年限届满的时间不一致，因此，计算建筑物折旧所采用的经济寿命遇到下列情况时的处理为：

1）建筑物的经济寿命早于土地使用年限而结束的，应按照建筑物的经济寿命计算建筑物的折旧。

2）建筑物经济寿命晚于土地使用期限结束的，分为在土地使用权出让合同中未约定不可续期和已约定不可续期两种情况。对于在土地使用权出让合同中未约定不可续期的，应按照建筑物经济寿命计算建筑物折旧；对于在土地使用权出让合同中已约定不可续期的，应按照建筑物经济寿命减去其晚于土地使用期限的那部分寿命后的寿命计算建筑物折旧。

阅读材料

房屋折旧的有关规定

房屋折旧规定是针对会计上的折旧和"经租房产"的，但其中的房屋分类分等和一些参数，如房屋的耐用年限(寿命)、残值率等，对于估价上求取建筑物的折旧有一定的参考价值。经租房产折旧的有关规定如下：

(1)房屋折旧的计算公式。对于估价上求取建筑物的折旧应采用如下计算公式：

年折旧额＝房屋重新购建价格×(1－残值率)÷耐用年限

(2)房屋结构的有关规定。根据房屋结构分为下列4类7等：

1)钢筋混凝土结构：全部或承重部分为钢筋混凝土结构，包括框架大板与框架轻板结构等房屋。这类房屋一般内外装修良好，设备比较齐全。

2)砖混结构一等：部分钢筋混凝土，主要是砖墙承重的结构，外墙部分砌砖、水刷石、水泥抹面或涂料粉刷，并设有阳台，内外设备齐全的单元式住宅或非住宅房屋。

3)砖混结构二等：部分钢筋混凝土，主要是砖墙承重的结构，外墙是清水墙，阳台，内部设备不全的非单元式住宅或其他房屋。

4)砖木结构一等：材料上等、标准较高的砖木(石料)结构。这类房屋一般是有装修处理、内部设备完善的庭院式或花园洋房等高级房屋。

5)砖木结构二等：结构正规，材料较好，一般外部没有装修处理，室内有专用上、下水等设备的普通砖木结构房屋。

6)砖木结构三等：结构简单，材料较差，室内没有专用上、下水等设备，较低的砖木结构房屋。

7)简易结构：如简易楼、平房、木板房、砖坯房、土草房、竹木捆绑房等。

(3)各种结构房屋的耐用年限。

1)钢筋混凝土结构：生产用房50年，受腐蚀的生产用房35年，非生产用房60年。

2)砖混结构一等：生产用房40年，受腐蚀的生产用房30年，非生产用房50年。

3)砖混结构二等：生产用房40年，受腐蚀的生产用房30年，非生产用房50年。

4)砖木结构一等：生产用房30年，受腐蚀的生产用房20年，非生产用房40年。

5)砖木结构二等：生产用房30年，受腐蚀的生产用房20年，非生产用房40年。

6)砖木结构三等：生产用房30年，受腐蚀的生产用房20年，非生产用房40年。

7)简易结构10年。

(4)房屋残值是指房屋达到使用年限，不能继续使用，经拆除后的旧料价值；清理费用是指拆除房屋和搬运废弃物所发生的费用；残值减去清理费用，即为残余价值，其与房屋造价的比例为残值率。各种结构房屋的残值率一般为：

1)钢筋混凝土结构0%；

2)砖混结构2%；

3)砖木结构一等6%；

4)砖木结构二等4%；

5)砖木结构三等3%；

6)简易结构0%。

单元六 成本法运用实例

一、成本法总结

对成本法的内容可总结如图 5-2 所示,即估价对象的价值等于房地产重新构建(土地重新购建价格+建筑物重新购建价格)减去建筑物折旧。

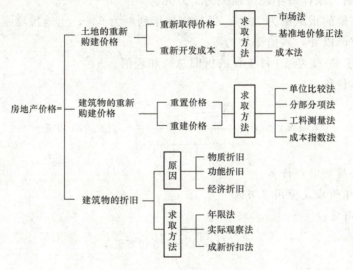

图 5-2 成本法估价示意图

二、成本法运用实例

【例 5-4】 某宗房地产的建筑面积为 2 500 m²,土地面积为 1 200 m²。土地是 15 年前通过征收集体土地取得的,当时平均每亩花费 18 万元,现时重新取得该类土地每平方米需要 700 元;建筑物是 9 年前建成交付使用的,当时的建筑造价为每平方米建筑面积 750 元,现时建造类似建筑物的建筑造价为每平方米建筑面积 1 300 元,估计该建筑物有八成新。选用所给资料测算该宗房地产的现时总价和单价。

解 待估价房地产的价值测算如下:

待估价房地产的现时总价=土地重新购建价格+建筑物重新购建价格×成新率
=700×1 200+1 300×2 500×80%=3 440 000(元)

待估价房地产的现时单价=该宗房地产的现时总价÷建筑面积
=3 440 000÷2 500=1 376(元/m²)

【例 5-5】 (估价师考试真题)某幢写字楼,土地面积 4 000 m²,总建筑面积为 9 000 m²,建成于 2006 年 10 月 1 日,土地使用权年限为 2011 年 10 月 1 日—2051 年 10 月 1 日。现在获得类似的 40 余年土地使用权价格为 2 000 元/m²,建筑物重置成本为 1 300 元/m²。建筑物自然寿命为 60 年,有效经过年数为 10 年。其他的相关资料如下:

(1)门窗等损坏的修复费用为 3 万元;装修的重置价格为 82.5 万元,平均寿命为 5 年,有效经过年数为 4 年;空调系统功能落后,必须更换,旧系统已提折旧 80 万元,拆除该空调费用为 10 万元,可回收残值 30 万元,重新购建价格(不含安装费)为 130 万元,安装新的空调系统的费用为 8 万元;除空调以外的设备的重置价格为 250 万元,平均寿命为 15 年,经过年数为 9 年。

(2)该幢写字楼由于层高过高和墙体隔热保温性差,导致与同类写字楼相比,每月增加能耗 800 元。

(3)由于写字楼所在区域刚刚有一化工厂建成投产,区域环境受到一定的污染,租金将长期受到负面影响,预计每年租金损失为 7 万元。

(4)该类写字楼的报酬率为 10%。银行贷款年利率为 5%,土地报酬率为 8%。

(5)假设除空调以外,残值率均为零。

求该写字楼于 2021 年 10 月 1 日的折旧总额和现值。

解 (1)土地价格:

$$0.4 \times 2\,000 \times \frac{\left[1-\dfrac{1}{(1+8\%)^{30}}\right]}{\left[1-\dfrac{1}{(1+8\%)^{40}}\right]} = 755.26(万元)$$

(2)建筑物物质折旧额计算:

1)门窗等损坏的修复费用 3 万元。

2)装修的折旧费:

$$82.5 \times \frac{1}{5} \times 4 = 66(万元)$$

3)其他设备的折旧费:

$$250 \times \frac{1}{15} \times 9 = 150(万元)$$

4)长寿命项目的折旧费:

$$(1\,300 \times 0.9 - 3 - 82.5 - 250) \times \frac{1}{40} \times 10 = 208.63(万元)$$

(3)建筑物功能折旧额的计算:

1)功能过剩引起的折旧:

$$\frac{800 \times 12}{10\%} \times \left[1 - \frac{1}{(1+10\%)^{30}}\right] = 9.05(万元)$$

2)空调功能落后引起的折旧:

$$130 - 80 + 10 - 30 + 8 = 38(万元)$$

(4)建筑物经济折旧额:

$$\frac{7}{10\%} \times \left[1 - \frac{1}{(1+10\%)^{30}}\right] = 65.99(万元)$$

(5)折旧总额:

$$3 + 66 + 150 + 208.63 + 9.05 + 38 + 65.99 = 540.67(万元)$$

(6)写字楼估价结果:

$$755.26 + 1\,300 \times 0.9 - 540.67 = 1\,384.59(万元)$$

【例 5-6】 待估房地产概况：本估价对象是位于某工业园区的特殊工业房地产；土地总面积 3 000 m²，总建筑面积 8 000 m²；土地权利性质为出让土地使用权；建筑物建成于 2006 年 2 月初，建筑结构为钢筋混凝土结构。

估价要求：需要评估该房地产 2021 年 2 月 1 日的价值。

解 估价过程：

(1)选择估价方法。由于本估价对象为特殊工业房地产，目前处于停产期，无直接稳定的经济收入，故拟选用成本法进行估价。

(2)选择计算公式。该宗房地产估价属于成本法中旧房地产估价，需要评估的价值包含土地和建筑物的价值，故选择的计算公式为

旧房地价格＝土地的重新取得价格或重新开发成本＋建筑物的重新购建价格－建筑物的折旧

(5-23)

(3)求取重新购建价格。由于该土地坐落在城市建成区内，直接求取其重新开发成本很难，政府尚未确定公布基准地价，故拟通过如下两个途径求取该土地的重新取得价格或重新开发成本。

1)采用比较法，利用工业园区内类似土地的出让或转让价格，求取土地的重新购置价格。调查选取了 A、B、C 3 个可比实例，有关可比实例的资料见表 5-4。该类房地产的人民币价格 2020 年 5 月以来逐月上涨 1.3%。

表 5-4 交易实例调查表

项目	可比实例 A	可比实例 B	可比实例 C
土地面积/m²	2 300	3 000	2 500
成交价格/(元·m⁻²)	750	810	780
成交日期	2020 年 5 月初	2020 年 11 月初	2020 年 8 月
交易情况	−5%	2%	1%
状况因素	1%	−1%	2%

按照比较法将各交易可比实例修正与调整计算公式：

比准价格＝可比实例成交价格×交易情况修正系数×市场状况修正系数×房地产状况修正系数

结合相关资料得到：

$$V_A = 750 \times \frac{100}{100-5} \times (1+1.3\%)^9 \times \frac{100}{100+1} = 878.01 (元/m^2)$$

$$V_B = 810 \times \frac{100}{100+2} \times (1+1.3\%)^3 \times \frac{100}{100-1} = 833.83 (元/m^2)$$

$$V_C = 780 \times \frac{100}{100+1} \times (1+1.3\%)^6 \times \frac{100}{100+2} = 818.14 (元/m^2)$$

故

待估价对象土地的单价＝(878.01＋833.83＋818.14)÷3＝843.33(元/m²)

2)利用征收农地的费用加土地开发费和土地使用权出让金等，再加上地段差价调节的办法来求取土地价格。

在价值时点(2021 年 2 月 1 日)征用郊区农地平均每亩需要支付 15 万元的征地补偿、安

置等费用，约合每 225 元/m²；将土地开发成能直接在其上进行房屋建设的土地，需要"五通一平"，为此，每平方米还需要投资(含开发土地的费用、税金和利润等)130 元。以上合计每 355 元/m²，可视为城市边缘熟地的价格。

该城市土地分为 10 个级别，城市边缘熟地列为最差级，即处于第 10 级土地上，而待估房地产处于第 7 级土地上，因此，还需要进行土地级别修正。各级土地之间的价格差异见表 5-5。

表 5-5　××市土地价格分级别差异系数表

土地级别	1	2	3	4	5	6	7	8	9	10
地价是次级土地的倍数	1.30	1.30	1.30	1.30	1.30	1.30	1.30	1.30	1.30	1.00
地价是最差级土地的倍数	10.60	8.16	6.27	4.83	3.71	2.86	2.20	1.69	1.30	1.00

根据表 5-5 待估价对象土地的单价＝355×2.20＝781(元/m²)

通过以上两个途径求得估价对象土地的单价分别为 843.33 元/m² 和 781 元/m²。该房地产估价主要是以前者为基础，但对于后者也加以充分考虑，并考虑当地房地产市场业内人士的意见，确定估价对象土地的单价为 830 元/m²，故

待估价对象土地的总价＝830×3 000＝249 000(元)

(4) 求取建筑物的重新购建价格，现时(在价值时点 2021 年 2 月 1 日)与待估房地产建筑物类似的不包括土地价格在内的建筑物的造价为每平方米建筑面积 1 500 元，包含必要的支出和应得的利润，以此作为待估房地产建筑物的重置价格，则

待估房地产建筑物的重新购建价＝1 500×8 000＝12 000 000(元)

(5) 求取建筑物折旧。采用直线法求取折旧额。参照有关规定并根据估价师到实地查看的判断，该专用厂房建筑物的经济寿命为 60 年，有效年龄为 15 年，残值率为零。由于土地使用权剩余期限近 49 年，建筑物剩余经济寿命 45 年，建筑物的经济寿命早于土地使用期限结束，应按照建筑物的经济寿命 60 年计算建筑物折旧，故

$$E_t = C(1-R)\frac{t}{N} = 1\,200 \times (1-0) \times \frac{15}{60} = 300(万元)$$

(6) 求取计算价格。

旧房地价格＝土地的重新取得价格或重新开发成本＋建筑物的重新购建价格－建筑物的折旧＝249＋1 200－300＝1 149(万元)

旧房地产单价＝11 490 000÷8 000＝1 436.25(元/m²)

估价结果：根据上述计算结果并参考房地产估价师的经验，将本待估房地产 2021 年 2 月 1 日的价值总额评估为 1 149 万元，折合每平方米建筑面积 1 436.25 元。

模块小结

成本法的本质是以房地产的重新开发建设成本导向求取估价对象的价值。本模块主要介绍成本法的基本原理、房地产价格的构成、成本法的基本公式、重新购建价格的确定、建筑物的折旧。

> 思考与练习

1. 成本法的本质是什么？成本法与比较法的区别是什么？
2. 开发成本主要包括哪些项目？
3. 什么是销售税费？销售税费可分为哪两类？
4. 建筑物的重新购建价格实际估算方法主要有哪几种？
5. 建筑物折旧的原因主要有哪些？
6. 建筑物折旧的求取方法有哪些？

模块六 假设开发法

知识目标

1. 了解假设开发法的含义、理论依据，假设开发法适用的估价对象和条件。
2. 掌握假设开发法基本公式，基本公式计算中各项的求取，按估价对象细化的公式。
3. 熟悉现金流量折现法和传统方法的定义、区别和优缺点。
4. 掌握假设开发法的操作步骤。

能力目标

能运用所学知识判定哪些房地产需要用假设开发法进行评估；能用假设开发法求取各种项目发生的价值；能熟练运用现金流量折现法和传统方法进行估价操作和测算。

课前任务案例

××市××区良平大道有一块"五通一平"的建设用地；土地总面积为 10 000 m²，且土地形状规则；用途为居住用地，容积率为 3.0；土地使用权出让时间为 2021 年 9 月 10 日，土地使用年限从土地使用权出让时起共计 70 年。需要评估该地块于 2021 年 9 月 10 日出让时的正常购买价格。

任务：请用"假设开发法"完成该项任务。

单元一 假设开发法的基本原理

一、假设开发法的含义

假设开发法是房地产估价实践中一种科学而实用的评估方法，又称开发法、预期开发法、余值法、剩余法、倒推法、残余法等。它是通过估算估价对象在未来开发完成后的价值和后续开发建设的预计开发成本、税费和应得利润,然后用开发完成后的房地产价值减去后续开发建设的开发成本、税费和应得利润,来求得估价对象在价值时点的价值的方法。假设开发法的本质是以房地产的预期开发后的价值为导向求取估价对象的价值。

假设开发法在房地产投资、可行性研究、策划、咨询以及土地使用权出让的招投标中具有广泛的应用。

运用假设开发法估价必须考虑资金的时间价值,即考虑资金的增值和机会成本等因素。在实际操作中宜采用折现的方法,难以采用折现的方法时,可采用计算利息的方法,也就是所谓的传统方法。

二、假设开发法的理论依据

假设开发法的基本理论依据与收益法相同,是预期原理。假设开发法估价的基本思路,可由房地产开发商为取得待开发土地使用权而确定拍卖或投标价格的思路来理解。假设有一块土地,预计具有良好的开发和增值潜力,政府拟对该土地使用权以拍卖或公开招标方式出让。假如某房地产开发商有意参与该土地的竞拍或竞标,可以通过如下思路和过程来考虑获得土地的出价:

(1)分析该土地的坐落位置。土地的位置与土地的价格以及将来开发出的房地产价格之间有着密切关系,包括交通条件、商业繁华程度、周围环境等区位条件;以及土地面积、形状、规划允许的用途、建筑容积率、建筑覆盖率、建筑高度等自身条件。

(2)确定土地规划用途。即是开发成商业楼还是写字楼,或是住宅楼;是用途单一的楼,还是综合楼;如何布局等。

(3)估计开发利润。在确定期望利润时,既不能过低,因为若低于正常的平均利润率则不符合投资者的投资期望;也不能过高,因为若确定的利润较高的话,必将降低开发商获得土地使用权的投标报价,在竞投中处于不利地位。

(4)预计该房地产项目开发完成后的销售价格或租赁价格,并估算开发该房地产所需要的时间及所需要的建安工程费、专业费、管理费、销售费用和正常税费等全部成本。

有了这些以后,便知道了愿意为这块土地支付的最高价格是多少。毫无疑问,它等于预测的开发完成后的价值,减去各种开发成本、费用以及利息、税费和利润之后所剩的数额。

可以看出,假设开发法在形式上是评估新建房地产价格的成本法的倒算法。两者的主要区别是:成本法中的土地价格为已知,需要求取的是开发完成后的房地产价格;假设开发法中开发完成后的房地产价格已事先通过预测得到,需要求取的是土地价格。

假设开发法最初主要运用于待开发土地价格的评估,更深一层的是地租原理,只不过两者的差异是,地租是每年的租金剩余,假设开发法通常估算的是一次性的价格剩余。根据马克思的土地价格理论,一切地租都是剩余价格,是剩余劳动的产物。具体地看,地租是由土地产品的价格所决定的,是扣除了其他生产费用的余额,即

$$地租 = 市场价格 - 成本 - 利润 - 利息 - 税费 \tag{6-1}$$

三、假设开发法的适用估价对象和条件

1. 假设开发法的适用估价对象

假设开发法适用的估价对象不仅是上述房地产开发用地,凡是具有开发或再开发潜力

模块六　假设开发法

并且其开发完成后的价值可以采用比较法、收益法等方法求取的房地产，都适用假设开发法估价，包括可供开发建设的土地（包括生地、毛地、熟地，典型的是房地产开发用地）、在建工程（包括房地产开发项目）、可重新装饰装修改造或改变用途的旧的房地产（包括重新装饰装修、改建、扩建，如果是重建就属于毛地的范畴）。以下我们将这类房地产统称为"待开发房地产"。

对于有城市规划设计条件要求，但城市规划设计条件尚未正式明确的待开发房地产，难以采用假设开发法估价。如果在这种情况下仍然需要估价的话，估价人员必须将该最可能的城市规划化设计条件作为估价的假设和限制条件，并在估价报价中作出特别提示，说明它的性质及对估价结果的影响（包括它的变化对估价结果可能产生的影响），或者估价结果对它的依赖性。

2. 假设开发估价需要具备的条件

在运用假设开发法中，因为估测的大部分数据发生在未来，如果房地产开发周期长，不确定因素会对估测的数据有较大的影响，所以，在运用假设开发法时，要满足一定的条件，才能保证数据的可靠性。这些条件包括估价本身条件和外部条件。

（1）估价本身条件。估价本身的条件主要有两方面：第一，坚持合法原则，正确判断土地开发用途，确定房地产的最佳开发利用方式（包括用途、建筑规模、档次）；第二，对当地房地产市场行情或供求状况有较为准确地把握，主要是正确地预测开发完成后房地产的价值，开发费用、税费、开发利润等，都有经验数据可以借鉴或者有国家规定的标准，所以测算较为简单。

（2）外部条件。运用假设开发法估价的效果如何，除了取决于对假设开发法本身的掌握外，还要求有一个良好的社会经济环境，包括以下条件：
1）要有一个明朗、开放及长远的房地产政策环境；
2）要有一个统一、严谨及健全的房地产法制环境；
3）要有一个完整、公开及透明度高的房地产行政环境；
4）要有一个稳定、清晰及全面的内部运作环境；
5）要有一个长远、公开及稳定的市场环境。

如果这些条件不具备，就会对假设开发法的运用造成困难或影响其客观性和可靠性。

阅读材料

假设开发法的其他用途

假设开发法除了适用于估价，还大量用于房地产开发项目投资分析，它是房地产开发项目投资分析的常用方法之一。假设开发法用于估价与用于投资分析的不同之处是：在选取有关参数和测算有关数值时，假设开发法用于估价时是假设站在一个典型的投资者的立场，用于投资分析时是站在一个具体的投资者的立场。

房地产开发项目投资分析的目的，是为了给房地产开发商的投资决策提供依据。假设开发法具体可为房地产开发商提供下列 3 种数据：

1. 确定拟开发场地的最高价格

如果开发商有兴趣取得某个开发场地，他必须事先计算出能够接受的最高价格。他实际的购买价格应低于或等于此价格，否则不值得购买。

2. 确定开发项目的预期利润

在确定预期利润时，是假定开发场地已按照某个价格购买，即场地购置费被看成已知。预计可取得的总收入扣除场地购置费、开发成本及资金利息等后的余值，为开发项目所能产生的利润。此利润如果高于开发商期望的利润，则该开发项目被认为是可行的；否则，该项目应被推迟开发，甚至取消投资。

3. 确定开发中可能出现的最高费用

在确定最高费用时，场地购置费被视为已知。确定最高费用的目的是为了使开发利润保持在一个合理的范围内，同时使整个开发成本、费用在开发过程的各个阶段得到有效的控制，不至于在开发过程中出现费用失控。

单元二　假设开发法的基本公式

一、假设开发法基本公式

1. 假设开发法的基本公式

待开发房地产的价值＝开发完成后的房地产价值－开发成本－管理费用－销售费用－投资利息－销售税费－开发利润－投资者购买待开发房地产应负担的税费　　　(6-2)

2. 土地剩余法的计算公式

根据剩余法的基本思路，其基本公式为

$$V = A - (B + C + D + E) \quad (6\text{-}3)$$

式中　V——购置土地的价格；

　　　A——开发完成后的不动产价值；

　　　B——整个开发项目的开发成本；

　　　C——投资利息；

　　　D——开发商合理利润；

　　　E——正常税费。

3. 剩余法的一个较具体的计算公式

低价＝预期楼价－建筑费－专业费用－销售费用－利息－税费－利润　　　(6-4)

式中　利息＝(地价＋建筑费用＋专业费用)×利息率；利润＝(地价＋建筑费用＋专业费用)×利润率。

二、基本公式计算中各项的求取

1. 后续开发经营期

为了预测后续开发的各项必要支出及开发完成后的价值发生的时间和金额，便于进行折现或测算后续开发的应得利润，需要预测后续开发经营期。后续开发经营期简称"开发经营期",其起点是(假设)取得估价对象(待开发房地产)的日期(即价值时点),终点是未来开发完成后的房地产经营结束的日期。即开发经营期是自价值时点起至未来开发完成后的房地产经营结束时止的时间,可分为后续建设期和经营期。

(1)后续建设期简称"建设期",其起点与开发经营期的起点相同,终点是未来开发完成后的房地产竣工之日,即建设期是自价值时点起至未来开发完成后的房地产竣工之日止的时间,可分为前期和建造期。

(2)后续经营期简称"经营期",可根据未来开发完成后的房地产的经营方式而具体化。由于未来开发完成后的房地产经营方式有出售、出租和自营,所以经营期可具体化为销售期(针对出售这种情况)和运营期(针对出租和自营两种情况)。销售期是自未来开发完成后的房地产开始销售时起至其售出时止的时间。在有预售的情况下,销售期与建设期有重合。在有延迟销售的情况下,销售期与运营期有重合。运营期是自未来开发完成后的房地产竣工之日起至其持有期或经济寿命结束时止的时间,即运营期的起点是未来开发完成后的房地产竣工之日,终点是未来开发完成后的房地产的一般正常持有期结束之日或经济寿命结束之日。

开发经营期、建设期、经营期等之间的关系如图6-1所示。

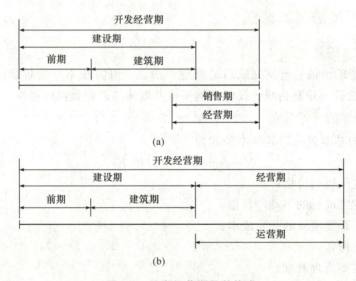

图6-1 开发经营期及其构成

预测开发经营期,宜先把开发经营期进行拆分,然后分别预测出各个组成部分,再把预测出的各个组成部分连接起来。其中,建设期的预测要相对容易些,经营期特别是销售期通常难以准确预测。

在预测建设期时,前期的预测相对较困难,建造期一般能较准确地预测。预测建设期的关键是先抓住待开发房地产状况和未来开发完成后的房地产状况这两头。然后估算将待开发房地产状况开发成未来开发完成后的房地产状况所需的时间。估算的方法,一是根据往后需要做的各项工作所需的时间来直接估算建设期。二是采用"差额法",如采用类似于比较法的方法,即通过类似房地产已发生的建设期的比较、修正或调整,先分别求取未来开发完成后的房地产的建设期和待开发房地产的建设期,然后将这两个建设期相减即为估价对象的后续建设期。例如，估算估价对象为某个商品房在建工程的后续建设期，通过比较法得到类似商品房开发项目的正常建设期为30个月，该在建工程的正常建设期为18个月，则后续建设期为12个月。

在预测经营期时，销售期的预测要考虑未来房地产市场景气状况，运营期的预测主要是考虑未来开发完成后的房地产的一般正常持有期或经济寿命。

2. 开发完成后的房地产价值

开发完成后的房地产价值，是指开发完成后的房地产状况所对应的价值。以商品房在建工程为例，如果预计开发完成后的商品房为毛坯房的，则对应的应是毛坯房的价值；如果预计开发完成后的商品房为粗装修房的，则对应的应是粗装修房的价值；如果预计开发完成后的商品房为精装修房的，则对应的应是精装修房的价值。

在实际估价中，对于出售的房地产，开发完成后的房地产价值一般是在其开发完成之时的房地产市场状况下的价值；但当房地产市场较好而适宜采取预售的，则是在其预售时的房地产市场状况下的价值；当房地产市场不好而需要延迟销售的，则是在其延迟销售时的房地产市场状况下的价值。

对于出租或营业的房地产，例如写字楼、商店、旅馆、餐馆等，预测其开发完成后的价值，可以先预测其租赁或经营收益，再采用收益法将该收益转换为价值。例如，根据当前的市场租金水平，预测未来建成的某写字楼的月租金为每平方米使用面积35美元，出租率为90%，运营费用占租金30%，报酬率为10%，可供出租的使用面积为38 000 m²，运营期为47年，则未来建成的该写字楼在建成时的总价值可估计为

$$\frac{35\times90\%\times(1-30\%)\times12\times3\,800}{10\%}\left[1-\frac{1}{(1+10\%)^{47}}\right]=9\,940.80(万元)$$

3. 后续开发的必要支出

后续开发的必要支出是将估价对象开发建设成未来开发完成后的房地产必须付出的各项成本、费用和税金，即将待开发房地产状况"变成"未来开发完成后的房地产状况所必须付出的待开发房地产取得税费以及后续的建设成本、管理费用、销售费用、投资利息、销售税费。这些都是在假设开发法测算中应减去的项目，统称为"扣除项目"。它们的估算方法与成本法中的估算方法基本相同，但要注意两点区别：

(1)它们本质上应是预测的扣除项目在未来发生时的值，而不是在价值时点的值（但在静态分析法中，将它们近似为价值时点的值）。

(2)它们是在取得待开发房地产之后到把待开发房地产开发完成的必要支出，而不包括在取得待开发房地产之前所发生的支出。

待开发房地产取得税费是假定在价值时点购置待开发房地产，此时应由购置者（买方）缴纳的有关税费，如契税、印花税等。该项税费通常是根据税法及中央和地方政府的有关规定，按照待开发房地产价值的一定比例来测算。

后续开发的建设成本、管理费用、销售费用等必要支出的多少，要与未来开发完成后的房地产状况相对应。例如，同一待开发房地产，未来开发完成后的房地产为毛坯房的后续开发的必要支出，要少于简装房的后续开发的必要支出；简装房的后续开发的必要支出，要少于精装房的后续开发的必要支出。特别是未来开发完成后的房地产为"以房地产为主的整体资产"的，后续开发的必要支出通常还应包括家具、机器设备等房地产以外的其他资产

的价值或购买价款。

投资利息只有在静态分析法中才需要测算。在测算投资利息时要把握应计息项目、计息周期、计息期、计息方式和利率。其中，应计息项目包括待开发房地产价值及其取得税费，以及后续开发的建设成本、管理费用和销售费用。销售税费一般不计算利息。一项费用的计息期的起点是该项费用发生的时点，终点通常是建设期的终点，一般不考虑预售和延迟销售的情况。另外值得注意的是，待开发房地产价值和待开发房地产取得税费是假设在价值时点一次性付清，因此其计息的起点是价值时点。后续开发的建设成本、管理费用、销售费用通常不是集中在一个时点发生，而是分散在一段时间内（如开发期间或建造期间）不断发生，但计息时通常将其假设为在所发生的时间段内均匀发生，并具体视为集中发生在该时间段的期中。发生的时间段通常按年来划分，精确地测算要求按半年、季或月来划分。

4. 折现率

折现率是在采用现金流量折现法时需要确定的一个重要参数，与报酬资本化法中的报酬率的性质和求取方法相同，具体应等同于同一市场上类似房地产开发项目所要求的平均报酬率，它体现了资金的利率和开发利润率两部分。

阅读材料

计算中的其他问题

在运用假设开发法时不应忽略某些无形收益。例如深圳市1987年12月首次公开拍卖的一块土地，其价值从当时预测的开发完成后的房地产价值减去开发成本等所得的数额来看也许不高，但由于是国内首块公开拍卖的土地，购买者一旦获得了这块土地，会附带取得一些意想不到的社会效果。如对改革开放措施的广泛宣传实际上间接地对该块土地的获得者起着广告宣传作用。因此该块土地的价格自然也就比较高（当时该块土地的成交价是525万元，比政府确定的拍卖底价200万元高了很多）。

估算各项成分费用：估算开发建筑成本费用；估算专业费用；确定建筑工期，估算预付资本力系；估算税金；估算开发完成后的房地产租售费用。

三、按估价对象细化的公式

上述假设开发法最基本的公式，按估价对象状况可具体细化如下。

1. 求生地价值的公式

（1）适用于在生地上进行房屋建设的公式。

生地价值＝开发完成后的房地产价值－由生地建成房屋的开发成本－管理费用－销售费用－投资利息－销售费用－开发利润－买房购买生地应负担的税费　　　　（6-5）

（2）适用于将生地开发成熟地的公式。

生地价值＝开发完成后的熟地价值－由生地开发成熟地的开发成本－管理费用－销售费用－投资利息－销售税费－土地开发利润－买房购买生地应负担的税费　　　　（6-6）

2. 求毛地价值的公式

（1）适用于在毛地上进行房屋建设的公式。

毛地价值＝开发完成后的房地产价值－由毛地建成房屋的开发成本－管理费用－销售费用－投资费用－投资利息－销售税费－开发利润－买方购买毛地应负担的税费　　　　（6-7）

（2）适用于将毛地开发成熟地的公式。

毛地价值＝开发完成后的熟地价值－由毛地开发成熟地的开发成本－管理费用－销售费用－投资利息－销售税费－土地开发利润－买方购买毛地应负担的税费　　　　（6-8）

3. 求熟地价值的公式

熟地价值＝开发完成后的房地产价值－由熟地建成房屋的开发成本－管理费用－销售费用－投资利息－销售税费－开发利润－买方购买熟地应负担的税费　　　　（6-9）

4. 求在建工程价值的公式

在建工程价值＝续建完成后的房地产价值－续减成本－管理费用－销售费用－投资利息－销售税费－续建投资利润－买方购买在建工程应负担的税费　　　　（6-10）

5. 求旧房价值的公式

旧房价值＝装修改造完成后的房地产价值－装修改造成本－管理费用－销售费用－投资利息－销售税费－装修改造投资利润－买房购买旧房应负担的税费　　　　（6-11）

单元三　现金流量折现法和传统方法

一、现金流量折现法和传统方法的定义

所谓现金流量折现法，即动态分析法，是将所有的项目，均按其在实际发生时点的数额贴现到价值时点的值代入公式，这时公式中所有项目都对应于价值时点。这时对各项时间价值的处理方式是分别将各项折现到价值时点上的价值。

现金流量折现法是一种考虑资金时间价值的评价方法。这种方法较全面和客观地反映估价对象整个寿命期的经济效果，是利用特定折现率计算有关年份净现金流量复利现值或年金现值的方法，在中长期房地产评估中应用广泛。

传统方法即静态方法，它以估价时的房地产市场状况为依据，不考虑各项支出、收入发生的时间不同，视为静止在估价作业期的数值，不需要统一到同一个时间点上，只要对其直接相加减，这与成本法的计算一样，资金时间价值的处理方式是通过计算投资利息和开发利润来实现的。所以，只有在传统方法中，才会单独计算投资利息和开发利润。运用此种方法的关键在于计息期的确定，不同的计息项目其计息期是不同的，通常计息期到开发经营期的终点，既不考虑预售也不考虑推迟销售。

二、现金流量折现法和传统方法的区别

现金流量折现法与传统方法主要有下列3大区别。

（1）对开发完成后的房地产价值、后续开发成本、管理费用、销售费用、销售税费等的

测算，在传统方法中主要是根据价值时点（通常为现在）的房地产市场状况作出的，即它们基本上是静止在价值时点的金额。而在现金流量折现法中，是模拟房地产开发过程，预测它们未来发生的时间以及在未来发生时的金额，即要进行现金流量预测。

（2）传统方法不考虑各项收入、支出发生的时间不同，即不是将它们折算到同一时间上的价值，而是直接相加减，但要计算投资利息，计息期通常到开发完成时止，即既不考虑预售，也不考虑延迟销售；而现金流量折现法要考虑各项收入、支出发生的时间不同，即首先要将它们折算到同一时间上的价值（直接或最终折算到价值时点），然后再相加减。

（3）在传统方法中投资利息和开发利润都单独显现出来，在现金流量折现法中这两项都不独立显现出来，而是隐含在折现过程中。因此，现金流量折现法要求折现率既包含安全收益部分（通常的利率），又包含风险收益部分（利润率）。这样处理是为了与投资项目评估中的现金流量分析的口径一致，便于比较。

三、现金流量折算法和传统方法的优缺点

从理论上讲，传统方式测算的结果比较粗略，但测算过程简单一些；现金流量折现方式测算的结果比较精确，但测算过程比较复杂。就它们的粗略与精确而言，在现实中可能不完全如此。这是因为现金流量折现方式从某种意义上讲要求"先知先觉"，具体需要做到以下 3 点。

（1）开发经营期究竟多长要估算准确；
（2）各项支出、收入在何时发生要估算准确；
（3）各项支出、收入在其发生时所发生的数额要估算准确。

由于存在很多未知因素和偶然因素，预测结果会偏离实际，准确地预测是十分困难的。尽管如此，在实际估价中应尽量采用现金流量折现法。在难以采用现金流量折现法的情况下，可以采用传统方法。

单元四　假设开发法的操作步骤

一、调查并掌握待估房地产基本情况

调查待开发房地产的基本情况，目的是为了合理确定待开发房地产的最佳开发利用方式，为预测未来房地产开发价值及估算未来开发费用等奠定基础。调查的基本情况主要包括区位状况、实物状况、权益状况和市场状况。

1. 区位状况

调查区位状况主要是掌握估价对象房地产的位置，包括以下 3 个方面。

（1）所在城市的类型与功能，是大城市还是小城市、是国家级的经济中心还是区域性的经济中心，是工业城市、交通港口还是特殊功能城市等。

（2）估价对象在城市内部的区域性质，是商业区、工业区、住宅区还是综合区。

（3）估价对象的具体坐落位置，它的临街状况、交通便利条件、商业繁华程度等。这主

要是为科学确定待开发房地产的最佳开发利用方式提供依据。

2. 实物状况

调查的实物状况的内容若是土地，包括面积、形状、地质条件、地形地貌及生熟程度等；若是房屋，包括面积大小、建造年代、结构状况、新旧程度等。

3. 权益状况

掌握土地权利性质，使用年限，交易有无限制等；土地使用权的再处置条件，对房地产建成后的房地产转让、抵押、出租等方面的有关规定等，以便在合法的权利状态下预测未来的楼价水平、租金等。这些资料一般从产权管理、交易管理等有关主管部门调查收集，主要为预测建成后的房地产的价值提供资料。

4. 市场状况

通过市场调研弄清土地状况和房地产状况。土地的市场状况包括阶段性土地政策（如以土地为要素的宏观经济调控）、土地供应计划、土地供应方式；各类房地产的供求状况、空置率、收益率等；近期拟开发的房地产类型、价格状况、档次、数量、交付时间等，并且能够对价格的长期趋势做出准确的判断。通过市场调研弄清楚房地产市场的宏观环境并对其发展趋势做相关分析，尤其要把握与估价对象房地产相关的市场信息，为确定待估对象的最佳开发利用方式提供科学、可靠的市场资料，为最后确定评估价提供参考。

二、确定最佳开发利用方式

所谓最佳开发利用方式，是指待开发房地产开发完成后销售或经营时能获得最高收益的利用方式。选择最佳开发利用方式，应根据调查获得的房地产状况和房地产市场条件，在法律及城市规划所允许的范围内，确定待开发房地产的用途、规模和档次，其中最重要的是选择最佳用途。

最佳开发利用方式的选择，是在客观、合理价格评估中及投资商在竞投过程中重要的环节，是假设开发法运用成功的关键。

三、估算开发经营期

开发经营期是指取得（假设）估价对象（待开发房地产）到未来开发完成后的房地产经营结束为止的这一段时间。开发经营包括开发期和经营期。开发期又称为建设期，起点与开发经营期的起点（获得估价对象）重合，终点是预计待开发房地产竣工的日期。开发期包括前期和建造期，前期的起点与前期的起点重合，终点是动工开发的日期，前期这段时间里主要是前期勘探、设计图纸等准备工作；建造期的起点与前期的终点（动工开发的日期）重合，终点与开发期的终点（预计待开发房地产竣工的日期）重合。

未来开发完成后房地产的经营使用方式，主要包括两种：一种是销售（包括预售）；另一种是出租或营业。

销售期是从开始销售开发完成或未来开发完成的房地产到将其全部销售完毕的这段时间。运营期是从待开发房地产开发完成到开发完成后的房地产经济寿命这段时间。

开发经营期、开发期、经营期之间的关系如图6-2和图6-3所示。

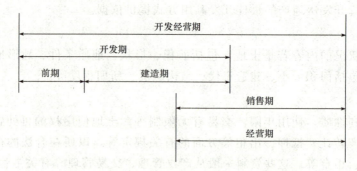

图 6-2　开发完成后的房地产进行销售（含预售）

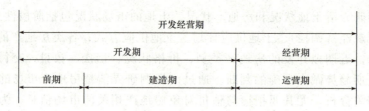

图 6-3　开发完成后的房地产进行出租或营业

估计开发经营期的方法通常参考各地的工期定额指标，可采用类似于比较法的方法，即根据其他相同类型、同等规模的类似开发项目已有的正常开发经营期来估计确定。开发期一般能较准确地被估计，但现实中因某些特殊因素的影响，可能会引起开发期延长。如房屋拆迁中遇到"钉子户"会影响前期；如筹措资金不能及时到位、灾害性天气的干扰、某些建筑材料的临时短缺等会影响建设期；未来房地产的供求变化会影响租售期。因此，在估计房地产开发经营期时，宜在实际开发时间的基础上，加上适当的延长时间。

四、预测房地产开发完成后的市场价值

开发完成后的房地产价值是指开发完成时的房地产状况的市场价格，一般称为楼价。该市场价格所对应的日期，通常是开发经营期的终点，而不是开发经营期的起点，但是在市场较好时考虑预售和市场不好时考虑延期租售是例外。开发完成后的房地产价值，可通过两个途径取得。

1. 对于出售的房地产

对于出售的房地产，应按当时市场上同类用途、性质和结构的房地产的市场交易价格，采用比较法确定开发完成后的房地产总价格，并考虑类似房地产价格的未来变动趋势。或采用比较法与长期趋势法相结合，即根据类似房地产过去和现在的价格及其未来可能的变化趋势来推算。例如，假设现在是 2019 年 10 月，有一宗房地产开发用地，用途为商业，预计建设期为 2 年，如果要估计商业房地产在 2021 年 10 月开发完成时的价值，则可以通过收集当地商业用途的房地产过去几年和现在的房地产的价格资料，从中找到房地产价格与时间的关系，预测商业房地产未来的变化趋势。

2. 对于出租和营业的房地产

对于出租和直接经营型的房地产，如写字楼、商店、旅馆等，此时选定的时间点是开始出租或营业的起点，可采用比较法结合长期趋势法来预测未来经营期可获得的净收益，然后结合收益法将净收益转换为价值。例如，预测未来2年后建成的某写字楼的月租金为100元/m²，出租率为80%，运营费用占租金的25%，报酬率为10%，可供出租的使用面积10 000 m²，运营期为45年，则未来建成的该写字楼在建成时的总价值可估计为

$$V=\frac{100\times12\times10\ 000\times80\%\times(1-25\%)}{10\%}\left[1-\frac{1}{(1+10\%)^{45}}\right]=7\ 101.22(万元)$$

五、估算开发成本、管理费用、销售费用、销售税费

由于假设开发法可视为成本法的倒算法，所以在实际估价中测算开发成本、管理费用、销售费用、销售税费时，可根据当地的房地产价格构成情况分项测算，测算的方法也与成本法中的相同，所不同的是需要预测。

例如，开发成本、管理费用可采用类似于比较法的方法来求取，即通过当地同类房地产开发项目当前大致的开发成本和管理费用来推算，如果预计建筑材料价格、建筑人工费等在未来可能有较大变化，还要考虑未来建筑材料价格、建筑人工费等的变化对开发成本和管理费用的影响。销售费用是指销售开发完成后的房地产所需的广告宣传、销售代理等费用。销售税费是指销售开发完成后的房地产应缴纳的税金及附加费，以及交易手续费等其他销售税费。销售费用和销售税费通常是按照开发完成后的房地产价值的一定比率来测算。

六、开发利润

测算开发利润的方法与成本法中的相同，通常是以一定基数乘以同一市场上类似房地产开发项目的相应平均利润率。在测算时要注意计算基数与利润率的对应。

投资回报利润率的计算基数一般为地价、开发费和专业费之和，销售利润率的计算基数一般为房地产售价。

单元五 假设开发法运用实例

【例6-1】 某房地产公司参与一商业居住综合熟地的投标，经勘察得知该宗土地的面积为4 000 m²，土地剩余使用年限为50年，建筑容积率为2，适宜建造某种类型的商品住宅；预计取得该土地后建造该类商品住宅的开发期为2年，建筑安装工程费按建筑面积算为800元/m²，勘察设计等专业费用及管理费为建筑安装工程费的12%，第一年需要投入60%的建筑安装工程费、专业费用及管理费用；销售商品住宅时的广告宣传等费用为其售价的2%，房地产交易中卖方需要缴纳的营业税为售价的6%，购买土地方需要缴纳的契税等为交易价格的3%；预计该商品住宅在建成时可全部售出，售出时的平均价格按建筑面积算为3 000元/m²。试参考上述资料用动态方式估算该宗地2009年9月的总价、单价和楼面地价

(折现率为12%)。

解 (1)设该宗土地总价为 V，单位为万元。

总建筑面积：$4\,000 \times 2 = 8\,000(\text{m}^2)$

(2)开发完成后的总价值：$\dfrac{3\,000 \times 4\,000 \times 2}{(1+12\%)^2} = 1\,913.27(万元)$

(3)建安工程费等的总额(假设各年建安工程费是均匀投入)：

$$800 \times (1+12\%) \times 4\,000 \times 2 \times \left[\dfrac{60\%}{(1+12\%)^{0.5}} + \dfrac{40\%}{(1+12\%)^{1.5}}\right] = 648.28(万元)$$

为方便计算，假设建筑安装工程费、专业费用及管理费在各年的投入集中在各年的年中，于是上式中折现年数分别取0.5和1.5。

(4)销售税费总额：$1\,913.27 \times (2\% + 6\%) = 153.06(万元)$

(5)购买该宗土地的税费总额：$V \times 3\% = 0.03V$

(6)$V = 1\,913.27 - 648.28 - 153.06 - 0.03V$

$V = 1\,079.54(万元)$

故

土地单价 $= V/4\,000 = 2\,698.85(元/\text{m}^2)$

楼面地价 $= 2\,698.85/2 = 1\,349.43(元/\text{m}^2)$

【例 6-2】 某待估房地产为一块"七通一平"的建筑空地，土地总面积 $10\,000\ \text{m}^2$，其形状规则；规划许可用途为商业和居住，容积率≤5，建筑覆盖率≤50%；土地使用权出让时间为2021年10月，土地使用年限从土地使用权出让时起为50年，需要评估该块土地于2021年10月出让时的正常购买价格。

解 计算步骤如下：

(1)选择估价方法。该块土地属于待开发房地产，适用假设开发法进行估价，故选用假设开发法。具体是采用假设开发法中的现金流量折现法。

(2)选择最佳的开发利用方式。通过市场调查研究，得知该块土地的最佳开发利用方式为：用途为商业与居住混合；容积率为5，故总建筑面积为 $50\,000\ \text{m}^2$；建筑覆盖率宜为30%；建筑物层数确定为22层；其中，1、2层的建筑面积相同，均为 $2\,750\ \text{m}^2$，适宜为商业用途；3~22层的建筑面积相同，均为 $2\,225\ \text{m}^2$，适宜为居住用途；故商业用途的建筑面积为 $5\,500\ \text{m}^2$，居住用途的建筑面积为 $44\,500\ \text{m}^2$。

(3)预计开发期。预计共需3年时间才能完全建成投入使用，即2024年10月建成。

(4)预测开发完成后的房地产价值。根据对市场的调查分析，预计商业部分在建成后可全部售出，居住部分在建成后可售出30%，半年后再售出50%，其余20%需一年后才能售出；商业部分在出售时的平均价格为每平方米建筑面积9 000元，居住部分在出售时的平均价格为每平方米建筑面积5 000元。

(5)估算有关费税及开发利润。建筑安装工程费预计为每平方米建筑面积1 450元；勘察设计和前期工程费及管理费等预计为每平方米建筑面积500元；估计在未来3年的开发期内，开发建设费用(包括勘察设计和前期工程费、建筑安装工程费、管理费等)的投入情况如下：第一年需投入15%，第二年需投入40%，第三年投入余下的45%。销售费用和销售税费预计为售价的9%，其中广告宣传和销售代理费为售价的3%，两税一费和交易手续费等为售价的6%。折现率选取12%。据了解,如果得到该土地,还需要按取得价款的3%缴纳有关税费。

(6)求取地价。计算的基准时间定为该地土地的出让时间,即2021年10月。

$$建成后的总价值 = \frac{9\,000 \times 5\,500}{(1+12\%)^3} + 5\,000 \times 44\,500 \times \left[\frac{30\%}{(1+12\%)^3} + \frac{50\%}{(1+12\%)^{3.5}} + \frac{20\%}{(1+12\%)^4}\right]$$
$$= 15\,756.77(万元)$$

$$开发建设费用总额 = (1\,450+500) \times 50\,000 \times \left[\frac{15\%}{(1+12\%)^{0.5}} + \frac{40\%}{(1+12\%)^{1.5}} + \frac{45\%}{(1+12\%)^{2.5}}\right]$$
$$= 7\,977.25(万元)$$

$$销售费用和销售税费总额 = 建成后的总价值 \times 9\% = 1\,418.1(万元)$$

$$购地税费总额 = 总地价 \times 3\%$$

$$总地价 = (15\,756.77 - 7\,977.25 - 1\,418.1)/(1+0.03) = 6\,176.14(万元)$$

以上述计算结果为主,并参考估价人员的经验,将总地价确定为6 176万元。

对于房地产开发用地的估价,通常要给出3种价格形式,即总地价、单位地价和楼面地价。这样,该块土地在2021年10月出让时正常购买价格的测算结果:总地价6 176万元,单位地价6 176元/m²,楼面地价 $\frac{61\,760\,000}{50\,000} = 1\,235.2(元/m^2)$。

【例6-3】某待估房地产为一块"七通一平"的待建筑空地,土地总面积为1 000 m²,形状规则,允许用途为商业居住混合,允许容积率≤6,允许覆盖率≤50%,土地使用权年限为50年,出售时间为2021年10月。要求评估该宗土地2021年10月的出售价格。

解 分析如下:

(1)确定评估基准日为2021年10月15日。

(2)选择最佳开发利用方式。通过调查研究得知这块土地最佳的开发利用方式如下:用途为商业居住混合;建筑容积率为6;建筑覆盖率为50%;建筑总面积为60 000 m²;建筑物层数为12层;各层建筑面积均为5 000 m²;地上1、2层为商店,建筑面积为10 000 m²;地上3~12层为住宅,建筑面积为50 000 m²。

(3)预计建设期。预计需2年时间建成投入使用,即2023年10月完工。

(4)预测开发完成后的楼价。估计开工后一年,其中的商业楼和住宅楼的50%可预售出去;住宅楼的35%在建造完成后可售出,其余15%完工一年后才能售出。预计商业楼出售当时的平均售价为每建筑平方米6 000元,住宅楼出售当时的平均售价为每建筑平方米3 000元。

(5)估算有关税费及开发利润。

估计总建筑费为4 800万元;专业费用为建筑费的10%;年利息率为10%;销售费用为楼价的3%;税费为楼价的6%,即建成出售时由卖方承担的增值税、印花税、交易手续费等,其他类型的税费已考虑在建筑费之中;投资利润率为25%。

在未来2年的建设期内,开发费用的投入情况如下:第一年需投入55%的建筑费及相应的管理费用;第二年需投入45%的建筑费及相应的管理费用。

(6)计算地价。分静态和动态两种计算方式:

$$地价 = 楼价 - 建筑费 - 专业费用 - 利息 - 销售费用 - 税费 - 开发商利润$$

1)采用静态方式计算地价:

总楼价 = 6 000×10 000+3 000×50 000 = 21 000(万元)

总建筑费 = 4 800(万元)

总专业费用 = 总建筑费×10% = 4 800×10% = 480(万元)

总利息 = (总地价+总建筑费+总专业费用)×利息率×计息期

= 总地价×10%×2+4 800×(1+10%)×55%×10%×1.5+4 800×(1+10%)×45%×10%×0.5

= 总地价×0.2+554.4(万元)

上述总利息的计算采用的是单利，计息期到 2023 年 10 月止。各年建筑费和专业费用的投入实际上是覆盖全年的，但计息时是假设各年建筑费和专业费用的投入集中在各年的年中，则有总利息计算中的计息年数分别为 1.5、0.5 的情况。

总销售费用 = 总楼价×3% = 21 000×3% = 630(万元)

总税费 = 总楼价×6% = 21 000×6% = 1 260(万元)

总利润 = (总地价+总建筑费+总专业费用)×利润率

= 总地价×25%+(4 800+480)×25%

= 总地价×0.25+1 320(万元)

将上述各值代入假设开发法公式中，即

总地价 = 21 000−4 800−480−(总地价×0.2+554.4)−630−1 260−(总地价×0.25+1 320)

总地价 = 11 955.6÷(1+0.45) = 8 245(万元)

2) 采用动态方式计算地价：

计算的基准时间 2021 年 10 月 15 日，资本化率选为 12%。

$$总楼价 = \left[\frac{(6\,000×10\,000+3\,000×50\,000×50\%)}{1+12\%} + \frac{3\,000×50\,000×35\%}{(1+12\%)^2} + \frac{2\,500×50\,000×20\%}{(1+12\%)^3}\right] ÷ 10\,000$$

= 12 053.57+4 185.27+1 779.45

= 18 018.29(万元)

$$总建筑费 = \frac{4\,800×60\%}{(1+12\%)^{0.5}} + \frac{4\,800×40\%}{(1+12\%)^{1.5}}$$

= 4 341.19(万元)

专业费 = 总建筑费×10% = 4 341.19×10% = 434.12(万元)

总利息 = (总地价+总建筑费+总专业费用)×利息率×计息期

由于总地价、总建筑费、总专业费用在动态方式中均已考虑了时间因素，实际上均已含计息，故在此不再单独计算总利息。

总销售费用 = 总楼价×3% = 18 018.29×3% = 540.55(万元)

总税费 = 总楼价×6% = 18 018.29×6% = 1 081.1(万元)

总利润 = (总地价+总建筑费+总专业费用)×利润率

= 总地价×25%+(4 341.19+434.12)×25%

= 总地价×0.25+1 193.83(万元)

将上述各值代入假设开发法公式中，即

总地价 = 18 018.29−4 341.19−434.12−540.55−

$$1\,081.1 - (总地价 \times 0.25 + 1\,193.83)$$

$$总地价 = 8\,342(万元)$$

从本例中可以看出，动态方式与静态方式的计算结果存在差异，相关研究人员经过替代测算，认为存在差异的原因主要是：静态方式的利息是按照单利计算的；静态方式没有考虑楼价分期收入的影响；静态方式利润的计算基数没有计入利息。如果静态方式在这些方面进行调整，那么计算结果就与动态方式相差无几了。

就目前案例来看，两者的差额不算很大，如果利率（连同资本化率）调高，差额将会非常明显。

因此，假设开发法传统的计算方法给出了两种计算方式，但是针对相同的待估对象却会形成两种不同的结果，而且结果之间的差额还非常明显。

就动态方式而言，首先预测到各种费税等所假设的未来发生时点的数值，同时还要预测到从未来的发生时点折现到现在的价值时点的数值，这期间除了能够对相对价格变动情况加以反映外，绕了一圈并无太大的实际意义。而且从方法上，也并没有有意识地去反映相对价格变动因素。而对各项费税的预测以及资本化率的选取，本身就存在着实际操作上的难度，容易加入估价人员主观的意识，这样做实际上并没有意义。与此相对应的，直接以现在的价值时点房地产开发费税水平，既不预测未来，也不对未来的数据进行折现，按照动态方式的计算公式直接计算，所得的结果是相同的。

就静态方式而言，楼价和各项税费是预测的未来时点的发生水平，相当于对房地产开发进行模拟后形成的一个现金流量，根据这个现金流量，不考虑时间价值因素，把不同时间点的资金直接加减计算，这样得出的结果缺乏理论上的说服力。

从这些年假设开发法传统的计算方法不断做出的调整来看，人们已经意识到这些问题，但是想借利息等计算因素（即算与不算）来弥补缺陷，只能导致理论思路上得更加不清晰。另外，与在成本法当中指出的一样，关于开发利润未能有效考虑开发周期等问题，在假设开发法传统的计算方法中同样存在。

模块小结

假设开发法的基本理论依据与收益法相同，即预期原理，在形式上是评估新开发房地产价值的成本法的"倒算法"。本模块主要介绍假设开发法的基本原理、假设开发法的基本公式、现金流量折算法和传统算法、假设开发法的操作步骤。

思考与练习

1. 简述开发经营期、建设期、经营期等之间的关系。
2. 现金流量折现法与传统方法主要有哪些区别？
3. 简述假设开发法的操作步骤。

模块七 其他估价方法及其应用

知识目标

1. 了解路线价法的定义、理论依据；熟悉路线价法的适用范围及条件；掌握路线价法的计算公式、操作步骤及路线价法的运用。

2. 了解长期趋势法的定义、理论依据；熟悉长期趋势法的适用范围和条件；掌握长期趋势法的操作步骤、基本方法及运用。

3. 了解基准地价的定义、特征、作用；熟悉基准地价评估的原则；掌握基准地价评估的步骤与方法，基准地价系数修正法的基本原理及步骤。

能力目标

能够运用路线价法和基准地价修正法对给定的估价对象进行正确估价。在基本技术方面，能够运用长期趋势法对房地产的价值作出预测估算。

课前任务案例

B市主要商业街有一待估面积为 2 000 m² 的商业用途土地（具体区域因素、个别因素不列）。其出让时间为 2020 年 9 月 10 日，出让年限为 40 年，开发程度为"五通一平"，宗地容积率为 1.5，现要评估该宗地在估价基准日 2021 年 9 月 24 日的价值。该宗地属市区商业二级地段，该市二级地段商业用途基准地价为 7 000 元/m²（开发程度为"五通一平"，标准容积率为 1.0）。基准地价公布时间为 2019 年 7 月 1 日。

任务： 讨论如果该地块采用路线价法和基准地价系数修正法进行评估，你打算如何操作？

单元一　路线价法

一、路线价法的基本原理

(一)路线价法的定义和理论依据

1. 路线价法的定义

路线价法是依据路线价，配合深度指数表和其他修正率表，用数学方法计算出临接同一街道的其他宗地地价的一种估价方法。通过对面临特定街道、使用价值相等的城市土地设定标准深度，求取该深度上数宗土地的平均单价并附设于特定街道上，即得到该街道的路线价。

2. 路线价法的理论依据

路线价法是在各样点宗地价格的基础上分析宗地地价、影响地价与影响临街深度因素的关系，进而据此估算其他宗地地价的方法，与比较法类似。"路线价"是若干"标准临街宗地"的平均价格，可视为比较法中的"可比实例价格"。临接同一街道的各宗土地的单位地价，是以路线价为基准，考虑临街深度、宗地形状（如三角形、梯形、平行四边形等）、临街状态（如梯形地是窄的一边临街还是宽的一边临街，三角形地是一边临街还是一顶点临街，街角地，前后临街地等）、临街宽度等，做适当的修正求得。这些修正相当于比较法中的"房地产状况调整"。

在路线价法中不做"交易情况修正"和"交易日期修正"的原因是：

(1)路线价是标准宗地的平均价格，已是正常价格；

(2)路线价所对应的日期与欲求取的其他土地价格的日期一致，都是价值时点时的价格。

(二)路线价法的计算公式

路线价法的基本计算公式表现形式为：

$$宗地总价＝路线价×深度百分率×宗地面积＋修正额$$

或

$$宗地总价＝路线价×深度百分率×宗地面积×修正率 \tag{7-1}$$

对于一般条件的宗地，若形状比较规则，其他因素对土地效用的影响很小，此时适用如下公式：

$$宗地总价＝路线价×深度百分率×宗地面积 \tag{7-2}$$

(三)路线价法的适用范围及条件

路线价法主要适用于商业繁华区域土地价格的估算，对道路系统完整、道路两旁地宗地排列整齐的区域和城市，效果更佳。一般的土地估价方法主要适用于单宗土地的估价，

模块七 其他估价方法及其应用

而且需要花费较长的时间，路线价法则被认为是一种快速、相对公平合理，能节省人力、财力，可以同时对大量土地进行估价的方法，特别适用于房地产税收、市地重划（城市土地整理）、城市房屋拆迁补偿或者其他需要在大范围内同时对大量土地进行的估价。路线价法估价的前提条件是街道系统完整，各宗土地排列整齐，还需要完善合理的深度指数表和其他修正率表。路线价法需要较多的交易实例，并且所在地区房地产市场比较规范，否则计算结果将会存在较大误差，从而影响土地价格评估的精度。路线价法的精度与路线价及其修正体系密切相关。路线价的估算是先设定标准深度，求得宗地平均单价，然后用深度指数表等途径进行修正，因此，它的估价精度取决于路线价和修正体系。

阅读材料

路线价法在我国的应用

目前，路线价法的运用在我国的台湾和香港已非常成熟和普遍，我国其他地区也借鉴了美国、日本等国应用路线价法的实践经验，将其具体地运用于房地产评估业务中。

路线价法应用于我国房地产评估业务的前提有如下几点：

（1）评估部门要制定出切合我国房地产业实际和发展需要的科学合理的路线价区段、路线价、标准深度、深度指数表和其他价格修正率表。

对路线价区段的划分，要综合考虑土地等级、土地用途、街道的繁华及交通设施等环境质量状况，原则上以街道为单位进行划分。对于路线价的确定，以货币为计量单位，根据不同的土地等级、不同的土地用途，区分主要街道和次要街道而确定，采取固定和浮动相结合的表现形式。

对于标准深度的确定，不一定有多少路线价区就设立多少标准深度，而是根据土地的等级和用途确定各个区域的标准深度。例如，某市土地分为 5 级，甲级土地的标准深度为 13 m，其中商业地为 9 m，住宅用地为 17 m，2 级土地标准深度为 19 m，其中商业用地为 14 m，住宅用地为 23 m。

（2）评估人员要熟练掌握路线价法则和路线价法的有关概念。关于路线价的有关概念有：

1）里地线与标准深度。里地线是与街道平行的直线，里地线与街道之间的距离是标准深度。

2）临街地、里地与袋地。在街道与里地线之间的土地称为临街地，里地线以外的土地称为里地，在里地线内不直接临街的土地是袋地。

3）街角地、正街与旁街。街角地是指两条街道相交的夹角之间的地块。街角地中，一宗土地的正街是指路线价较高的街道，旁街是指其中路线价较低的街道。如果两条街道的路线价相等，则已使用宽度较大的街道为正街，宽度较小的为旁街。

（3）要有科学的城市规划。确定路线价区段、标准深度和土地宽度要求道理排列整齐、土地形状规则，这意味着城市规划要具有科学性、合理性、长期性和远见性。

二、路线价法的操作步骤

（一）划分路线价区段

一个路线价区段是指具有同一个路线价的区段，根据路线价估价法的基本原理，在划分路线价区段时，可及性大致相等的地段，应划为同一路线价区段。一般情况下，一条街道只设一个路线价，原则上，不同的街道，路线价也不同。但繁华街道有时需将一街道长度进行多段划分，附设不同的路线价。而某些不很繁华的地区，同一路线价区段也可延长至数个街道。另外，在同一街道上，若某一侧的繁华状况与对侧有显著差异，同一路线价区段也可划分为两种不同的路线价，这时在观念上应视为两个路线价区段。

（二）设定标准深度

从理论上讲，标准深度是街道对地价影响的转折点：由此接近街道的方向，地价受街道的影响而逐渐升高；由此远离街道的方向，地价可视为基本不变。但在实际估价中，设定的标准深度通常是路线价区段内临街各宗土地的临街深度的众数。

（三）选择标准宗地

标准宗地是路线价区段内具有代表性的宗地。选取标准宗地的具体要求是：一面临街；土地形状为矩形；临街深度为标准深度，临街宽度为标准宽度，且二者的比例适当；用途、容积率、土地使用年限、土地生熟程度等在路线价区段内应具有代表性。

（四）确定路线价

使用路线价法进行估价的关键就是路线价的确定，路线价是设在街道上的若干标准宗地的平均价格。路线价的确定方法是先在同一路线价区段内选择若干标准宗地，用比较法、收益法等估价方法，分别求出它们的单位地价；然后再求取这些标准宗地单位地价的众数或中位数、简单算术平均数、加权算术平均数，即得该路线价区段的路线价。

路线价的设定必须先确定标准宗地面积。标准宗地的面积大小，随各国而异。美国为使面积单位计算更容易，把位于街区中间宽1英尺、深100英尺（1英尺＝30.48 cm）的细长形地块作为标准宗地。

以标准宗地的平均价格作为路线价的评定标准，即可评定同一地价区段内其他宗地的价格。路线价可以绝对值货币额表示，也可以相对数点数表示。采用点数表示有以下优点：

(1)点数容易换算成金额；
(2)点数不受币值变动的影响；
(3)点数容易直接估算估价前后的价值差；
(4)点数易求取地价上涨率。

而采用货币金额表示则较为直观，易于理解，在交易中便于参考，规定的路线价便于土地持有人及有关人士评判监督。

（五）制定价格修正率表

价格修正率表包括深度价格修正率表和其他价格修正率表。

1. 深度价格修正率

(1)深度价格修正率及修正率表。深度价格修正率又称深度百分率、深度指数，是表示同一地块的各个部分由于其临街深度不同，而造成地价不同变化的相对程度。深度价格修正率表也叫深度百分率表或深度指数表。

(2)深度价格递减比率。深度价格递减比率是指临街土地中各部分的价值随远离街道而递减的规律,即距街道越深,可及性越差,价值也就越低。如将临街土地划分为许多与街道平行的细条,由于越接近街道的细条利用价值越大,越远离街道的细条利用价值越小,则接近街道的细条,其价格高于远离街道的细条。这种深度价格递减关系如图7-1所示。

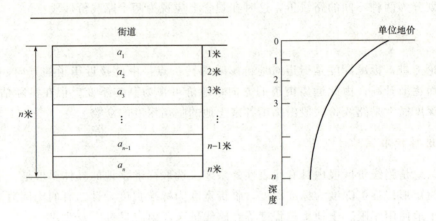

图 7-1 深度价格递减比率图

(3)深度价格修正方法。欧美国家很早就将路线价法应用在课税上,用到的主要路线价法有"四三二一"法则、霍夫曼法则、苏慕斯法则、哈柏法则等,其中最简单且最容易理解的是"四三二一"法则。

1)"四三二一"法则。该法则将临街深度100英尺沿与街道平等方向4等分,从街道方向算起,第一个25英尺等份的价值占整块土地价值的40%,第二个25英尺等份的价值占整块土地价值的30%,第三个25英尺等份的价值占整块土地价值的20%,第四个25英尺等份的价值占整块土地价值的10%。

如果超过100英尺,则以"九八七六"法则来补充,即超过100英尺的第一个25英尺等份的价值为临街深度100英尺的土地价值的9%,第二个25英尺等份的价值为临街深度100英尺的土地价值的8%,第三个25英尺等份的价值为临街深度100英尺的土地价值的7%,第四个25英尺等份的价值为临街深度100英尺的土地价值的6%。

2)霍夫曼法则。该法则认为深度为100英尺的标准宗地,将标准深度4等分的情况下,随着道路距离的增加,每一等份的价值占全部地价的比例分别为37.5%、29.5%、20.7%和12.3%。

后来,尼尔(Neil)对霍夫曼法则进行了修正和补充,从而创设了著名的霍夫曼-尼尔法则,见表7-1。

表 7-1 霍夫曼-尼尔法则深度指数修正值

深度/英尺	5	10	15	20	25	30	40	50	60	70	75	80	90	100	130	150	175	200
指数/%	17	26	33	39	44	49	58	67	74	81	84	88	94	100	112	118	122	125

3)苏慕斯法则。该法则认为深度为100英尺深的土地价值,前半临街50英尺部分占全宗地总地价的72.5%;后半街50英尺部分占27.5%;若再深50英尺,则该宗地所增的价

值仅为 15%。

4）哈柏法则。该法则认为土地的价值与其深度的平方根成正比。当标准深度为 100 英尺，其深度百分率是深度平方根的 10 倍，即深度百分率为 $(10 \times \sqrt{深度})\%$。

哈柏法则是一种算术法则，根据哈柏法则计算深度指数的思路，计算式为

$$深度指数 = \frac{\sqrt{所给深度}}{\sqrt{标准深度}} \times 100\% \qquad (7-3)$$

（4）深度指数价格修正率表编制。如图 7-2 所示，深度百分率表依下列 3 种百分率原理制作而成。

图 7-2　深度百分率制作示例

如果从临街方向起按顺序以 $a_1, a_2, a_3, \cdots, a_n$ 表示各细条的价值占整块土地价值的比率，则单独深度价格修正率的关系为

$$a_1 > a_2 > a_3 > \cdots > a_n$$

累计深度价格修正率关系为

$$a_1 < (a_1 + a_2) < (a_1 + a_2 + a_3) < \cdots < (a_1 + a_2 + a_3 + \cdots + a_n)$$

平均深度价格修正率关系为

$$a_1 > \frac{a_1 + a_2}{2} > \frac{a_1 + a_2 + a_3}{3} > \cdots > \frac{a_1 + a_2 + a_3 + \cdots + a_n}{n}$$

制作深度百分率表的步骤如下：

1）制定标准深度。标准深度——里地线的确定，或以临街宗地的平均进深为准，或以临街宗地进深众数者为准；

2）深度百分率表中级距的选定，应分析比较实例调查中地价变化的规律性，从而确定级距数、级距；

3）确定单独深度百分率；

4）选用累计或平均深度百分率制作深度百分率表。

用"四三二一"法则以标准深度为 100 英尺，分别制作单独深度指数、累计深度指数和平均深度指数如下：

单独深度价格修正率为

　　　　40% > 30% > 20% > 10% > 9% > 8% > 7% > 6%

累计深度价格修正率为

　　　　40% < 70% < 90% < 100% < 109% < 117% < 124% < 130%

平均深度价格修正率为

　　　　40% > 35% > 30% > 25% > 21.8% > 19.5% > 17.7% > 16.25%

制作深度价格修正率的结果见表 7-2。

表 7-2　临街深度价格修正率

临街深度/英尺	25	50	75	100	125	150	175	200
单独深度价格修正率/%	40	30	20	10	9	8	7	6
累计深度价格修正率/%	40	70	90	100	109	117	124	130
平均深度价格修正率/%	160(40)	140(35)	120(30)	100(25)	87.2(21.8)	78.0(19.5)	70.8(17.7)	65.0(16.25)

平均深度指数制作中，为使标准深度即 100 英尺处为 100，对数据作乘以 4 的处理。平均深度价格修正率与累计深度价格修正率的关系，还可用如下公式表示：

平均深度价格修正率＝累计深度价格修正率×标准深度÷所给深度　　　（7-4）

2. 其他指数修正率

（1）宽度修正：对临街宽度不同，其地价是不相等的。由于临街店铺面的宽窄不一，商店对顾客的吸引力会有所差异，进而影响到商店营业额，所以在路线价估价中，必须考虑宽度修正。其计算方法是同一路线价区中进深相等的样本，考虑在不同宽度情况下反映在土地价格上的变动情况，最后确定宽度条件下的修正系数。

（2）宽深比率修正：通常，大型的商业建筑物，进深较大，地价会随着宗地深度的增加，土地价值逐渐降低；另一方面，由于商店大，铺面宽度宽，外观醒目，同样会增加对顾客的吸引力。因此，对大型商店单独采用宽度和深度修正，不符合实际，而且也难于操作。因此，在估价中采用商店的宽度与深度的比率，即宽深比率系数来反映这种地价的修正情况。

（3）容积率修正：按照地价定义，路线价只是代表一定容积率水平下的地价，随着容积率的增加，地价一般会上升。因此，在同一区段内，抽查不同容积率水平下的平均地价，可得到容积率修正系数。

（4）出让、转让年期修正：土地出让是国家将一定年期内的土地使用权让与土地使用者，土地转让是土地使用者将土地使用权再转移的行为。可根据下述地价计算公式计算出宗地的出让、转让年限修正系数：

$$P = \frac{a}{r}\left[1 - \frac{1}{(1+r)^n}\right] \quad (7\text{-}5)$$

式中　P——地价；
　　　a——土地年净收益；
　　　r——资本化率；
　　　n——出让、出租或转让、转租年期。

（5）朝向修正：不论是住宅用地还是商业用地，其朝向对销售价格产生一定程度的影响。因此，从房屋售价中扣除成本后剩余的地价，也因朝向不同而有所差异，需进行地块环境条件影响修正。

（6）地价分配率修正：地价分配率是将土地单价（或平面地价）调整，分摊到各楼后的比率。一般来看，随着楼层数的增高，地价分配呈递减趋势，当趋于某一临界值后，地价分配又会呈现增加的势头。为了评估需要，必须制定一个统一的地价分配率以反映依据楼层高低，楼面地价在地块总价格中所占的比例。

(六)计算临街各宗地的价格

根据确定的路线价,深度指数表和其他修正系数表,即可由路线价估价公式计算各待估宗地的地价水平。一般以临街土地的单价作为路线价,这时一面临街的矩形土地价格的计算公式为

$$V_{单价} = 路线价 \times 平均深度价格修正率 \tag{7-6}$$

$$V_{总价} = 路线价 \times 平均深度价格修正率 \times 临街宽度 \times 临街深度 \tag{7-7}$$

如果宗地条件特殊,如宗地为街角地、两面临街地、三角形地、梯形地、不规则土地等,则除了按照上述公式计算价值外,还要做加价或减价调整。计算公式为

$$V_{单价} = 路线价 \times 平均深度价格修正率 \times 其他价格修正率 \tag{7-8}$$

$$V_{总价} = 路线价 \times 平均深度价格修正率 \times 其他价格修正率 \times 土地面积 \tag{7-9}$$

或者

$$V_{单价} = 路线价 \times 平均深度价格修正率 \pm 单价修正额 \tag{7-10}$$

$$V_{总价} = 路线价 \times 平均深度价格修正率 \times 土地面积 \pm 总价修正额 \tag{7-11}$$

三、路线价法的运用

(一)一面临街地的估价

1. 矩形地

一面临街矩形土地的估价最为简单,直接利用下列公式:

$$V_{单价} = u \times d_v$$
$$V_{总价} = u \times d_v \times (f \times d) \tag{7-12}$$

式中 V——土地价格;
$\quad u$——路线价(用土地单价表示);
$\quad d_v$——平均深度价格修正率;
$\quad f$——临街宽度;
$\quad d$——临街深度。

【例 7-1】 如图 7-3 所示,一宗单面临街深度 22.86 m(即 75 英尺)、临街宽度 22 m 的矩形土地,其所在区段的路线价(土地单价)为 2 500 元/m²。根据表 7-2 中的深度价格修正率,计算该宗土地的单价和总价。

解 $V_{单价} = u \times d_v = 2\,500 \times 120\% = 3\,000(元/m^2)$

$\quad V_{总价} = u \times d_v \times (f \times d) = 3\,000 \times 22.86 \times 22$
$\quad\quad\quad = 1\,508\,760(元)$

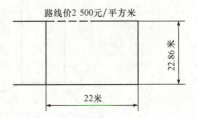

图 7-3 一面临街矩形土地

2. 三角形地

三角形地分为一边临街直角三角形土地和其他三角形土地。计算一边临街直角三角形土地的价格,通常是先将该三角形土地作补充线,使其成为一面临街的矩形土地,依照一面临街矩形土地单价的计算方法计算,然后乘以三角形土地价格修正率(一边临街直角三角

形土地价格占一面临街矩形土地价格的百分率)。如果需要计算总价,则再乘以该三角形土地的面积。计算公式如下:

$$V_{单价}=u\times d_v\times h$$
$$V_{总价}=u\times d_v\times h\times (f\times d)/2 \tag{7-13}$$

式中　h——三角形土地价格修正率。

其他三角形土地价格的计算,通常是先将该三角形土地作补充线,使其成为一边临街的直角三角形土地,然后依照前述方法计算一边临街直角三角形土地的价格,再相减,即可得到该三角形土地的价格。

【例7-2】 如图7-4所示,有△ABC土地,如果临街深度75英尺的一面临街矩形土地的平均深度价格修正率为120%,临街深度75英尺的三角形土地价格修正率为63%,试求△ABC土地的价格。

解 在图7-4上作补充线AD、AE、BE及CF,则有

△ABD土地的总价=2 500×120%×63%×60×75÷2=4 252 500(元)

△ACD土地的总价=2 500×120%×63%×20×75÷2=1 417 500(元)

△ABC土地的总价=△ABD土地的总价-△ACD土地的总价=4 252 500-1 417 500=2 823 500(元)

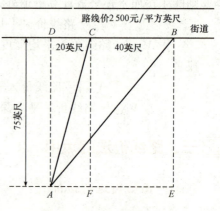

图7-4　三角形地块宗地图

3. 平行四边形地

对于这种形状的宗地(如图7-5中的宗地4)有两种处理办法:一种是将其分割成矩形地和三角形地,分别求取其价格,再加总;另一种方法是将其近似看作矩形地,按其深度查深度指数表,然后代入深度修正公式进行计算。

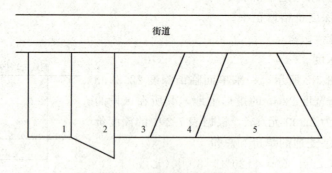

图7-5　各宗地临街示意图

4. 梯形地

梯形地有两种,一种是平行边与街道平行的梯形(如图7-5中的宗地3和宗地5);另一种是平行边与街道垂直的梯形(如图7-5中的宗地2)。对于前者,也有两种处理方法:一种是将其分割成矩形和三角形,分别计算然后加总,最后根据临街边的长短情况进行加价或减价修正。长边为临街边则进行加价修正,短边为临街边则进行减价修正。对于后者,将

其近似于矩形，可以其中位线的深度为临街深度查深度指数表，然后按照矩形地计算。

(二)前后两面临街土地的估价

前后两面临街土地价格受前后两条街道线价的影响。对于这类宗地，可以有以下两种考虑：

(1)将前后两面临街的土地看作分别面临两条街道的宗地的组合。下面举例说明其计算方法。

【例 7-3】 如图 7-6 所示，前街路线价为 4 000 元/m²，后街路线价为 3 500 元/m²，假设标准深度为 20 m，利用"四三二一"法则计算宗地单价。

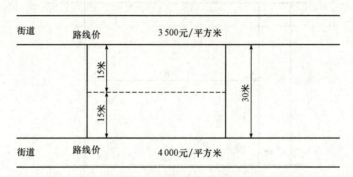

图 7-6 前后两面临街土地

解 15 m 处的平均深度指数 = 累计深度指数 × $\dfrac{标准深度}{所给深度}$

$$= (40\% + 30\% + 20\%) \times \dfrac{20}{15}$$

$$= 120\%$$

宗地单价 $= \dfrac{4\,000 \times 120\% + 3\,500 \times 120\%}{2} = 4\,500 (元/m²)$

(2)采用重叠价值估价法，即先确定高价街(也称前街)与低价街(也称后街)的影响范围的分界线，再以此分界线将土地分为前后两部分，然后按各自所临街道的路线价和临街深度计算价格，再将此两部分的价格加总。其计算公式为

$$V_{总价} = u_0 \times f \times d_0 \times d_{v0} + u_1 \times f \times (d - d_0) \times d_{v1}$$

$$V_{单价} = \dfrac{u_0 \times f \times d_0 \times d_{v0} + u_1 \times f \times (d - d_0) \times d_{v1}}{f \times d} \tag{7-14}$$

式中 V——土地价格；

u_0——前街路线价；

d_{v0}——前街临街深度价格修正率；

d_0——前街影响深度；

u_1——后街路线价；

d_{v1}——后街临街深度价格修正率；

f——临街宽度；

d——临街深度。

分界线的求取方法如下：

$$d_0 = \frac{u_0}{u_0+u_1}d$$

$$d_1 = d - d_0 \tag{7-15}$$

【例 7-4】 如图 7-7 所示，有一宗前后两面临街的宗地，标准深度为 60 m，临街宽度为 70 m，前街路线价为 9 000 元/m²，后街路线价为 3 000 元/m²，深度百分率按"四三二一"法则计算，试用"重叠价值估价法"估算此宗地的总价及单价。

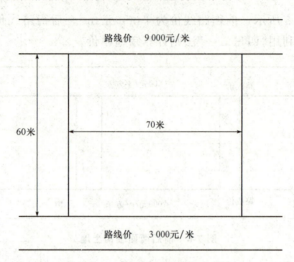

图 7-7　前后两面临街的宗地图

解　前街影响深度 = 9 000 ÷ (9 000 + 3 000) × 60 = 45(m)

后街影响深度 = 60 − 45 = 15(m)

由于标准深度为 60 m，则

前街影响深度百分率：40% + 30% + 20% + 10% + 9% + 8% = 117%

后街影响深度百分率：40% + 30% = 70%

总价 = 9 000 × 117% × 70 × 45 + 3 000 × 70% × 70 × 15 = 35 374 500(元)

单价 = 35 374 500 ÷ (70 × 60) = 8 422.5(元/m²)

(三)街角地的估价

街角地是指位于路口的土地。街角地的土地价格不仅受正街即高价街的影响，还受旁街即低价街的影响。街角地价格计算的思路是采用"正旁两街分别轻重估价法"，即以正街路线价求取价格，再以旁街路线价计算加价影响值，然后加总。其计算式为

$$V_{单价} = u_0 \times d_{v0} + u_1 \times d_{v1} \times t$$

$$V_{总价} = (u_0 \times d_{v0} + u_1 \times d_{v1} \times t) \times (f \times d) \tag{7-16}$$

式中　u_0——正街路线价；

d_{v0}——正街深度价格修正率；

u_1——旁街路线价；

d_{v1}——旁街深度价格修正率；

t——旁街影响加价率。

街角地如果有天桥或地下道出入口等，影响其利用价值的，应在上述方法计算其价格后再根据实际状况减价修正。

【例 7-5】 如图 7-8 所示为一块矩形街角地，其正街路线价为 2 800 元/m²，旁街路线价为 1 600 元/m²，临正街深度为 22.86 m(即 75 英尺)，临旁街深度为 15.24 m(即 50 英尺)。另假设旁街影响加价率为 20%，试利用"四三二一"法则计算该宗土地的单价和总价。

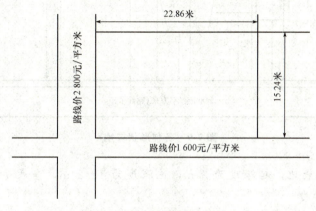

图 7-8　一矩形街角地图

解　根据表 7-2 中的修正率 $d_{v0}=120\%$，$d_{v1}=140\%$，则
$V_{单价}=u_0 \times d_{v0}+u_1 \times d_{v1} \times t=2\ 800 \times 120\%+1\ 600 \times 140\% \times 20\%=3\ 808(元/m^2)$
$V_{总价}=V_{单价} \times f \times d=3\ 808 \times 22.86 \times 15.24=1\ 326\ 655(元)$

(四)袋地的估价

袋地是指并不沿街，但受路线价影响的土地。袋地的价格依其深度的起讫，按所制作的深度指数表计算，见表 7-3，其计算方法与临街土地相同，只是深度根据袋地的起讫深度来确定。

表 7-3　袋地深度指数表

深度起/m＼深度指数/%＼深度讫/m	$h<4$	$4 \leqslant h<8$	$8 \leqslant h<12$	$12 \leqslant h<16$	$16 \leqslant h<18$
$h<4$	78	77	75	73	70
$4 \leqslant h<8$		75	74	71	68
$8 \leqslant h<12$			72	69	66
$12 \leqslant h<16$				66	63
$16 \leqslant h<18$					60

【例 7-6】 如图 7-9 所示，有 1、2、3、4、5 共 5 宗土地，路线价为 5 000 元/m²，标准深度为 18 m，各宗地的有关数据标注在各地块上，试依据表 7-3 提供的深度指数资料，求各宗地的单价。

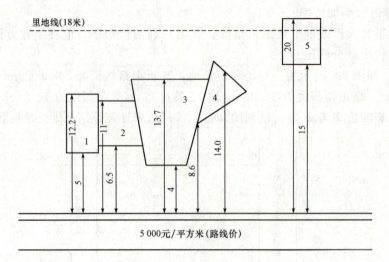

图 7-9 各种形状袋地

解 (1)宗地为袋地,起深度为 5 m,讫深度为 12.2 m,查表 7-3 得其深度指数为 71%,则该宗地单价为

$$5\,000 \times 71\% = 3\,550(元)$$

(2)宗地为底边平行于临街线的梯形袋地,起讫深度为 6.5 m 和 11 m,查表 7-3 得深度指数为 74%,由于该宗地利用价值较高,需要一成加价修正,则该宗地单价为

$$5\,000 \times 74\% \times (1+0.1) = 4\,070(元)$$

(3)同 2 宗地计算方法一样,查表 7-3 得深度指数 71%,但还需要减价一成修正,则该宗地单价为

$$5\,000 \times 71\% \times (1-0.1) = 3\,195(元)$$

(4)宗地为逆三角形袋地,深度在三角形顶点与底边中点距离的 1/2 处。即 8.6～14.0 m,查表 7-3 得其深度指数为 69%,则该宗地单价为

$$5\,000 \times 69\% = 3\,450(元)$$

(5)宗地位于临街地与里地上的袋地,属袋地部分面积占 2/3,起讫深度为 15 m 和 18 m,查表 7-3 得深度指数为 63%;其属里地部分面积占 1/3,该部分的单价按路线价的 4 成计算,则该宗地单价为

$$5\,000 \times 63\% \times \frac{2}{3} + 5\,000 \times 40\% \times \frac{1}{3} = 2\,767(元)$$

(五)不规则形地的估价

不规则形地形状各式各样,用路线价法求取不规则形地的价格,通常是先将其划分为矩形土地、三角形土地,然后分别计算这些矩形土地、三角形土地的价格,再相加减。所以,一般只要掌握了一面临街矩形土地、前后两面临街矩形土地、街角地及三角形土地这几种基本形状土地的价格计算,不规则形地的价格计算问题便可迎刃而解。

阅读材料

我国一侧临街的土地价格深度系数表

我国一侧临街的土地价格深度系数见表 7-4。

表 7-4 我国一侧临街的土地价格深度系数表

地区区分 深度距离/m	大厦街区	高度繁华商业地区	繁华街区	普通商业兼住宅地区	普通住宅地区	中小工厂地区	大工厂地区
4 未满	0.90	0.90	0.90	0.90	0.90	0.85	
4 以上 6 未满	0.92	0.92	0.92	0.92	0.92	0.90	
6 以上 8 未满	0.93	0.94	0.95	0.95	0.95	0.93	
8 以上 10 未满	0.94	0.96	0.97	0.97	0.97	0.95	—
10 以上 12 未满	0.95	0.98	0.99	0.99		0.96	
12 以上 14 未满	0.96	0.99				0.97	
14 以上 16 未满	0.97				1.00	0.98	
16 以上 20 未满	0.98		1.00	1.00		0.99	
20 以上 24 未满	0.99	1.00					
24 以上 28 未满					0.99		
28 以上 32 未满			0.99	0.99	0.98		
32 以上 36 未满			0.98	0.98	0.96		
36 以上 40 未满		0.99	0.97	0.97	0.94		
40 以上 44 未满		0.98	0.96	0.96	0.92		
44 以上 48 未满		0.97	0.95	0.95	0.91	1.00	
48 以上 52 未满		0.96			0.90		
52 以上 56 未满		0.95	0.94	0.94	0.88		
56 以上 60 未满		0.94	0.93	0.93	0.87		1.00
60 以上 64 未满			0.92	0.92	0.86		
64 以上 68 未满	1.00	0.93			0.85		
68 以上 72 未满				0.91	0.84		
72 以上 76 未满			0.91		0.83		
76 以上 80 未满		0.92				0.96	
80 以上 84 未满					0.82		
84 以上 88 未满				0.90		0.93	
88 以上 92 未满					0.81		
92 以上 96 未满		0.91	0.90				
96 以上 100 未满						0.90	
100 以上		0.90			0.80		

模块七 其他估价方法及其应用

单元二 长期趋势法

一、长期趋势法的基本原理

1. 长期趋势法的定义

长期趋势法又称外推法、趋势法、时间序列法、历史延伸法等,是运用预测科学的有关理论和方法,特别是时间序列分析和回归分析,对一系列已知的房地产价格数据进行数据处理和分析,来判断、推测房地产未来价格的方法。简而言之,由已知推测未知,由过去和现在推测未来。

2. 长期趋势法的理论依据

从长期发展趋势来看,房地产价格会显现出一定的变动规律和发展趋势,但通常有上下波动,在短期内难以看出其变动规律和发展趋势。人们可以根据时间序列变动的规律进行外延或类推,来预测这些现象在下一时期可能达到的水平。

当需要评估(通常是预测)某宗(或某类)房地产的价格时,可以收集该宗(或该类)房地产过去较长时期的价格资料,并按照时间的先后顺序将其编排成时间序列,并找出该宗(或该类)房地产的价格随时间变化而变动的过程、方向、程度和趋势,然后进行外延或类推,评估出该宗(或该类)房地产的价格。

事物的现状是历史发展的结果,而未来又是现状的延伸,因此,根据房地产价格的历史数据,通过统计分析,可以判断该类房地产的目前价格或未来一定时日的价格,这就是长期趋势法的理论依据。

3. 长期趋势法的适用范围和条件

长期趋势法是根据房地产价格在长期形成的规律做出判断,借助历史统计资料和现实调查资料来推测未来,通过对这些资料的统计、分析得出一定的变动规律,并假定其过去形成的趋势在未来继续存在。

长期趋势法的适用范围是价格无明显季节波动的房地产,条件是拥有估价对象或类似房地产的较长时期的历史价格资料,而且所拥有的历史价格资料要真实。拥有越长时期、越真实的历史价格资料,做出的预测、判断就越准确、可信,因为长期趋势可以消除房地产价格的短期上下波动和意外变动等不规则变动影响。

4. 长期趋势法的特点及优缺点

趋势法的特点体现在以下几个方面。

(1)估价结果带有预测性,仅作为其他估价方法的补充。趋势法一般在房地产估价中不宜单独运用,仅作为其他估价方法的补充和验证。

(2)根据时间序列排列的房地产价格存在多种形式的变动规律。以长期为出发点,按时间序列排列的房地产价格变化形式和规律是多样化的,有的具有规律性,如长期趋势变动、季节性变动和循环变动,有的则没有规律性。而且,即使是呈规律性变化的房地产价格,由于房地产的个别性及交易过程的单独性,往往呈现出明显的非规律性。

（3）长期趋势法撇开了价格变动的因果关系。房地产价格受众多因素的制约和作用，但是，长期趋势法对于这些因素与房地产价格之间的关系并不考虑，它只是根据房地产价格的历史数据预测、判断现在乃至未来的房地产价格。

长期趋势法的优点是：适用范围较广；估价结果完全由历史数据和长期趋势得出，比较客观；估价成本较低；所需资料较易获取。但缺点也很明显，该方法只考虑房地产价格的过去与未来的关系，撇开了价格变化的因果关系，估价结果带有预测性；在房地产市场不完善或缺乏较长期房地产价格历史资料的地区无法使用这种方法；该估价结果的准确程度取决于价格数据选取的时间。

阅读材料

长期趋势法的作用

长期趋势法主要有以下 5 个方面的作用。
（1）可以用来估测、判断房地产价格；
（2）用于收益法中预测未来的租金、经营收入、运营费用、空置率、净收益等；
（3）用于比较法中对可比实例的成交价格进行交易日期调整；
（4）用来比较、分析两宗（或两类）以上房地产价格的发展趋势或潜力；
（5）用来填补某些房地产价格历史资料的缺乏等。

以比较、分析两宗或两类以上房地产价格的发展趋势或潜力为例，利用长期趋势法制作的房地产长期趋势图，如图 7-10 所示，可用来比较、分析两宗或两类房地产价格迭涨的强弱程度或发展潜力，为房地产投资决策等提供参考依据。

如果长期趋势线越陡，则表明房地产价格的上涨（或下降）趋势越强。在图 7-10 中，从 2008—2015 年这段时间来看，房地产 B 的价格高于房地产 A 的价格；到了 2015 年两者的价格水平达到一致；而 2015 年以后，房地产 A 的价格超过了房地产 B 的价格。由此可知，房地产价格上涨（或下降）趋势的强弱与房地产目前的价格高低无关。目前价格高的房地产，其价格上涨趋势可能较缓慢，而价格低的房地产，其价格上涨趋势可能较强劲。例如，城乡接合部的房地产因交通、环境、市政基础设施、公共服务设施等的完善，其价格通常比已发展成熟的市中心区的房地产价格上涨得快。但也不排除价格高的房地产可能因外来投资增加等需求的拉动，具有更强劲的上涨趋势。

图 7-10　两宗或两类房地产价格发展趋势比较

二、长期趋势法的操作步骤

运用长期趋势法估价一般分为 4 个步骤进行：

（1）收集估价对象或类似房地产的历史价格资料，并进行检查、鉴别，以保证其真实、可靠；

（2）整理上述收集到的历史价格资料，将其转化为同一标准（如为单价或楼面地价，方法与比较法中建立价格可比基础的方法相同），并按照时间的先后顺序将它们编排成时间序列，画出时间序列图；

（3）分析时间序列，根据其特征选择适当具体的长期趋势法，找出估价对象的价格随时间变化而出现的变动规律，得出一定的模式（或数学模型）；

（4）以此模式推测、判断估价对象在价值时点的价格。

三、长期趋势法的基本方法

（一）数学曲线拟合法

数学曲线拟合法是根据房地产价格的时间序列资料，视价格为时间的函数，运用最小平方法求得变动趋势线，并使其延伸来评估房地产价格的估价方法，主要有直线趋势法、指数曲线趋势法、二次抛物线趋势法。这里仅对其中最简单、最常用的直线趋势法做介绍。

运用直线趋势法评估房地产价格的基本公式为

$$y = a + bx \tag{7-17}$$

式中　y——各期的房地产价格，为因变量，y 依 x 而变；

　　　x——时间，为自变量；

　　　a，b——未知参数，确定了它们的值，直线的位置也就确定了，通常通过最小平方法来确定。

运用直线趋势法评估房地产价格的关键是 a、b 值的确定。根据最小平方法求得 a、b 值分别为

$$a = \frac{\sum y - b \sum x}{n}, \quad b = \frac{n \sum xy - \sum x \sum y}{n \sum x^2 - (\sum x)^2} \tag{7-18}$$

当 $\sum x = 0$ 时

$$a = \frac{\sum y}{n}, \quad b = \frac{\sum xy}{\sum x^2}$$

式中　n——时间序列的项数。

为方便计算，可以使 $\sum x = 0$，即当时间序列的项数是奇数时，设中间项的 $x = 0$，中间项之前的依次设为 -1、-2、-3、…，中间项之后的项依次设为 1、2、3、…；当时间序列的项数为偶数时，以中间两项相对称，前面的项依次设为 -1、-3、-5、…，后面的项依次为 1、3、5、…。

【例 7-7】　某城市某类商品房 2011—2019 年的价格变动情况见表 7-5。试运用最小平方

法拟合一直线趋势方程,并预测该地区住宅商品房 2020 年与 2021 年的价格。

表 7-5　某城市某类商品房 2011—2019 年的价格　　　　　　　　　　元/m²

年份	价格 y	时间 x	x^2	xy	趋势值 $(a+bx)$
2011	7 410	−4	16	−29 640	7 294.22
2012	7 540	−3	9	−22 620	7 486.22
2013	7 670	−2	4	−15 340	7 678.22
2014	7 820	−1	1	−7 820	7 870.22
2015	7 910	0	0	0	8 062.22
2016	8 110	1	1	8 110	8 254.22
2017	8 420	2	4	16 840	8 446.22
2018	8 730	3	9	26 190	8 638.22
2019	8 950	4	16	35 800	8 830.22
$n=9$	$\sum y = 72\,560$	$\sum x = 0$	$\sum x^2 = 60$	$\sum xy = 11\,520$	

解　$a = \dfrac{\sum y}{n} = \dfrac{72\,560}{9} = 8\,062.22$

$$b = \dfrac{\sum xy}{\sum x^2} = \dfrac{11\,520}{60} = 192$$

因此,描述该类商品房价格变动长期趋势的方程为

$$y = a + bx = 8\,062.22 + 192x$$

预测该城市该类房地产 2020 年的价格为

$$y_{2020} = 8\,062.22 + 192 \times 5 = 9\,022.22 (元/m^2)$$

预测该城市该类房地产 2021 年的价格为

$$y_{2021} = 8\,062.22 + 192 \times 6 = 9\,214.22 (元/m^2)$$

(二)平均增减量法

如果房地产价格时间序列的逐期增减量大致相同,可以采用平均增减量法预测。其计算公式如下:

$$V_i = P_0 + d \times i$$

$$d = \dfrac{(P_1 - P_0) + (P_2 - P_1) + \cdots + (P_i - P_{i-1}) + \cdots + (P_n - P_{n-1})}{n} = \dfrac{P_n - P_0}{n}$$

(7-19)

式中　V_i——第 i 期(可为年、半年、季、月等)房地产价格的趋势值;

i——时期序数,$i = 1, 2, \cdots, n$;

P_0——基期房地产价格的实际值;

d——逐期增减量的平均数;

P_i——第 i 期房地产价格的实际值。

【例 7-8】　需要预测某宗房地产 2020 年、2021 年的价格,该类房地产 2015~2019 年的

模块七 其他估价方法及其应用

价格及其逐年上涨额见表 7-6。

表 7-6 某类房地产 2015—2019 年的价格(单位:元/m²)

年份	房地产价格的实际值	逐年上涨额	房地产价格的趋势值
2015	7 650		
2016	8 030	380	8 035
2017	8 400	370	8 420
2018	8 790	390	8 805
2019	9 190	400	9 190

解 从表 7-6 中可知该类房地产 2015—2019 年价格的逐年上涨额大致相同。据此就可以计算 4 年的逐年上涨额的平均数,并用该逐年上涨额的平均数推算出各年的趋势值。

本例房地产价格逐年上涨额的平均数为

$$d = \frac{(P_1 - P_0) + (P_2 - P_1) + \cdots + (P_i - P_{i-1}) + \cdots + (P_n - P_{n-1})}{n}$$

$$= \frac{380 + 370 + 390 + 400}{4} = 385(元/m^2)$$

据此预测该宗房地产 2020 年的价格为

$$V_5 = 7\ 650 + 385 \times 5 = 9\ 575(元/m^2)$$

预测该宗房地产 2021 年的价格为

$$V_6 = 7\ 650 + 385 \times 6 = 9\ 960(元/m^2)$$

运用逐年上涨额的平均数计算趋势值,基本都接近于实际值。但需要注意的是,如果逐期上涨额时起时伏,很不均匀,也就是说时间序列的变动幅度较大,那么计算出的趋势值与实际值的偏离也随之增大,这意味着运用这种方法评估出的房地产价格的正确性随之降低。

运用平均增减量法进行估价的条件是,房地产价格的变动过程是持续上升或下降的,且各期上升或下降的数额大致接近,否则就不适宜采用这种方法。

由于越接近价值时点的增减量对估价影响越大,所以,对过去各期的增减量如能用不同的权数予以加权后再计算其平均增减量,则能使评估价值更符合或接近实际。至于在估价时究竟应采用哪种权数予以加权,通常情况下需要根据房地产价格的变动过程和趋势,以及估价人员的经验来判断确定。对于例 7-8 中 4 年的逐年上涨额,可选用表 7-7 中各种不同的权数予以加权。表 7-7 中的权数是根据一般惯例进行假设的。

表 7-7 不同权数加权表

年份	逐年上涨额	第一种权数	第二种权数	第三种权数
2018	380	0.1	0.2	0.1
2019	370	0.2	0.2	0.1
2020	390	0.3	0.2	0.2
2021	400	0.4	0.4	0.6

【例 7-9】 如果采用表 7-7 中的第二种权数进行加权,则 4 年的逐年上涨额的加权平均数为
$$\bar{d}=380\times0.2+370\times0.2+390\times0.2+400\times0.4=388(元/m^2)$$
用这个逐年上涨额的加权平均数预测房地产 2022 年的价格为
$$V_5=7\,650+388\times5=9\,590(元/m^2)$$

(三)平均发展速度法

平均发展速度法又称几何平均法。它是根据房地产价格的平均发展速度,计算各期的趋势值,并以此作为待估房地产的价格。运用平均发展速度法进行估价的条件是房地产价格有明显的长期增减趋势,即变动过程是持续上升或下降的,且各项上升或下降的幅度大致接近。计算公式如下:

$$V_i=P_0\times t^i$$

$$t=\left(\frac{P_1}{P_0}\times\frac{P_2}{P_1}\times\frac{P_3}{P_2}\times\cdots\times\frac{P_i}{P_{i-1}}\times\cdots\times\frac{P_n}{P_{n-1}}\right)^{\frac{1}{n}}$$

$$=\left(\frac{P_n}{P_0}\right)^{\frac{1}{n}}$$

$$=\sqrt[n]{\frac{P_n}{P_0}} \tag{7-20}$$

式中 t——平均发展速度;

V_i——第 i 期(可为年、半年、季、月等)房地产价格的趋势值;

i——时期序数,$i=1,2,\cdots,n$;

P_0——基期房地产价格的实际值;

P_i——第 i 期房地产价格的实际值。

【例 7-10】 需要预测某宗房地产 2021 年的价格,该类房地产 2015—2019 年的价格及其逐年上涨速度见表 7-8 中第二列和第三列。试估算该房地产 2020 年和 2021 年的价格。

表 7-8 某类房地产 2015—2019 年的价格(单位:元/m²)

年份	房地产价格的实际值	逐年上涨速度/%	房地产价格的趋势值
2015	7 100	—	—
2016	7 952	112	7 952
2017	8 946	112.5	8 946
2018	9 975	111.5	9 975
2019	11 172	112	11 172

解 从表 7-8 中可知该类房地产 2015—2019 年价格的逐年上涨速度大致相同,从而可以计算 4 年的平均上涨速度,并用平均上涨速度推算出各年的趋势值。

本例房地产价格的平均发展速度为

$$t=\sqrt[4]{\frac{11\,172}{7\,100}}=1.12$$

即平均每年上涨 12%。据此预测该宗房地产 2021 年的价格为:
$$V_5=7\,100\times1.12^5=12\,513(元/m^2)$$

利用上述资料预测该宗房地产2011年的价格为

$$V_6 = 7\ 100 \times 1.12^6 = 14\ 014(元/m^2)$$

(四)移动平均法

移动平均法是对原有价格按时间序列进行修移,即采用逐项递移的方法,分别计算一系列移动的每个跨越期的时序价格平均数,形成一个新的派生平均价格的时间序列,用以消除价格短期波动的影响,显示出价格变动的基本发展趋势。

移动平均法的基本思路是将各期的房地产价格按照时间序列排列顺序,随着时间的推移,每个跨越期包含的房地产价格也应向前移动,并逐一求取每个跨越期的价格移动平均数,并将接近估价日期的最后一个移动平均数作为确定估价值的依据。也就是说,移动平均法是根据房地产价格的时间序列的移动平均数进行估价。

估价结果的准确性既取决于移动跨越期的长短,又取决于房地产价格资料的翔实程度和估价要求。在实际运用中,移动平均法有简单移动平均法和加权移动平均法之分。

1. 简单移动平均法

简单移动平均法也叫作算术移动平均法,它类似于算术平均法,是在对房地产进行估价时,采用移动期的平均数,每次取一定数量的时间序列数据平均,逐次推进,而每次推进一个周期时,舍去上段前一个周期的数据,增加新一个周期的数据,再行平均,依次不断推进,以这种平均值作为下一周期的预测值。简单移动平均法有一次移动平均和二次移动平均等形式。在这里只介绍一次移动平均法。

一次移动平均法类似于算术平均法,只不过它是移动期的平均数。移动平均数的计算公式为

$$MAP_t^{(1)} = \frac{P_i + P_{i-1} + P_{i-2} + \cdots + P_{i-n+1}}{n} \tag{7-21}$$

式中 i——时间序列中的序数,$i=1, 2, \cdots, n$;

n——每一移动平均数的跨越期,一般为奇数;

t——跨越期包含的项数中中间的序数 i;

P_i——在时间序列中第 i 期的价格;

$MAP_t^{(1)}$——跨越期内中间序数为 t 的一次移动平均数。

在 $n=1$ 时,$MAP_t^{(1)} = P_i$;

在 $n=i$ 时,$MAP_t^{(1)} = \dfrac{\sum\limits_{i=1}^{n} P_i}{n}$,即 各期价格的平均数。

在 $n=5$ 时,即以5期为移动期,则

$$MAP_3^{(1)} = \frac{P_5 + P_4 + P_3 + P_2 + P_1}{5} = \frac{\sum\limits_{i=1}^{5} P_i}{5}$$

$$MAP_4^{(1)} = \frac{P_6 + P_5 + P_4 + P_3 + P_2}{5} = \frac{\sum\limits_{i=2}^{6} P_i}{5}$$

所以

$$MAP_4^{(1)} = MAP_3^{(1)} + \frac{P_6 - P_1}{5}$$

同理

$$MAP_5^{(1)} = MAP_4^{(1)} + \frac{P_7 - P_2}{5}$$

因此

$$MAP_t^{(1)} = MAP_{t-1}^{(1)} + \frac{P_{t+\frac{n-1}{2}} - P_{t-1-\frac{n-1}{2}}}{5} \qquad (7-22)$$

简单移动平均法操作要点如下：

(1)简单移动平均法的操作程序为：计算移动平均值→计算各期的趋势变动值→将有关数值代入估价公式求取房地产价格。

(2)在具体计算房地产价格时，如果每月的趋势变动不大，呈现比较平衡的趋势，就可考虑采用最后一年的趋势变动值；如果各期之间的趋势变动值差别较大，就必须将趋势平均值再进行一次移动平均，计算出趋势变动值，然后将有关数值代入估价公式求取房地产价格。

(3)房地产价格经过移动平均后，消除了季节性变动和偶然变动的影响，采用的移动期越长，其平稳趋势越明显，估价结果偏高程度也较明显，必须根据实际情况，适当加以修正。

【**例 7-11**】 某类房地产 2020 年 1—12 月每平方米价格见表 7-9。使用简单移动平均法估算该类房地产 2021 年 1 月的价格。

解 在计算移动平均数时，每次应采用每几个月来计算，需要根据时间序列的序数和变动周期来决定。如果序数多，变动周期长，则可以采用每 6 个月甚至每 12 个月来计算；反之，可以采用每 2 个月或每 5 个月来计算。

以跨越期为 5 计算移动平均数，即为每 5 个月的移动平均数。计算方法是：把 1—5 月的价格加起来除以 5 得 7 204 元/m²，把 2—6 月的价格加起来除以 5 得 7 244 元/m²，把 3—7 月的价格加起来除以 5 得 7 284 元/m²，依次类推，见表 7-9 中第 3 列。再根据每 5 个月的移动平均数计算其逐月的上涨额，见表 7-9 中第 4 项。

表 7-9 某类房地产 2020 年各月的价格（单位：元/m²）

月份	房地产价格的实际值	每 5 个月的移动平均数	移动平均数的逐月上涨额	移动平均趋势变动值
1	7 120			
2	7 150			
3	7 210	7 204		
4	7 230	7 244	40	
5	7 310	7 284	40	
6	7 320	7 322	38	38
7	7 350	7 362	40	36.8
8	7 400	7 394	32	35.2

续表

月份	房地产价格的实际值	每5个月的移动平均数	移动平均数的逐月上涨额	移动平均趋势变动值
9	7 430	7 428	34	
10	7 470	7 460	32	
11	7 490			
12	7 510			

分两种情况计算：

第一种情况在每月的趋势变动值不大，即比较平稳时，可以采用最后一年的移动平均数的逐月上涨额来进行计算。由于最后一个移动平均数 7 460 与 2009 年 1 月相差 3 个月，所以预测该类房地产 2021 年 1 月的价格为

$$7\ 460 + 32 \times 3 = 7\ 556 (元/m^2)$$

第二种情况逐月的趋势的变动值较大时，必须先计算趋势变动值的平均值，即将趋势平均值再进行一次移动平均，以此确定估价值。此时，该类房地产 2021 年 1 月的价格为：

$$7\ 460 + 35.2 \times 3 = 7\ 565.6 (元/m^2)$$

2. 加权移动平均法

加权移动平均法是将价值时点前每若干时期的房地产价格的实际值经过加权之后，再采用类似简单移动平均法的方法进行趋势估计。这是由于越接近价值时点的增减量对估价越为重要，加权后能使估价更符合实际。

对于与估价日期间隔不同期限的房地产估价赋予不同的权数，同样是基于近期价格对估价额影响较大，远期价格对估价额影响较小的理由。加权移动平均法计算移动平均数的公式为

$$WAP_t = \frac{W_i P_i + W_{i-1} P_{i-1} + \cdots + W_{i-n+1} P_{i-n+1}}{\sum W_i} \tag{7-23}$$

式中　WAP_t——跨越期内中间序数为 t 的加权移动平均数；

　　　W_i——各期的相应权数。

其他字母的含义同简单移动平均法。

以 3 个月为跨越期，由远而近各期的权数为 1、2、3，则

$$WAP_2 = \frac{3P_3 + 2P_2 + 1P_1}{3 + 2 + 1} \tag{7-24}$$

（五）指数修匀法

指数修匀法又叫指数平滑法，是以本期房地产价格的实际值和本期的预测值为根据，经过修匀平滑之后作为下期，即估价日期房地产的估价值的一种方法，计算公式为：

$$V_{i+1} = V_i + \alpha(P_i - V_i) = \alpha P_i + (1-\alpha)V_i \tag{7-25}$$

式中　V_{i+1}——第 $i+1$ 期（下一期）的预测值；

　　　V_i——第 i 期（本期）的预测值；

　　　P_i——第 i 期（本期）的实际值；

　　　α——修匀系数，$0 \leq \alpha \leq 1$。

需要特殊说明的是，V_1 为第一期的预测值，但因无第一期以前的数据，故一般以第一期的实际值为预测值。还有另外一种情况，用第二期的实际值作为第一期的预测值。

确定修匀系数是指数修匀法的关键，修匀系数 α 的确定原则，需要根据指数修匀法即估价额的不同要求进行相应的取值。其方法为：

(1) 一般房地产价格时间序列较平稳，数据波动较小时，α 取值可小一些（一般为 0.1～0.4），这样可以增大远期数据的权数和作用，充分利用历史数据的信息；

(2) 若时间序列数据起伏波动比较大，则 α 应取较大的值（一般为 0.6～0.9），这样可以加大近期数据的权数和作用；

(3) 若房地产价格时间序列变动为接近稳定的常数，则 α 取中间值（一般为 0.4～0.6）。

在实际工作中，估价人员可通过试算来确定 α 的值，即对同一个不动产价格用不同的 α 值进行试算，取指数平滑值与实际价格的绝对误差最小的 α 值，作为所需的平滑系数。

【例 7-12】 2021 年 10 月份某商品房的每平方米价格的估价额为 7 350 元，实际价为 7 430 元，当 $\alpha=0.6$ 时，试估算 2021 年 11 月份该商品房的修匀价格。

解
$$V_{i+1} = \alpha P_i + (1-\alpha) V_i$$
$$= 0.6 \times 7\,430 + (1-0.6) \times 7\,350$$
$$= 7\,398 (元/m^2)$$

四、长期趋势法的运用

利用长期趋势法对房地产需求量预测。

【例 7-13】 某房地产咨询顾问公司拟用内蒙古赤峰市新建住宅的交易量为代表来选择较为合适的预测方法，见表 7-10。上述方法的具体预测结果（计算过程略）及误差分析可见表 7-11～表 7-15。

表 7-10 赤峰市新增商品住宅交易量（单位：万 m^2）

年份	2016	2017	2018	2019	2021	2021
新建住宅交易面积	1 057.53	1 124.41	1 203.12	1 299.37	1 390.33	1 501.56

方法一：直线趋势法预测结果。

表 7-11 直线预测法对商品住宅的预测

年份	实际值/万 m^2	预测值/万 m^2	绝对误差/万 m^2	相对误差/%
2016	1 057.53	1 028.19	29.34	2.77
2017	1 124.41	1 117.17	7.24	0.64
2018	1 203.12	1 206.14	3.02	0.25
2019	1 299.37	1 295.12	4.25	0.33
2020	1 390.33	1 384.09	6.14	0.44
2021	1 501.56	1 473.07	28.49	1.90

方法二：平均增减量法预测结果。

平均增减量法要求时间序列变量的逐年增减量基本保持一致，但从表7-12中可以看出，赤峰市新建商品住宅的交易增长各年相差很大。因此，平均增减量法不适用于商品房需求量的预测。

表7-12 平均增减量法对商品住宅交易量的预测

年份	实际值/万 m²	比上年增加值/万 m²	年份	实际值/万 m²	比上年增加值/万 m²
2016	1 057.53		2019	1 299.37	96.25
2017	1 124.41	66.88	2020	1 390.33	90.96
2018	1 203.12	78.71	2021	1 501.56	111.23

方法三：平均发展速度法预测结果。

表7-13 平均发展速度法对商品住宅交易量的预测

年份	实际值/万 m²	逐年上涨速度/%	预测值/万 m²	绝对误差/万 m²	相对误差/%
2016	1 057.53				
2017	1 124.41	1.06	1 134.31	9.9	0.88
2018	1 203.12	1.07	1 216.66	13.54	1.13
2019	1 299.37	1.08	1 304.99	5.62	0.43
2020	1 390.33	1.07	1 399.73	9.4	0.68
2021	1 501.56	1.08	1 501.35	0.21	0.01

方法四：移动平均法预测结果。

表7-14 移动平均法对商品住宅交易量的预测

年份	实际值/万 m²	每2个月的移动平均数/万 v	移动平均数的逐月上涨额/万 m²	预测值/万 m²	绝对误差/万 m²	相对误差/%
2016	1 057.53					
2017	1 124.41	1 090.97				
2018	1 203.12	1 163.77	72.8			
2019	1 299.37	1 251.25	87.48	1 236.57	62.8	4.83
2020	1 390.33	1 344.85	93.6	1 338.73	51.6	3.71
2021	1 501.56	1 445.95	101.1	1 438.45	63.11	4.2

方法五：指数修匀法预测结果。

由于指数修匀法要以本期房地产价格的实际值和本期的预测值为根据，所以我们假设本期的预测值和实际值完全相符，见表7-15。

表 7-15　指数修匀法对商品住宅交易量的预测($\alpha=0.95$)

年份	实际值/万 m²	预测值/万 m²	绝对误差/万 m²	相对误差/%
2016	1 057.53	1 057.53	0.00	0.00
2017	1 124.41	1 057.53	66.88	5.95
2018	1 203.12	1 121.07	82.05	6.82
2019	1 299.37	1 199.02	100.35	7.72
2020	1 390.33	1 294.35	95.98	6.9
2021	1 501.56	1 385.53	116.03	7.73

通过对上述 5 种方法预测结果的比较,可以总结出:直线趋势法在短时期内需求量变动比较平稳的情况下,预测结果较准确。但是这种方法对于需求量异常波动的预测能力很差,并且由于方法本身的局限,随着时间序列数据的增加,预测的偏差也越来越大;平均增减量法对于变量变动规律的要求较高,这种方法在现期不适合预测房地产需求量;由于平均发展速度法自身修正能力比较强,并且其对数据的数量和变化的要求都不是很高,所以这种方法预测的结果在房地产市场波动较小的情况下比较准确。移动平均法对于数据个数的要求较高,并且对于市场发展的平稳性要求较高,因此,在现期数据数量少、波动大的情况下不宜使用;指数修匀法也不适合房地产需求量的预测,因为指数修匀法采用固定的系数 α 进行修匀,说明这种方法将变量的变化假设为一个修正的马尔可夫过程,变量的变化趋势主要与其现在的状态有关,但是房地产需求的变动是有周期性的上下浮动,因而很难用马尔可夫过程进行论述。

单元三　基准地价评估法

一、基准地价评估法的基本原理

（一）基准地价的定义

基准地价是以一个城市为对象,在该城市一定区域范围内,根据用途相似、地块相连、地价相近的原则划分地价区段,调查评估出的各地价区段在某一时点的平均水平价格。

（二）基准地价的特征

1. 权威性

基准地价一般由政府组织有关专家组成专门的评估机构进行评定,并由政府审定、认可和定期公布,因而具有权威性。

2. 区域性

基准地价是区域性的价格,它是以某一个区域为单位进行评估的。城镇内的任何一个区域,至少应有一种用途类型的基准地价。这个区域一般有级别区域、区片和区段 3 种形式。相应的，基准地价通常有3种表现形式：级别基准地价、区片基准地价和区段基准地价。所以，基准地价不是一种宗地价格，它是与一定的区域相联系的，对于该区域的地价具有指示作用。

3. 差异性

同一区域内，不同土地利用类型的土地，有不同的基准地价标准。目前，城镇基准地价主要包括三大类：商业用地基准地价、住宅用地基准地价和工业用地基准地价。

4. 平均性

基准地价反映的是各区域各类用地的平均价格水平。在某一区域中，具体某一宗地的价格可能稍高于或稍低于此平均价格。

5. 期限性

基准地价是土地使用权的价格。土地使用权是有时间限制的产权，所以基准地价是有限使用年限的价格。就城镇而言，不同用途土地使用权的出让最高年限不同，不同用途的基准地价的年限也不同。一般而言，各用途基准地价的年限应以各用途的最高出让年限为准。

6. 时效性

基准地价反映的只是一定时期的地价标准。随着社会、经济和环境发展的影响，地价会产生波动，基准地价也会发生相应变化。基准地价作为一种价格标准，必然有一定的时效性。因此，为了保证基准地价的有效性和现时性，客观反映地价的市场变化，必须每隔一定时期对基准地价进行更新。

7. 控制性

基准地价是国家对土地市场进行宏观调控的一种价格，不是市场交易价格。市场上最终达成的价格是以基准地价为依据，根据市场行情确定的。

（三）基准地价的作用

1. 宏观控制地价

基准地价水平及其变化反映了土地市场中的地价水平及其变动趋势，为政府适时地利用规划和计划手段宏观配置城镇土地，制定相关的土地管理政策，调控地价变化和土地收益分配，调节土地在总量和结构上的供求平衡等提供基本的价格依据。

2. 国家征收土地使用税的依据

根据国外经验，土地税都是从价征税。我国目前由于缺乏系统的价格标准，土地使用税征收的税额偏低，且不能体现土地收益级差，远不能达到利用土地使用税这一经济杠杆调节土地利用和级差收益的目的。所以，科学、合理、公开的基准地价可为科学征收土地使用税等提供依据。

3. 合理调整土地利用

在市场经济中，土地价格直接影响到土地利用的类型和强度。通过基准地价，可使城市中不同地段和区域的土地得到优化利用和配置，用经济手段来调整土地利用结构，实现土地利用规划。

4. 修正基准地价

基准地价反映了区域或级别内宗地的平均价格水平，该区域的各宗地地价围绕基准地价上下波动，因此根据宗地条件对基准地价进行修正即可得到具体宗地的地价。

5. 确定土地使用权底价的依据和参考标准

基准地价是城市内不同部分土地利用的收益差异较公正、客观的反映，是制定协议出让国有土地使用权底价的依据和标准。根据基准地价，政府可以确定土地使用权的出让价格。

二、基准地价评估的原则

1. 土地用途以现状为主，适当考虑规划

基准地价的市场导向性等作用，要求评估出的基准地价以目前实际存在的土地利用现状为主，据此反映现实土地收益的高低和支付地租、地价的能力。对于某些城市规划实施或社会经济发展可能造成地价上涨的局部区域，在没有达到规划的土地条件时，仍应按原用途评估基准。但考虑到成果的应用要求，可在按现状评估的基准地价的基础上，以其规划为参考，评估出规划实现后区域未来的基准地价标准。

2. 土地使用价值评定和土地价格测算相结合

土地的使用价值决定人们对某一类型或某一地块的需要程度，市场供求关系和经济政策等决定地价水平的高低。在正常和完善的市场条件下，相同使用价值的土地，在同一市场供需圈内应具有同样的地价标准。但目前我国土地市场不太成熟，土地使用权转移不太规范，宗地地价多采用收益法评估的收益价格，与土地使用权直接转移所形成的地价具有一定的偏差。因此，基准地价评估要做到土地使用价值评价与土地收益、地租、地价测算相结合。

3. 各类用地分别评估，多种方法综合运用

由于各类用地的利用效益存在较大的差异，各类用地价格的变化规律也不相同，所以城乡各类用地的价格应分别评估，不能以某种用地类型的价格代表其他用地类型的价格。另外，为了消除因资料收集途径的差异而产生的影响，应采用多种方法计算，使之相互比较、互为补充。

4. 合理选择估价技术路线

不同的城镇根据实际情况可以选择不同的评估技术路线。例如，对于房地产市场不太活跃的地区，可选择"土地分等定级为基础，土地收益为依据，土地市场交易价格为参考"的技术路线。在房地出租、房地出售、土地使用权出租出售、土地联营入股等房地产交易市场较为发达的城镇，宜采用以市场交易资料评估基准地价。

5. 评估资料准确与可靠

评估资料的准确与可靠是科学合理评估基准地价的基础。用于评估基准地价的数据样本要充分并符合数理统计的要求，剔除偏差较大、与样本数据总体不一致的个别数据，保证样本数据的可靠性与一致性。

模块七 其他估价方法及其应用

阅读材料

中国城市基准地价评估的发展阶段

1. 第一阶段

第一阶段建立在城市土地定级基础之上，采用数学模型（设想企业利润的基本影响因素有3个：土地级别、资金和劳动力）测算土地级差收益，然后根据地租资本化原理（地价＝地租/利息率）将土地级差收益转化为土地价格。这种基准地价是土地级别的基准地价。

2. 第二阶段

第二阶段仍然建立在城市土地定级基础之上，但在采用数学模型测算土地级差收益将其转化为土地价格的同时，也利用土地经营收益资料、市场交易资料等，直接运用收益法（如租金剥离法）、比较法、假设开发法、成本法等估价方法评估出若干宗地的价格，再以此为参考，确定出各个土地级别的基准地价。

3. 第三阶段

第三阶段不经过土地定级而直接评估出基准地价。先是运用路线价法评估商业路线价区段的基准地价，后来发展为对全部土地进行地价区段划分，通过多种途径（如房地买卖、房地租赁、商业柜台出租、房地入股、以地换房、商品房开发、商店、写字楼、酒店、高档公寓经营等），调查评估出各个地价区段中若干宗土地的价格，再求出这些宗地价格的平均数、中位数或众数，以此确定出各个地价区段的价格。这种基准地价是区段的基准地价。

第三阶段的基准地价评估方法更为科学、实用、直观，但第一阶段和第二阶段的基准地价评估方法在其产生阶段也有其存在的客观背景：当时各地区房地产市场还未发育或刚刚发育，交易实例少，而且分布不均匀，存在着大量交易空白区，如果没有土地级别的控制，就难以测算出交易空白区的基准地价；后来房地产市场虽然有所发育，但还很不健全，市场交易价格畸高或畸低，隐价瞒价情况普遍且严重，信息失真、材料残缺不全，从而难以把握合理的地价水平，直接估价难度也很大；当时人们对国外的房地产估价理论、方法和实际了解不多，大量还是借鉴农地经济评价、地理学和城市规划的有关理论和方法。

三、基准地价评估的步骤与方法

（一）准备工作

进行基准地价评估，首先应将城镇土地按影响土地使用价值优劣的土地条件和区位优势，划分为土地条件均一或土地使用价值相等的区域或级别，并进行不同区域归类，可以是整个区域，也可以是市区或建成区，当城市很大时可以分区进行。

对以土地级别为基础进行基准地价评估的，先分别计算各用途用地（商业、住宅和工业等）在不同级别上的土地收益、地价等，评估出各级内各类用途用地的基准地价。然后以土地利用中最佳用地类型的基准地价作为各级土地的基准地价，并综合估算出城镇的基准地价。在此基础上，对于一些对区位条件敏感的用地，分区段、街道评估路线价作为级别基准地价的补充。

(二)地价区段的划分

所谓地价区段,是将用途相似、地块相连、地价相近的土地加以圈围而形成的一个个区域。一个地价区段可视为一个地价"均质"区域。确定基准地价评估的"均质"区域是当前城镇基准地价评估工作的基础。对已经完成土地定级的城镇,可以依据土地定级资料划分地价区域。通常可将土地划分为商业路线价区段、住宅片区段、工业片区段3类地价区段。划分地价区段的方法通常是就土地的位置、交通、使用现状、城市规划、房地产价格水平及收益情形等做实地调查和观察,将情况相同或相似的相连土地划为同一个地价区段。各地价区段之间的分界线应以道路、沟渠或其他易于辨认的界限为准,但商业路线价区段应以标准深度为分界线。

(三)资料的调查与收集

基准地价评估是一类区域平均地价的评估,涉及的范围广和资料较多,而资料的客观性和准确性将直接影响到基准地价的评定结果。因此,资料的调查与收集工作是基准地价评估的重要环节。

在当前的市场条件下,基准地价的测算资料主要有:能反映出地租、地价的资料,如土地使用权出让、转让、出租、抵押等价格资料和土地征用、拆迁过程中涉及的各项费用资料;市场交易资料,如房屋买卖、出租、土地联营入投资料等;企业经营活动中利用土地的效益资料,如土地上的企业生产经营资料和土地出让、转让、地租等资料。

在调查收集资料之前,首先,应制定资料调查收集的范围、类型、人员和方法、组织等周密细致的计划,统筹安排调查收集工作。同时,根据调查需要,确定调查、收集对象,设计明确、全面的调查表格,使大部分信息资料的收集以填写表格的形式进行。主要调查表格包括城镇各业用地效益调查表、土地使用权出让、转让价格调查表、土地使用权出租租金调查表、房屋买卖价格调查表、房屋出租租金调查表、柜台出租租金调查表、商品房出售价格调查表、土地联营入股资料调查表、联合建房资料调查表、以地换房资料调查表,以及征地、拆迁开发土地资料调查表等。

在资料收集的基础上,应对所调查收集的资料进行检查。将缺主要项目、填报数据不符合要求和数据明显偏离正常情况的样本剔除。然后,将初审合格的样本资料,分别按土地级别或均质地域、土地用途、土地使用权转移方式等进行归类,以便分类进行样点地价测算。

所收集的资料,应满足统计分析的要求,即要有一定的样本量且分布相对均匀,如出租交易资料,同一土地级或均质地域的样本总数应不少于30个。如样本数据太少,应补充调查。

(四)基准地价的评估

1. 选择标准宗地

在划分出的各地价区段内不同用途的土地中分别选取数宗在土地面积、形状、容积率等方面具有代表性的土地作为样点宗地。

2. 评估样点地价

依据所收集的资料，运用收益法、假设开发法、比较法等适当的估价方法评估标准宗地的价格，具体方法和思路列举如下：

(1) 以土地使用权转让资料计算地价，假设 V 表示转让宗地单位面积地价；V_t 表示土地转让方式获得的资金或实物作价净收入；S 表示转让宗地总面积。则它们之间的关系为

$$V = \frac{V_t}{S} \tag{7-26}$$

(2) 以土地使用权出租资料计算地价，假设 V 表示单位面积出租宗地的地价；R 表示出租方每年得到的资金或实物现值；S 表示出租的宗地面积；r 表示土地还原利率。则它们之间的关系为

$$V = \frac{R}{S} \times \frac{1}{r} \tag{7-27}$$

(3) 以地换房资料计算地价，假设 V 表示土地单位面积地价；S_{tb} 表示转让土地方获得的建筑面积；P_{bs} 表示单位建筑面积的平均售价；S 表示出让的土地面积。则它们之间关系为

$$V = \frac{S_{tb} \times P_{bs}}{S} \tag{7-28}$$

(4) 以商品房出售资料计算地价，假设 V 表示某一商品楼用地的单位面积土地价格；P_r 表示某一商品楼房总售价；C_h 表示当地同类建筑单位面积平均造价；S_h 表示楼房总建筑面积；I 表示开发公司利润；T 表示商品房开发商向国家交纳的投资及营业税等；B 表示开发资金应支付的利息；S_{b1} 表示建筑物占地面积；G 表示规则的建筑覆盖率。则它们之间的关系为

$$V = [P_r - C_h \times S_h - I - T - B] \times \frac{G}{S_{b1}} \tag{7-29}$$

3. 样点地价修正

样点地价修正的主要内容有出让年期修正、交易时间修正、容积率修正、交易情况修正、地价楼层分配修正、基础设施配套修正等。

(1) 出让年期修正。

1) 有限年期使用权修正到最高出让年期地价的计算公式为

$$V_m = V_{m_1} \frac{1 - \frac{1}{(1+r)^m}}{1 - \frac{1}{(1+r)^{m_1}}} \tag{7-30}$$

式中　V_m——最高出让年限的土地使用权价格；
　　　m_1——实际出让年期或剩余出让年期；
　　　V_{m_1}——有限年期出让地价；
　　　m——土地使用权出让最高年限；
　　　r——土地还原利率。

2) 无限年期地价修正到法定最高出让年期地价的计算公式为

$$V_m = V_E \left[1 - \frac{1}{(1+r)^m}\right] \tag{7-31}$$

式中　V_E——土地所有权价格；

　　　V_m, r, m——含义同上。

（2）交易时间修正。对于不同交易时间的样点地价，当修正到基准地价估价期日的地价，才能用于基准地价评估。区别不同土地用途，计算地价的变化幅度。在已建立地价指数系统的城镇，可用地价指数计算。计算公式为

$$K_t = \frac{Q}{Q_0} \tag{7-32}$$

式中　K_t——某类土地地价修正到估价期日的系数；

　　　Q——某类土地估价期日的地价指数；

　　　Q_0——某类土地交易时日的地价指数。

对不同时期发生的交易宗地价格，修正到估价期日价格的计算公式为

$$V = V_0 K_t \tag{7-33}$$

式中　V——修正到估价期日的宗地价格；

　　　V_0——实际成交宗地地价；

　　　K_t——时间修正系数。

（3）容积率修正。容积率修正按区域进行，以城镇规划规定的区域容积率为标准，用下式计算容积率修正系数，计算结果填入容积率修正系数表：

$$K_r = \frac{V_{is}}{V_i} \tag{7-34}$$

式中　K_r——容积率修正系数；

　　　V_{is}——某一区域某一用途规定容积率下单位面积平均地价；

　　　V_i——某一区域某一用途在某一容积率时单位面积的平均地价。

对不同容积率情况下发生的交易地价，按下式将地价修正到规定容积率的价格：

$$V = V_{1i} K_r \tag{7-35}$$

式中　V——修正到规定容积率时的宗地地价；

　　　V_{1i}——某一容积率下的宗地交易价格；

　　　K_r——同前。

（4）其他修正。根据市场地价资料情况，还可以进行如下修正：

1）交易情况修正：把交易资料不正常的样点地价，修正到在公开、公平的正常市场情况下交易地价。

2）地价楼层分配修正：样点资料若为建筑物某层之建筑售价，需根据地价楼层分配关系求出其基地价格。

3）基础设施配套程度修正：在不同基础设施配套程度下的样点地价，必须修正到基准地价评估所设定的基础设施配套程度下的标准地价。基准地价评估中的基础设施配套程度，可按各级（区域）土地基础设施配套现状程度的平均水平设定。

4. 计算区段地价

区段地价是某个特定的地价区段的单价或楼面地价，它代表或反映着该地价区段内土

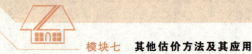

地价格的正常和总的水平。区段地价对于商业住宅来说通常是路线价，对于住宅和工业用地来说通常是区片价。区段地价的计算，是分别以一个地价区段为范围，求各地价区段内所抽查评估出的标准宗地单价或楼面地价的平均数、中位数或众数。

(五)基准地价的确定与分布

1. 基准地价确定的原则

(1)以实际测算结果为准，以比较评估的结果为辅。

(2)土地市场发达的城镇，以土地市场交易资料评估结果为主，利用级差收益测算结果进行修正。

(3)土地市场不发达的城镇，以级差收益测算结果为主，利用市场交易资料测算结果验证。

(4)要体现地产管理政策。

2. 基准地价确定的方法

按照基准地价确定的原则和不同方法评估的结果，采用以下方法确定城镇基准地价：

(1)只用一种方法测算城镇基准地价的，应该以该方法得到的级别或区域商业、住宅、工业基准地价和综合基准地价格数据为依据，在适当考虑政府土地管理政策和城市规划等因素的基础上，对评估结果进行适当调整后确定基准地价。

(2)用两种以上方法测算城镇基准地价的，应以级别或区域为单位，利用不同方法的测算结果。

以级别为单位确定的基准地价，每一级中需有商业、居住、工业和级别综合基准地价。以区段为单位确定的基准地价，可以只表示某一用途的基准地价。

3. 基准地价的分布

各城镇确定的基准地价成果，应定期公布，以引导土地市场的交易活动和土地利用。一般来说，以土地级别为单位公布商业、工业和住宅3种用途的基准地价；没有划分土地级别的，公布区域基准地价。

不同城市的基准地价内涵、构成、表达方式及货币单位是不尽相同的。以北京市为例阐述如下：

北京市基准地价采用楼面价格表示形式，又称楼面熟地价，是指各土地级别内，完成通平的土地在平均容积率条件下，每建筑面积分摊的完整土地使用权的平均价格。

北京市基准地价成果中，同时公布楼面毛地价，其是指在级别平均容积率条件下，政府收取的某种用途法定最高出让年期内的土地出让金、市政基础设施配套建设费(指大市政费和"四源"费)的平均楼面价格。

(六)影响基准地价的因素的确定

影响地价的因素有一般因素、区域因素和个别因素。但由于在一个城市或城市中的某些区域，一般因素的变化只会引起整个城市地价水平的变化。所以，基准地价修正因素应主要选择影响宗地地价的区域因素和个别因素。对城市中不同用途土地，影响价格的区域因素及个别因素有很大不同。

1. 影响商业用地的因素

(1) 商业繁华度，主要指不同类型的商业服务中心，自身等级、规模和对其他服务中心的影响程度。

(2) 交通便捷度，主要指商业用地与公交、道路等城镇交通系统连接的便利程度。

(3) 环境质量优劣度。

(4) 规划限制，主要指城镇规划对商业区土地利用的要求。

(5) 其他因素，主要指不在以上影响因素中，但确定对商业区土地价格产生较大影响的因素。

(6) 宗地条件，主要有宗地形状、临街状况、临街深度、宗地利用强度等。

2. 影响居住用地的因素

(1) 位置，主要包括距商业服务中心和城镇中心的距离。

(2) 交通便捷度，主要指购物和工作方便程度。

(3) 基础设施完善度，主要指直接和居住区域服务的供电、供水、供暖等设施配置的情况。

(4) 公用服务设施完备度，主要指为居住区域服务的公用设施完善程度，包括学校、幼儿园、医院、邮政所等配置状况。

(5) 环境质量优劣度，一是人文环境，包括住宅区居民的就业结构、社会阶层、受教育程度等；二是自然环境，包括绿化状况、"三度"污染状况、地质条件等。

(6) 规划限制，主要指城市规划对住宅的高度、密度、建筑容积率、消防间距等提出的要求。

(7) 其他因素，主要指不在以上影响因素中，但又确实对住宅区土地价格产生较大影响的因素。

(8) 宗地条件，主要有宗地形状、面积、地质、宗地利用强度等。

3. 影响工业用地的因素

(1) 交通便捷度。一是对内联系，包括区域内道路类型、道路宽度、路面状况、道路密度等；二是对外联系，包括工业区道路系统同对外公路、过境公路、铁路的联系状况，距火车站、港口、码头以及其他交通枢纽的距离和可利用情况。

(2) 基础设施完善度。它主要指为工业服务的基础设施配置及运行能力。基础设施包括动力能源、供水能力及保证率、排水设施及能力等。

(3) 产业集聚规模。产业集聚规模因素主要包括工业区内工业企业数量、企业规模大小等。

(4) 环境质量优劣度，主要指工业区内的地质状况、土地承压力、地形以及大气、噪声污染程度等。

(5) 规划限制，主要指城市规划对工业用地的高度、密度、建筑容积率、消防间距等提出的要求。

(6) 其他因素，主要指不在以上影响因素中，但又确实对工业用地土地价格产生较大影响的因素。

(7) 个别因素，主要包括宗地形状、面积、地质及地基承载力、宗地利用强度等。

（七）基准地价系数修正表的编制

为了更好地发挥基准地价的作用，满足土地管理和土地交易活动等的现实需要，应当编制出基准地价在不同因素条件下修正为宗地地价的系数体系，以便能在宗地条件调查的基础上，按对应的修正系数，快速、高效、及时地评估宗地地价，满足各方面掌握宗地价格的要求。

基准地价修正系数表分级别或区域基准地价修正系数表和路线修正系数表，其编制方法与步骤基本相同，以级别基准地价修正等数为例，其编制主要分以下几步：

（1）确定各土地级别内商业、住宅与工业用地的基准地价。

（2）选择编制基准地价修正系数表的因素。

（3）对样点地价、土地收益资料进行整理归类。以土地质量级为单位，将所收集到的样点地价、土地收益资料，按商业、住宅与工业用地分别归类。然后，将已选取的用于基准地价因素的有关因素，逐个列出，分别确定各样点地价、土地收益对应的因素条件。

（4）确定各级别土地中各用地类型的修正幅度。根据各土地的级别基准地价、选择的因素和地价与土地收益资料，建立各土地级别基准地价与样点地价、土地收益间的关系。从中选择同类可比较的 5 个正常收益标准。

阅读材料

基准地价的更新

地价是土地的某种权益在某一时点时的价格，它具有时效性。为了使基准地价这一基础的与标准的价格在土地管理与土地市场中发挥正常的作用，有必要根据社会经济的发展、城市规划的调整、土地市场的变化等，及时调整和更新基准地价，以保持基准地价的现时性。

以城镇基准地价为例，基准地价的更新主要有以下几种路线：

（1）以土地等级为基础，以市场交易地价资料为依据，更新基准地价。

（2）以土地定级为基础，以土地收益为依据，以市场交易地价为参考，更新基准地价。

（3）以土地定级（名均质区域）为基础，以地价指数为依据，更新基准地价。

在上述 3 种技术路线中，第一种和第三种适用于房地产市场比较活跃，房地产交易案例较多的城镇；第二种适用于已完成土地定级，但房地产市场不太活跃，房地产交易案例较少的城镇。基准地价的更新要根据城镇的实际情况选择合适的技术路线。

随着城镇土地使用权各类交易活动的日益频繁，土地投资者和土地使用者对土地利用的多样化和复杂化，对土地管理提出了更高的要求，仅以几大类划分土地利用类型已不能满足日益发展的土地管理的需要，有必要将城镇基准地价向面积更小、均质性更高、类别更细的方向发展，适时评定和更新城镇基准价水平。

四、基准地价系数修正法

（一）基准地价系数修正法的含义

基准地价系数修正法是在政府确定、公布基准地价的地区，由估价对象所处地段的基准地价调整得出估价对象宗地价格的方法。它是利用基准地价评估成果，按照替代原则，将待估宗地的区域条件及个别条件与其所在区域的平均条件进行比较，对照修正系数表选取相应的修正系数对基准地价进行修正，从而求取待估宗地于估价期日价格的方法。

(二)基准地价系数修正法的基本原理

基准地价系数修正法的基本原理是替代原理，即在正常的市场条件下，具有相似土地条件和使用价值的土地，在交易双方具有同等市场信息的基础上，应当具有相似的价格。基准地价是某一级别或均质地域内分用途的土地使用权平均价格，该级别或均质区域内该类用途的其他宗地价格在基准地价上下波动。基准地价相对应的土地条件，是土地级别或均质地域内该类用途土地的一般条件。因此，通过待估宗地条件与级别或区域内同用地一般条件的比较，并根据二者在区域条件、个别条件、使用年期和价值时点等方面的差异大小，对照因素修正系数表选取适宜的修正系数，对基准地价进行修正，即可得到待估宗地地价。

(三)基准地价系数修正法的适用范围与特点

(1)基准地价系数修正法适用于完成基准地价评估地区的土地估价，即具备基准地价和相应修正体系成果的城镇中的土地估价。

(2)基准地价系数修正法是对一般比较法变形、量比及系统化后的一种估价方法，是在短时间内评估多宗土地或大量土地价格的有效手段，因此，可快速方便地进行大面积的数量众多的土地价格评估。

(3)基准地价系数修正法估价的精度与基准地价及其修正体系的精度密切相关。该方法一般在宗地地价评估中不作为主要的评估方法，只作为一种辅助方法。

(4)运用基准地价系数修正法估价的前提条件是具有基准地价成果及比较准确的基准地价修正体系。

(四)基准地价系数修正法步骤

1. 收集有关基准地价资料

基准地价资料是运用基准地价修正法估价的基础。因此，在估价前必须收集估价对象所在城镇的基准地价资料。这些资料主要包括：基准地价土地等级图、基准地价表、基准地价因素修正系数表及相应的因素条件说明表等。

2. 确定待估宗地所处地段基准地价

根据估价对象宗地的位置，对照基准地价等级图确定待估宗地所处的土地级别；然后，根据估价对象所处的土地级别、用途，确定待估宗地对应的土地级别和用途下的基准地价，相应的基准地价修正系数表和相应的因素指标条件说明表，该级别土地平均开发程度和基准地价内涵，以确定估价修正下的基准和需要调查的影响因素。

3. 调查宗地地价影响因素的指标条件

按照与待估宗地所处级别和用途对应的基准地价修正系数表和相应的因素条件说明表中所要求的因素条件，确定宗地条件的调查项目，调查项目应与修正系数表中的因素一致，明确待估地价的内涵和相应的土地开发程度。

4. 确定待估宗地区域及个别因素修正系数

按调查结果,查对各用途土地的基准地价影响因素指标说明表,确定因素指标对应的优劣状况;按优劣状况再查对基准地价修正系数表,得到该因素的修正系数。对所有影响宗地的因素都做同样的处理,即得到宗地的全部因素修正系数。待估宗地的总修正系数可按下式计算:

$$K = \sum_{i=1}^{n} K_i \qquad (7\text{-}36)$$

式中　K——待估宗地所有地价影响因素总修正值;

　　　K_i——待估宗地在第 i 个因素条件下的修正系数百分比;

　　　n——修正因素个数。

5. 确定待估宗地使用年限修正系数

基准地价对应的使用年限,是各用途土地使用权的最高出让年限。而具体宗地的使用年期可能各不相同,因此必须进行年期修正,土地使用年期修正系数可按下式计算:

$$y = \frac{1 - \left(\frac{1}{1+r}\right)^m}{1 - \left(\frac{1}{1+r}\right)^n} \qquad (7\text{-}37)$$

式中　y——土地使用年期修正系数;

　　　r——土地还原利率;

　　　m——待估宗地可使用年期;

　　　n——该用途土地法定最高出让年期。

6. 确定日期修正系数

基准地价对应的是基准地价评估时点的地价水平,随着时间的迁移,土地市场的地价水平会有所变化,因此必须进行日期修正,把基准地价对应的地价水平修正到宗地地价评估时点。日期修正一般可以根据地价指数的变动幅度进行。

7. 确定容积率修正系数

基准地价对应的是该用途土地在该级别或均质地域内的平均容积率,各宗地的容积率可能各不相同,由于容积率对地价的影响较大,且难以在编制基准地价因素修正系数表时考虑进去,所以必须将区域的平均容积率下的地价水平修正到宗地实际容积率水平下的地价。容积率修正系数按下式计算:

$$K_{ij} = \frac{K_i}{K_j} \qquad (7\text{-}38)$$

式中　K_{ij}——容积率修正系数;

　　　K_i——待估宗地容积率对应的地价水平指数;

　　　K_j——级别或均质地域内该类用地平均容积率对应的地价水平指数。

8. 确定待估对象宗地价格

根据前面所求的各项修正系数,对待估宗地对应的基准地价修正,即可得待估宗地地价,具体计算公式为

$$V = V_b \times \left(1 + \sum k_i\right) \times k_j \qquad (7\text{-}39)$$

式中 V_b——待估宗地对应的基准地价；

$\sum k_i$——待估宗地全部地价影响因素的总修正值；

k_j——待估宗地土地使用年期、交易期日、容积率等其他修正系数。

阅读材料

基准地价修正法注意事项与常见错误

（1）修正幅度太大。

（2）修正系数说明表中，没有量化指标。

（3）修正因素没有根据所在城市的特点来选择。

（4）动态方式不存在投资利息。

单元四 建筑物地价分摊

一、地价分摊的意义

随着社会经济的发展，建筑技术日益提高，多层和高层建筑成为建筑物的主要形式。一座建筑物只有一个所有者的格局被打破了，出现了一幢建筑物内有着众多的所有者或使用者的情况，他们分别拥有该幢建筑物的某一部分。如一座大厦的立体用途是：地下1~2层为停车场，地面1~3层为商场，4~5层为餐饮，往上是写字楼，再往上为公寓；该大厦被众多的所有者或使用者所拥有，他们分别拥有该座建筑物的某一部分。但是，整幢建筑物占用的土地只是一块，在实物形态上不可分割。当这座建筑物的开发商售出其中的某一部分后，该块土地的使用权的一个相应份额也就随之转移，最后是购得这座建筑物的众多所有者按份共有该块土地的使用权，但是大家各自的份额是多少就成了一个需要解决的现实问题。例如，在建筑物寿命终了时或者建筑物被火灾毁灭后，大家决定将该土地出售，但是售出后的地价收益如何分配是摆在大家面前的问题。相反，在建筑物使用过程中，政府要根据这块土地的位置或价值征收土地税费，该土地税费在建筑物的各部分所有者之间如何进行分摊也是问题。要解决这些问题，就需要解决在建筑物建成后地价如何合理分摊的问题，由此找出每个所有者应占有的土地份额。知道了土地占有份额，无论是土地的权利还是义务，就都可以通过它顺利地得到解决。

建筑地价分摊是否合理，直接关系到每个土地权利人的切身利益，因此，首先要合理地界定待分摊地价的内涵，其次是充分考虑地价分摊时的影响因素，最后采用科学的分摊方法进行地价分摊。

二、建筑物地价分摊的方法

1. 按建筑面积进行分摊

按建筑面积进行分摊就是根据各自拥有的建筑面积的多少来分摊，即如果甲拥有的建筑面积为若干平方米,那么其应享有的地价数额为所拥有的建筑面积乘以土地总价值与总建筑面积的比率(即楼面地价),其应占有的土地份额为所拥有的建筑面积除以总建筑面积。具体如下:

$$享有的地价数额 = \frac{土地总价值}{总建筑面积} \times 拥有的建筑面积 \qquad (7-40)$$

$$占有的土地份额 = \frac{享有的地价数额}{土地总价值} = \frac{拥有的建筑面积}{总建筑面积} \qquad (7-41)$$

【例 7-14】 某建筑物总建筑面积为 25 000 m², 土地总价值为 2 500 万元,某人拥有其中 500 m² 的建筑面积。试按建筑面积分摊方法计算其应分摊的地价数额与土地份额。

解 由题意可得:

某人应分摊的地价数额: 2 500×500/25 000=50(万元);

某人应分摊的土地份额: 500÷25 000=2.0%。

按建筑面积进行分摊的优点是简单,可操作性强,主要适用于各层用途相同且价格差异不大的建筑,如用途单一的住宅楼、办公楼。但此方法也存在明显的问题,例如商住综合性的大厦,底层商店的建筑面积虽然只占大厦面积的一小部分,但其价值却是大厦价值的大部分,如果按建筑面积分摊,就会引起业主的争议。

2. 按房地产价值进行分摊

为了克服按建筑面积进行分摊出现的不同部分的价值不同,却分摊了等量地价的缺陷,可以依据各部分的房地价值进行分摊。具体分摊方式为

$$某权益人分摊的地价数额 = \frac{土地总价值 \times 该权益人享有的房地价值}{房地总价值} \qquad (7-42)$$

$$某权益人占有的土地份额 = \frac{该权益人享有的地价数额}{土地总价值} = \frac{该权益人享有的房地产价值}{房地产总值} \qquad (7-43)$$

【例 7-15】 某幢综合性大厦的房地总价值为 6 000 万元,甲公司拥有其中的写字楼部分,该部分的房地价值为 1 800 万元,乙公司拥有其中的商场部分,该部分的房地价值为 600 万元,试按房地价值分摊的方法计算两企业各自占有的土地份额。

解 由题意甲公司占有的土地份额为

$$(1\ 800÷6\ 000)\times100\%=30\%$$

乙公司占有的土地份额为

$$(600÷6\ 000)\times100\%=10\%$$

按房地价值进行分摊比按建筑面积进行分摊要更符合实际情况,它能够反映出由于各楼层楼价的不同而分摊的地价不同,更能体现房地产权利人的真实权益。但仍然存在一些缺陷,例如这种分摊使各层分摊的建筑物价值不相等,这在理论上很难解释。它主要适用于各部分的房地价值(单价)有差异,但差异不是特别大的建筑物。

3. 按土地价值进行分摊

为避免按房地价值进行分摊造成的所分摊的建筑物价值不相等这一理论缺陷,人们采用按土地价值进行分摊这种更为合理的方法,即依据各部分的土地价值进行分摊。此种方法的来源是基于假设开发法的估价思路,即地价等于房地产总价值减去建筑费及相关利息、利润。具体分摊方式如下:

某权益人分摊的地价数额＝该权益人享有的房地价值－该权益人享有的建筑物价值

(7-44)

某权益人占有的土地份额＝$\dfrac{该权益人分摊的地价数额}{土地总价值}$

$=\dfrac{该权益人享有的房地价值－该权益人享有的建筑物价值}{房地总价值－建筑物总价值}$ (7-45)

某权益人享有的建筑物价值＝$\dfrac{房地总价值－土地总价值}{总建筑面积×该权益人享有的建筑面积}$ (7-46)

【例 7-16】 某宗房地产总价值为 8 000 万元，其中建筑物总价值为 3 800 万元。某人拥有该大厦的一部分，该部分的房地价值为 300 万元，该部分的建筑物价值为 100 万元。试按土地价值分摊方法计算该人占有的土地份额及地价数额。

解 某人占有的土地份额为

$$\dfrac{300-100}{8\,000-3\,800}\times 100\%=4.8\%$$

某人享有的地价数额为

$$300-100=200(万元)$$

按地价分摊的方法也是很简单的，只要知道了建筑物占用的土地的总价值和建筑物各部分的房地价值就可以进行。在现实中这两个价值一般都是已知的。

上述讨论的 3 种地价分摊方法，在具体应用时视待分摊建筑物的特点选用适合的分摊方法，它们不仅适用于多层、高层建筑物的地价分摊，而且适用于同一层或平房的不同部位分别为不同人所有、房地产价值不相等时的地价分摊。例如，同一房产为两人或多人占用的情况下，就需要进行地价分摊，确定各自的土地占有份额。

模块小结

土地作为房地产的一种存在形态，其价格评估可以直接运用前面介绍的比较法、成本法、收益法、假设开发法等。但还有一些专门适用于地价评估的方法，如路线价法、基准地价修正法和长期趋势法。本模块主要介绍路线价法、基准地价修正法和长期趋势法的基本原理、操作步骤、基本方法。

思考与练习

1. 路线价法的理论依据是什么？
2. 简述路线价法的操作步骤。
3. 长期趋势法的特点及优缺点有哪些？
4. 长期趋势法的基本方法有哪些？
5. 什么是移动平均法？移动平均法的基本思路是什么？
6. 基准地价的作用有哪些？

第四篇　不同类型房地产估价

模块八　各种类型的房地产估价

知识目标

1. 了解居住房地产及其特点；熟悉居住房地产的类型及影响其价格的因素；掌握居住房地产估价的常用方法，技术路线及难点处理。

2. 了解商业房地产及其特点；熟悉影响商业房地产价格的因素；掌握商业房地产估价的方法，技术路线及难点处理。

3. 了解工业房地产及其估价特点；熟悉影响工业房地产价值的因素；掌握工业房地产估计常用方法，技术路线及难点处理。

4. 熟悉房地产转让价格估价、房地产抵押价格估价、房屋租赁价格估价、房地产保险估价的定义、规定、特点不同目的的房地产方法。

能力目标

能够利用比较法、收益法、假设开发法进行居住房地产估价，能够利用收益法、比较法、成本法进行商业房地产估价，能够利用比较法、收益法、成本法进行工业房地产估价，能够掌握各种目的的房地产估价的基本知识和技能。

课前任务案例

黄某于2019年购置了一套底层三室一厅的商品住宅，2020年改作餐馆，并补交了土地使用权出让金，办理了产权证变更手续。2021年黄某为转让该房地产，要求评估其现时市场价值。因当地无类似餐馆的可比实例，故估价人员首先采用了收益法估价（估价依据正确），估值40万元。然后再将该估价对象视为住宅采用了比较法估价，估值50万元。由此确定最终估价结论为(40+50)÷2=45(万元)。

任务：请讨论这样确定估价结论是否正确？为什么？

模块八　各种类型的房地产估价

单元一　居住房地产估价

一、居住房地产及其特点

住宅是人类最基本的生活资料之一，是在所有房地产中占比例最大的一类房地产。现代社会中，住宅不仅为人们提供基本的生存条件、生活空间，而且是人们休憩、会客、交流、进行商务活动的重要场所。

居住房地产不同于一般的商品，也有别于其他类型的房地产，它不但具有等价交换、按质论价、供需决定价格等商品共性，而且具有鲜明的社会保障性。"居者有其屋"曾经是许多政府在不同时期提出的解决本国或本地区人民住房问题的政策。进行居住类型的房地产估价，估价人员必须掌握基本的住宅类型、主要特点、政策导向，并根据估价目的、实际情况，选择合适的估价方法，作出客观、公正、合理的评估。

居住房地产是房地产商品中所占比重最大的一类，也是社会存量资产的一个重要组成部分。与其他类型房地产相比，居住房地产主要有以下特点：

(1) 单宗交易规模较小，但市场交易量十分巨大。居住房地产主要以满足自用为目的，也有部分作为投资，出租给租客使用的。由于居住房地产往往以居民个人的购买行为为主，因此，其单宗交易规模较小，但市场交易频繁、交易量巨大。

(2) 具有较强的相似性、可比性。居住房地产之间的相似性、可比性与其他类型的房地产相比更强，比如在一个居住小区中，居住房地产处于同一区位，具有相似的建筑设计、相似的户型及功能等；在同一幢居住房地产楼内，特别是高层住宅，楼层接近而方位相同的各套住宅也基本上没有什么区别。此外，由于居住房地产市场交易量巨大，所以比较容易获取足够数量的可比实例。

(3) 产权多样性、价格内涵差异明显。由于我国目前住房政策阶段性、导向性差异的原因，我国城市中存在商品房、房改房、经济适用房、廉租房和集资房，这些住房的产权形式存在差异。商品房具有完全产权，即拥有一定期限的国有土地使用权和地上建筑物的所有权；房改房、经济适用房只拥有地上建筑物的所有权，不拥有土地使用权，其土地使用权既有划拨的，也有出让的；廉租房只拥有建筑物的使用权。现阶段住房产权形式的不同，必然导致其价格构成的差异，因此其估价也具有各自的特殊性。

二、居住房地产的类型

居住房地产简称住宅，主要包括普通住宅、公寓、别墅等，是所有房地产中比重最大的一类，也是社会资产存量的一个主要组成部分。

（一）商品房

商品房从建造装修档次划分，又分为普通住宅、高档住宅、简易住宅3种类型。

1. 普通住宅

普通住宅是为普通居民提供的符合国家住宅标准的住宅。它代表国家或地区城市的居住条件和居住水平，反映一定时期内国家经济社会发展的水平。普通住宅一般是以家庭为单位居住，目前以两室一厅和三室一厅为主力，品质高低存在差别。

2. 高档住宅

高档住宅主要针对的人群是高收入人群，此种类型的居住房地产除了满足普通住宅的要求外，一般单套建筑面积较大，从一百多平方米到几百平方米不等；装修、设施和设备高档化，较多地采用高级装饰材料和洁具设备；户外环境要求高；服务标准高，管理系统完善，往往采取封闭式安全保卫措施和高质量的物业管理。高档住宅一般在风景优美地区较为多见，售价非常高昂。高档住宅包括高级公寓、海边住宅、别墅和联排别墅（Town House）等类型。

3. 简易住宅

简易住宅的主要特点是建筑年代久远，功能不全，设备不齐，设施陈旧，结构单薄。此类住宅大多过了设计使用年限，也已经不符合现代的规划理念。破旧简陋，建筑物高度矮，密集拥挤，绿化和卫生环境都较差，周边道路狭窄，严重阻碍城市的发展，这类住宅多属拆迁改造之列。

（二）保障性住房

保障性住房指政府在对中低收入家庭实行分类保障过程中所提供的限定供应对象、建设标准、销售价格或租金标准，具有社会保障性质的住房。其中包括两限商品住房、经济适用住房、政策性租赁住房以及廉租房。

1. 经济适用房

经济适用房是由城市政府组织房地产开发企业或者集资建房单位建造，以微利价向城镇中低收入家庭出售的住房。它是具有经济性和适用性两方面特点的社会保障住房。

2. 两限房

两限房全称为限房价、限套型普通商品住房，也被称为"两限"商品住房，主要针对中低收入的住房困难的家庭而建设，是目前限制高房价的一种临时性举措。限房价不是死价，它的价格处于中等价位，有个上限，不论卖多少，都不能超过这个价格。限套型是限制居住面积，比同地段的普通商品房的面积小。

3. 廉租房

廉租房是政府或某些机构拥有、用政府核定的低租金租赁给低收入家庭的住房。廉租房的产权为政府所有，占有人仅有使用权，一般不允许转换，这是廉租住房和经济适用住房最本质的区别。

4. 政策性租赁房

政策性租赁房指通过政府或政府委托的机构，按照市场租价向中低收入的住房困难家庭提供可租赁的住房，同时，政府对承租家庭按月支付相应标准的租房补贴。

三、影响居住房地产价格的因素

1. 区域因素

区域因素主要有交通条件、生活服务设施、教育配套设施、环境质量等。交通条件对于不同类型的房地产的含义是不同的，对于居住房地产而言，交通条件主要指城市公共交通的通达程度，如估价对象附近是否通行公共汽车、电车、地铁、轻轨等。生活服务设施要求居住房地产周围一定要有基本的生活服务设施，如菜市场、商店、银行、邮局、理发店、洗衣店等。教育配套设施是影响居住房地产价格的主要因素之一，主要指中小学校和幼儿园等。

2. 个别因素

个别因素主要有建筑结构、类型和等级，装修，设施与设备，质量，朝向与楼层等。建筑结构可分为钢结构、钢筋混凝土结构、混合结构、砖木结构、其他结构等，具体包括基础、墙体、楼地面等。装修对于新建房地产而言，毛坯房与装修房的价格差别很大，粗装修、普通装修与高档装修的差别也很大。设施与设备指供水、排水、供电、供气、有线电视、互联网络、通信等管线的完备程度，厨房、卫生间洁具情况等。质量指建筑质量、保温或隔热设施，防水防渗措施等是否符合标准及质量等级。朝向与楼层除了考虑采光、通风等因素外，还有一个重要的因素是景观。一般来说，朝南的住宅优于其他朝向的住宅，但当北向面对的是美丽的海景或江景时，北向的住宅就可能比同楼层南向的住宅价格高。

多层无电梯住宅的最佳楼层是高低适中的楼层，如 7 层住宅的最佳楼层一般是 3～4 层。高层住宅则通常是楼层越高价格越高。

为了更加科学合理地对住宅进行评估，应当对上述各项因素对价值的影响程度进行调查和统计分析，确定价值增减数额或价值增减率标准，以便于比较修正。

四、居住房地产估价的常用方法

1. 比较法

居住房地产的估价一般主要是针对商品房部分，政策性住房往往是在商品房市场价格评估的基础上进行修正调整。居住房地产之间的相似性比其他类型的房地产多，在一个居住小区中，往往有许多幢住宅采用同样的图纸施工，在外观上几乎是一样的；在同一幢住宅楼内，特别是高层住宅，楼层接近而方位相同的各套住房也基本上没有什么区别。同时居住房地产交易较频繁，交易量大，很容易获取可比实例，因此，比较法较为常用。在采用比较法进行评估时，要注意以下两个方面。

（1）尽可能多地收集可比案例，在区位条件、小区设施、房屋结构与套型等方面相似，交易时间较近和交易情况正常的比较案例不少于 3 宗；

（2）认真调查土地使用权性质、使用年期等被估房地产的土地性质，以及被估房地产房屋的新旧程度、使用年限、房屋结构、式样、内部空间布局、层数、净高、朝向、装修档次等资料，并判断其对房地产价值的影响程度。

2. 收益法

对于出租的居住房地产，因为有收益存在，从原则上讲也适宜运用收益法来进行评估。但是，我国对于房屋出租有相应的管理法规，包括税收制度，而大量实际上用于出租的住宅业主并未办理任何手续及缴纳应缴税费，其收益的合法性存在问题，以此评估其价格相应的也缺乏合法性的基础。另外，该出租物业的出租率情况，即在一个居住的社区中，零星的出租所产生的收益和大面积出租所形成的收益往往会发生变化，这也会影响到收益法的合理运用。因此，在能够采用比较法评估的情况下，应以比较法为主。

3. 假设开发法

对于有再开发利用价值的居住房地产，或转变用途的居住房地产，这种情况受到国家政策的限制一般较复杂，如旧城改造当中的旧的居住房地产，在不改变现状的情况下，其价值可能很低，但如果改变现状，即以假设开发法来进行评估价值可能会明显提高。但是如果按照假设开发法来进行评估，就可能会和城市房屋拆迁的相关估价规定冲突。因此，在没有政策变化的情况下，还是应按相应的估价目的来进行评估。

五、居住房地产估价的技术路线及难点处理

由于居住房地产的自用性、社会保障性、交易规模大、交易量小等特征，对居住房地产进行估价非常普遍。委托人一般基于了解住宅的市场价值、抵押价值、租赁价值、拆迁补偿价值等目的而委托估价机构进行评估。居住房地产估价既有单套或几套的零散评估，也有整体的评估，由于居住房地产具有产权多样性、产品多样性的特点，估价人员在对居住房地产进行评估时，应充分了解和分析估价对象的基本事项，遵循相应的估价技术路线，选择适当的估价方法。

1. 商品房估价的技术路线及难点处理

商品房由于市场交易实例比较容易获取，因此常采用比较法进行估价。在实际估价业务中，商品房个体即零散的单套住宅的估价情况比较多，如住宅抵押、转让估价，由于单套商品房的交易实例很多，可直接通过对交易实例的修正测算待估对象的价格，因此单套商品房的估价技术路线比较简单。在涉及商品住宅拆迁、商品房预售定价业务时，常常会遇到商品房整幢或数幢的整体估价。由于整幢商品房的成交个案很少，实例的选择范围很小，甚至可能找不到合适的可比实例，其估价技术路线相对比较复杂，实际中通常采用从个体到整体的估价思路来解决，即选择某一基准层的某套住宅作为待估对象，选取与待估对象类似的成交实例，利用比较法修正测算出该套住宅的价格，然后采用类比法，经过对楼层、朝向、景观、成交建筑面积、户型等的修正，得出各层、整幢商品住宅的价格。

2. 房改房、经济适用房估价的技术路线及难点处理

房改房、经济适用房估价的技术路线与商品房相类似，不同的是要考虑土地出让金或土地收益的扣除问题。利用比较法估价时，先估算估价对象的市场价值，再扣除应向政府缴纳的土地使用权出让金或土地收益。利用成本法估价时，应评估估价对象不含土地出让金情况下的房屋重新购建价格。

单元二　商业房地产估价

一、商业房地产及其特点

商业房地产指用于商业目的的房地产，包括商店（商场、购物中心、商铺）、市场（超级市场、批发市场）等。此外，旅馆、写字楼、餐馆和游艺场馆等，也具有商业房地产的特点。

1. 生态多样性

同一宗商业房地产中，往往会有不同的经营内容。即便经营内容相同，也会因为针对的消费人群和经营方式的不同出现多种类型。以零售业的房地产类型为例，有百货店、超级市场、大型综合商场、便利店、专业店、专卖店、购物中心、家居中心、仓储商店等业态类型，每一种类型的经营内容和特点又有所不同，其中的大型综合商场又包括零售、餐饮、娱乐、服务等经营项目，自然收益也就包含了更多的内容。不同的经营内容（或者说不同的用途）一般会有不同的收益率，如果用收益法估价，则应对各部分采用不同的还原利率（或称资本化率）。也可以说商业房地产连接着各行各业，更直接反映它的连带作用。

2. 收益性

商业房地产具有高风险和高收益性，它从商业房地产的经营过程中获取收益，获得预期利润。获利的主要方式是销售和租用。因此，商业房地产由其经营产生持续收益能力是商业房地产最本质的特点，并且商业房地产的价格与这一点密切相关。反之，如果某类房地产不能从事任何经营活动，也不能产生任何收益，则它就不能成为人们的投资对象，也就不能称之为商业房地产。

3. 转租经营多

商业地产的业主常常将其房地产出租给别人经营，有的承租人从业主手上整体承租后又分割转租给第三者，因此在进行商业地产估价时要调查清楚产权状况。避免有的估价委托方仅是承租人，却以房地产权所有人的身份委托估价。

4. 装修高档复杂

商业房地产大多是为人们提供服务。为了吸引人群，商家会努力营造舒适的环境，配套设施齐全，如安装中央空调、饮水处、亲子乐园等。商业房地产通常会有非常高档的装修而且形式各异，要准确估算其价值必须单独计算。对于经营者来说，在购买或租下商业房地产之后，为了保持或建立自己的经营风格和品牌效应，一般会进行重新装修，这一点，与居住房地产有较大的区别。这类装修造价较高，因此，在进行商业房地产估价时，估价师要分析现有装修状况是否能利用，如无法利用，应考虑追加装修投入对评估价值的影响。

商业房地产的一个主要特点是能够用以获得收益，商业房地产的价值往往也正是体现在它获取收益的能力上，所以收益法是商业房地产最为常用的估价方法。

二、影响商业房地产价格的因素

（一）区位因素

1. 商业繁华程度

房地产投资最主要的是区位，与其他房地产类型相比，商业房地产对区位条件最为敏感，区位要素集中，商业繁华程度对商业房地产价值的影响是首要因素。商业繁华程度首先可用该地段是否处于商业中心区来考虑。每个城市一般都有一个或几个市一级的商业中心区，它们的辐射力遍及全市，吸引着全市的购买力（特别是大宗商品的购买力，如家用电器、家具等耐用消费品），这类市一级的商业中心区属于全市最繁华的地段。另外，在每个行政区或住宅聚集区也会有一个或多个区级商业中心区，它们的辐射力低于市级商业区，一般限于本区域内，繁华程度也低于市级商业区。每个居住小区有小区级商业中心，它的辐射能力只能是一个小区，客流量和吸引力更是有限，因此，商业繁华程度最低，此地段的商业房地产的价值也是最低的。

2. 交通条件

交通便捷程度对房地产价值影响较大，商业地产估价时要从两方面考虑交通条件：一是顾客方面，从现阶段一般情况来说，主要是公共交通的通达度，可用附近公交线路的条数、公交车辆时间的间隔，以及公交线路联结的居民区人数等指标来衡量，另外还要考虑停车场地问题；二是经营者方面，要考虑进货、交通和卸货的便利程度，主要受进出货物的通道是否便捷等因素影响。

道路交通条件的改善可以给沿途商业带来巨大的人流量。对于商业地产而言，集中的人流量固然重要，但也要看这些人群是否是有效的消费群体。有时在一些公共交通特别便利的地方，虽有巨大的人流量，但多是过客，如果对人流不能有效地分化导引，反而会因人流嘈杂影响正常商业环境，以致不适宜做高档的商业物业。

（二）个别因素

1. 临街状况

根据路线价法评估土地的分析思想，商业房地产一般都是临街的，这是区位的重要反映。一般来说临街面越宽越好，有利于商业地产价值的提高。最简单的是菜市场的例子，一般入口处都是临街的，客流量大，并且入口处摊位的商品价格会比里面摊位的价格高，所以一般在进出口的摊位租金也就高，体现出来的房地产价值也就高。因此，临街道路越好，利用率越高，商业房地产的价格也相应越高，反之亦然。例如，街角地比一面临街的房地产的价值高，与道路平齐临街的商铺比有凹入的商铺价值高。但若位于街角交通要道的商业房地产，尤其是大型商业区房地产，门前如果没有足够的缓冲场地，将影响人流出入的方便性，不利于商业房地产的利用，会降低商业房地产的价值。

2. 内部格局

商业用房的内部格局应有利于柜台和货架的布置和购物人流的组织。一些大型商业用房往往要分割出租，因此要求内部空间能够灵活地间隔。

3. 楼层

一般来说，位于底层的商业用房较优，但如果有自动扶梯，楼上的商业用房与底层之间的不利差距将大大缩小。

4. 面积

根据经营要求不同，商业用房所需的面积可能不同，但一般来说不宜太小，如果不是大型零售百货或大型交易市场，面积也不宜太大。

5. 净高

商业房地产的室内净高应适宜。净高偏低则难免产生压抑感，不利于经营；若净高超过合适的高度，建筑成本会提高，也无助于房地产价格的提高。

6. 储存空间

储存空间的大小直接影响着商业地产的实际可利用体积的大小，因此对商业地产估价影响较大。

7. 装修和结构构造

装修在商业房地产的价格中往往占有很大分量。同样的房屋，仅仅由于装修不同，价格会有很大的差别。此外，因建筑结构构造采用的材料不同，其价格也有很大的差别。

8. 转租的可能性

有些业主或中间承租人规定，承租人不能再转租，这样就影响了投资（承租）商业地产的灵活性，从而影响该商业地产的价值。

9. 使用年限的折旧情况

使用年限和折旧情况反映了商业地产的整体使用状况和新旧程度，也决定了商业地产还能够使用的年限，是必须考虑的因素之一。

其他商业房地产，如餐饮、商务办公、旅馆等房地产，在相当大的程度上与商业地产有相似之处，因此它们也都具有商业地产的一些特点，影响其价值的个别因素和区域因素也与商业地产类似，采用的估价方法也基本一样。故在随后涉及商务办公、旅馆、餐饮等房地产时，将只着重说明它们各自的特别之处，对其与商业地产类似的特点不再赘述。

三、商业房地产估价方法

1. 收益法

商业房地产都以获得高额收益为主要目的，所以收益法是商业地产估价最为常用的方法之一。

采用收益法估价时要注意，首先要准确界定由商业地产本身带来的净收益，不要在净收益中混入由于经营等非房地产本身要素所产生的收益；其次，还要正确选取报酬率。

商业地产的业主常常不是自己经营而将其出租给别人经营，这时的净收益可由租金值来确定。

2. 比较法

商业地产的转售、转租比较频繁，特别是小型商铺更是如此，因此较易获得比较案例，所以在商业地产估价时，比较法也可以是一种常用方法。

3. 成本法

在有些估价业务中，例如商业地产的抵押估价，或是对将要转变用途的房地产进行估价时，也会用到成本法作为辅助。

四、商业房地产估价的技术路线及难点处理

不同类型的商业房地产评估在总体技术方法、思路上大体一致，但在具体技术路线的选择和处理上又有各自的特点。

1. 不同经营方式商业房地产估价的技术路线及难点处理

商业房地产根据其经营方式的不同可分为出租型和商业运营型两种类型。

(1)出租型商业房地产。出租型商业房地产的投资者主要通过收取租金获取回报,这类商业房地产主要为临街中小型商铺、便利店、专卖店、专业市场、社区商铺等。出租型商业房地产主要采用收益法和比较法进行估价。

采用收益法估价的关键是求取租金收益,租金的测算要区分租赁期内和租赁期结束两种情况。在租赁期内(毁约除外)应根据租赁合同计算净收益,租赁期结束后,应根据市场客观租金水平、经营费用、税金等因素利用比较法求取待估商业房地产的净收益,并根据市场租金变化趋势判断未来租金水平。因此对出租型商业房地产测算租金收益时,应了解待估对象是否存在合约的限制。

采用比较法对商业房地产估价时主要应用在两个方面:
1)直接求取商业房地产价格;
2)求取商业房地产租金,再利用收益法测算商业房地产价格。

交易实例的选择和修正系数的确定是比较法评估商业房地产的重要环节。由于影响商业房地产价格的因素很多,因此对估价对象及交易实例的实地查勘显得非常重要,必须详细了解待估商业房地产的地段及具体坐落、临街状况、经营业态和内容、建筑及内部格局、楼层、面积、装修、交易方式等因素。

例如,某个商场,分割出售,面积相仿,但四面临街状况不同,其中一面临商业街,其销售价格是 7.5~9 万元/m^2,两面临普通道路,销售价格是 6.5 万元/m^2,另一面临弄里小路,其销售价格是 3.5~4 万元/m^2。同样的底层,价格相距最大的幅度接近 2 倍。因此,如果不仔细了解具体坐落位置,简单将其中临弄里小路的交易实例用于沿普通道路的估价对象进行比较,就会造成估价的失误。

阅读材料

在交易实例的选择时还应关注商业房地产的交易形式、价格(或租金)内涵。如,当前许多商业房地产的销售采取了售后回租的形式,这种交易情况下的价格要高一些,具体高多少,取决于售后回租的条件,即回报率与回报年限。类似的这种实例可比性基础比较弱,一般不宜采用,如果一定要用,必须针对回报率与回报年限的综合情况进行修正。又如租赁价格中税费的负担、房屋的修缮责任的归属、租赁期限的长短、租金的支付方式及违约责任等都对租赁价格产生影响,所以应该详细了解这些内容。

(2)运营型商业房地产。运营型商业房地产主要靠经营获得回报,如百货商店、超级市场、大型商场等,这类商业房地产主要采用收益法评估。由于很难获取第一手租金资料,对于这类估价对象,评估时在理论上可基于营业收入测算净收益,即净收益＝主营业务收入－主营业务成本和税金－管理费用－财务费用－销售费用－商业利润。但在实际操作中,如何剥离商业经营的利润与房地产带来的利润是难以处理的问题,目前主要是基于估价师对商业及房地产市场的经验判断,一般做法是根据类似可比实例修正估算出租赁收入来确定商业房地产的净收益。

2. 不同规模商业房地产估价的技术路线及难点处理

(1)整幢商业房地产估价。在实际中,进行整幢的商业房地产估价的情况相对而言比较少。对整幢商业房地产估价时，首先应详细了解不同楼层的商业业态、经营方式、收入水平等的差异，其次了解同层商业房地产铺面的分布格局及租赁价格等影响因素，再次根据不同楼层具体情况、交易实例收集的难易程度、潜在租金及经营费用测算的难易程度选择不同的估价方法，一般可采用收益法、比较法。

（2）整层商业房地产估价。对整层商业房地产评估，一般可采用比较法或收益法进行，但由于整层出售或出租个案很少，因此当缺少类似整层商业房地产销售或出租可比实例，而仅有单个商铺的成交实例时，如何利用单个实例修正而估算得出整层商业房地产的价格往往成为估价的难点。

虽然整层商业房地产与分割的商铺面临的客户群不同。二者在市场价格形成过程中的分割布局、策划费用、销售代理费用、市场接受能力不一致。但是，对于某个具体的铺位价格而言，在数量上与整层商业房地产均价间存在一定的比例关系，因此可通过细致的市场调查确定这种数量关系，进而修正到整层商业房地产的价格。

（3）同层商业房地产不同铺面估价。对同层商业房地产多个铺面进行评估时，一般先评估出一个铺面的价格，在此基础上进行修正从而得出其余铺面价格。这种技术处理方式要求对同层商业房地产铺面的分布格局及价格分布影响因素有充分的了解和认识。

单元三　工业房地产的估价

一、工业房地产及其估价特点

工业房地产是指工业企业和其他工业生产单位所属的房地产，其主要功能是进行工业生产。工业房地产包括生产性用房的厂房、工厂区内的其他房地产、仓库及其他仓储用房、泵房、锅炉房、配电室和作为辅助用房的办公楼、门卫房、食堂、车库等建筑物，以及围墙、大门等构筑物。工业房地产的特点如下。

1. 涉及行业多

不同行业有各自的行业特点、生产要素，即使生产同一产品的工业企业，由于工艺、流程的不同，对厂房、用地的要求也可能截然不同。因此，进行工业房地产估价时，首先应该了解相应企业的一些行业知识。

2. 非标准厂房多，单价差异大

工业生产用房包含两大类，即标准（通用）厂房和非标准厂房。

标准厂房多为一些轻工业产品的生产用房，如电子装配、成衣加工等，在一些新兴工业园区、出口加工区有许多这类标准厂房可供出租。标准厂房一般有标准的柱距、层高、楼面荷载等。

工业生产厂房的非标准厂房较多，各生产企业根据生产的不同需要自行设计和建造，如建筑样式、跨度、层高、结构类型等设计指标和建造指标都不相同。因此，需要估价人员掌握的信息量大，非标准厂房的建筑造价差异大。

3. 厂房受腐蚀的可能性大

厂房是产品生产加工和组装的场所，产品的生产加工过程经常会产生剧烈震动，工作环境常常有腐蚀性，估价时要注意房屋使用年限会因此而缩短。

4. 工业厂房多带有辅助性用房

工业房地产包括生产厂房、办公用房、生活用房，还有辅助性用房，如仓库、污水处理池、专用道路等。许多工业生产厂房的设备基础和建筑物的基础是连在一起的，估价时要区分设备和建筑物的价值。

二、影响工业房地产价值的主要因素

（一）区域因素

1. 交通条件

工业企业通常需要运进大量的原材料及燃料并运出产品，因此必须有便捷的交通条件。拥有便捷的对外交通条件会提高厂房的市场价值。工业企业会选择在原材料产地就近建设工业厂房，或在有重要交通干线和交通枢纽附近设立工业开发区，降低交通运输费用。因此，在估价时，工业厂房的交通便捷程度就会体现在工业厂房的价值上。

2. 基础设施

工业生产对基础设施依赖性较强，如当地的电力供应情况、生产用水能否满足需要、排污及污染治理、通信条件等，都是影响工业房地产价值的主要因素。

3. 地理位置

工业厂房地理位置的要求也较特殊，例如造纸业需要大量排放污水，所以通常需要邻近河道且应避免对下游造成污染；化工企业则不应设在山沟里；水泥厂的附近若有煤矿和石灰矿则可减少原材料的运输距离等。若相应的工业房地产的地理位置符合生产的要求，会提高房地产的价值。

（二）个别因素

1. 用地面积

厂区用地面积大小应该合理，面积太小无法满足生产需要，太大则多出的部分并不能增加房地产价值；用地形状、地势应符合生产要求，便于布置生产线，不同的生产工艺常常要求不同的用地形状及地势。

2. 地质和水文条件

厂区用地的地质条件应满足厂房建设和生产要求，当地水文条件应满足厂区建设和生产的要求。例如，地下水位过高会影响建设施工，地下水有腐蚀性则会腐蚀基础（特别是桩基础）。河流的常年水位和流速、含沙量则影响生产取水及污水排放。洪水水位的高低则关系到厂区是否有被淹没的可能。

3. 房地产用途

在评估时要考虑该房地产改作其他用途以及用于其他产品生产的可能性。

三、工业房地产估价常用方法

1. 比较法

工业房地产通常缺少同类房地产的交易案例，特别是非标准厂房，也不易在同一供需圈内找到符合条件的比较案例，所以一般不具备采用比较法估价的条件，而通常采用成本法。但在一些新兴工业地带，往往有较多的标准厂房，这些标准厂房的租售案例（特别是出租案例）通常较多，可以考虑采用比较法估价。如果出售的标准厂房可采用收益法，也可通过租金收益测算其房地产价值。

2. 收益法

如果可以从企业的总收益中剥离出房地产的收益，则可以考虑采用收益法估价，但这种剥离通常有一定的难度，特别是难以准确区分厂房和设备各自生产的收益。

3. 成本法

工业房地产估价时采用较多的是成本法。标准厂房较易确定统一的重置价格，从而可以制定当地统一重置价格表。非标准厂房的重置价格的确定则有两个主要途径：一是参考预算价格计算；另一个是利用标准厂房的重置价格表，根据跨度、柱距、高度等修正，修正得出转让价格。

四、工业房地产估价的技术路线及难点处理

工业房地产一般采用成本法估价，估价时，往往是将土地、地上建筑物进行分别估价，然后将两部分价格合并处理。土地的估价通常采用基准地价修正法和成本法，地上建筑物采用重置成本法。在地价评估时，基准地价如果不是当地政府近期公布的，应考虑对地价进行年期修正。对于建筑物的估价，应根据建筑物的结构、用途、跨度、柱距、梁底标高、（行车）轨顶标高、楼面荷载等因素，利用当地建设定额管理站公布的最新工业建筑造价标准确定估价对象工程的造价。

阅读材料

特殊用途房地产估价

特殊用途的房地产，关键就在于"特殊"二字，所谓特殊，是指这类房地产通常都伴随着专营权，在房地产估价中主要针对停车库的估价进行分析。

停车库主要有专营停车库大楼和地下停车库，而地下停车库最为常见，一般位于住宅、商业和写字楼的地下部分，其主要为解决地上停车困难的问题，同时也是为了合理利用地下空间。

由于停车库属于一种较为特殊的房地产，相对于其他房地产而言具有其特殊性及其估价的特殊性。

1. 地下停车库特点

（1）权属比较特殊。地下停车库一般存在两种不同情况：

1）开发商拥有车库单独产权，可对车库自由行使收益、处分权；

2）地下车库作为共有部位，建筑面积已进行了分摊，车库不能单独出售。上述情况的存在，导致了地下停车库是否存在经营性，同时也使得其价格表现形式多样化。此外，也会存在利用人防工程作为地下车库的情况。

（2）计量单位比较特殊。商品房存在多种计量单位（套、建筑面积、套内建筑面积、使用面积等），国家有关部门对于应该以何种计量单位作为商品房销售单位也有相关规定，但由于地下停车库物业用途的特殊性，消费者比较认同的规则只有一种：车位，与此同时，也会出现相同建筑面积产生不同车位数的问题。

（3）日常管理和服务相对特殊。地下停车库除满足停车这一基本功能外，可能会衍生出其他功能，当然，这种功能主要为解决与机动车相关的问题，属于一种配套服务。这种配套服务涵盖面较广，诸如：车辆安全、车辆清洁、停车的方便和舒适、维修等。由此，地下停车库日常管理和服务水平在一定程度上决定了停车库的档次。

2. 地下停车库的价格特点

（1）价格往往和车位数挂钩。与一般商品房不同，地下停车库的销售价格往往会以"元/车位"的形式体现，因此，地下停车库的价格和最初原始投入的紧密程度较低。

（2）同一地区单位价格不会出现较大的变化。由于地下停车库自身地位和使用功能的特殊性，其单位价格往往不会像其他房地产那样，呈现出比较鲜明的独特性，同一地区地下停车库单位价格比较一致。

（3）价格受地上房地产租售状况的影响。与地上房地产相比，地下停车库在一定程度上处于从属地位，其价格的高低也受地上房地产的租售状况影响，很难想象，在某宗地上，如果地上部分租售情况极不理想，而地下停车库会出现租售势头良好的情况。

单元四　各种目的的房地产估价

一、房地产转让价格评估

1. 房地产转让价格评估的法律规定

房地产转让是指房地产权利人通过买卖、赠予或者其他合法方式将其房地产转移给他人的行为。房地产转让价格是指转让房地产时形成的价格。房地产转让价格评估，应依据《中华人民共和国城市房地产管理法》《中华人民共和国土地管理法》《城市房地产转让管理规定》以及当地制定的实施细则和其他有关规定进行。具体来说房地产转让包括房地产买卖、房地产赠予、其他合法方式等形式。而房地产买卖，则是指从国家手中取得土地使用权的卖者将经过一定程度开发的土地或者具有土地使用权的地上建筑物、设施出卖给他人并由此将该房地产使用权转移给他人的行为。而房地产赠予，是指房地产权利人自愿将自己拥有的土地使用权或房屋所有权无偿转移给他人的行为。在房地产赠予中，土地使用权的赠予及房屋所有权赠予均不涉及土地所有权转移问题，土地所有权仍属国家。房地产转让的其他合法方式指除买卖、赠予以外的其他房地产权属转移行为。按照住建部《城市房地产转让管理规定》第三条规定，房地产转让的其他合法方式包括以房地产作价入股、与他人成立企业法人，房地产权属发生变更的；一方提供土地使用权，另一方或者多方提供资金、合资、合作开发经营房地产，而使房地产权属发生变更的；因企业被收购、兼并或规定的其他情形，如因交换、继承、遗赠等使房地产权属转移的。

房地产转让价格评估，应采用公开市场价值标准。以划拨方式取得土地使用权的，转让房地产时应符合国家法律、法规的规定，其转让价格评估应另外给出转让价格中所含的土地收益价值，并应注意国家对土地收益的处理规定，同时在估价报告中予以说明。因为划拨土地使用权转让涉及国有土地收益的分配，国家法律、法规对此有比较严格的限制，此外，划拨土地使用权转让一般须经土地管理部门批准，并须补交地价或以土地收益折抵。

2. 房地产转让价格评估的特点

（1）从价值时点上看，房地产转让价格评估多数是在转让前进行，价格评估时点则在价格评估作业日期之后。

（2）房地产转让价格评估可以委托社会上任何一家值得委托人信任的评估机构进行评估，既可能是买方和卖方单独委托，也可能是买卖双方共同委托，这是一种自愿的行为。

（3）从价格评估目的上看其目的只是为了在进行房地产交易时有一个参考价格，带有一定的咨询性。价格评估人员只对估价信息和结论合乎价格评估技术规范和职业规范负责，而对房地产转让定价决策不负直接责任。

3. 房地产转让价格评估常用方法

房地产转让价格评估，宜采用比较法和收益法，也可采用成本法，其中待开发房地产的转让价格评估应采用假设开发法。

二、房地产抵押价值评估

1. 房地产抵押价值评估的定义

房地产抵押价值评估是对将要充当抵押物的房地产的价值进行估算和评定。所谓房地产抵押价值评估，实质是确定估价对象（抵押物房地产）的担保能力，而估价对象的担保能力是由它的价值实现能力所决定的，所以也可以说抵押价值评估的主要任务就是确定估价对象的价值实现能力。

2. 房地产抵押价值评估的法律法规

房地产抵押价值评估，应依据《中华人民共和国民法典》《中华人民共和国城市房地产管理法》《城市房地产抵押管理办法》以及当地和其他有关规定进行。

可抵押的房地产的范围包括：抵押人所有的房屋和其他地上定着物；抵押人依法有权处分的国有土地使用权、房屋和其他地上定着物；抵押人依法承包并经发包方同意抵押的荒山、荒沟、荒丘、荒滩等荒地的土地使用权。

根据抵押制度的要求，作为抵押物的房地产必须是能够转让的房地产，只有这样才能实现转让的目的。通过对抵押物条件的规定体现了抵押物的法定主义。如果所抵押的房地产是法律规定不能转让的，即使设定抵押权的其他条件已经具备，这种抵押也是无效的民事行为，没有法律约束力。

《房地产估价规范》(GB/T 50291—2015)规定：房地产抵押价值评估，应采用公开市场价值标准，可参照设定抵押权时的类似房地产的正常市场价格进行，但应在估价报告中说明未来市场变化风险和短期强制处分等因素对抵押价值的影响；房地产抵押价值应是以抵押方式将房地产作为债权担保时的价值。依法不得抵押的房地产，没有抵押价值。

首次抵押的房地产，该房地产的价值为抵押价值；再次抵押的房地产，该房地产的价值扣除已担保债权后的余额部分为抵押价值。

3. 房地产抵押价值评估的特点

房地产抵押价值评估的特点是由房地产抵押价值评估的实质决定的，具体表现在以下几方面。

(1)注重预期风险。抵押评估业务一般价值时点为当前某一日期，而抵押期限一般会在一年以上的时间，一旦发生清偿，实现抵押权又在未来某一日，所以要注重预期风险。估价时，对预期不确定的因素要充分考虑。如抵押房地产在还款期间某个时点的市场价值相对于发放之日用以确定贷款额度的价值大幅度下降，将会使该笔贷款的风险增加。

(2)分析市场变现能力。特别对有价无市的状况进行分析。抵押权方大多在抵押人不能履行债务时，要将抵押房地产变现，而不是收回实物。因此，房地产抵押价值评估时，要对抵押物的市场变现能力进行分析。

(3)考虑抵押期间的耗损。根据房地产抵押的性质，抵押物仍由抵押方占有。

(4)一般价值时点为当前某一日期，而抵押期限一般会有一年以上，应在估价报告中说明有效期内如果市场变化不大，价值不变，或市场变化较大时(超过某一变化率)，其价值需要重新评估的事项。

4. 房地产抵押价值评估的方法

商品房(已办理土地使用权出让，具有完全产权)作为抵押物进行抵押时，可根据情况采用成本法、比较法或收益法估价。

划拨土地上的房地产抵押评估时，可采用房产与土地开发费用分别估价再综合的方法，也可采用成本法、比较法，还可采用先假设估价对象为具有完全产权的商品房，用成本法和比较法或收益法进行估价，最后扣除土地出让金的方法。

部分(局部)房地产作为抵押物进行抵押价值评估时，应注意到该部分(局部)房地产在整体房地产中的作用，能否独立使用，是否可以独立变现，并注意到土地的分摊和公共配套设施、人流、物流交通通道的合理享用问题，估价方法可选用成本法、比较法或收益法。

乡镇企业用房抵押评估时，应注意其占地面积的土地征用批准权限和政府规划管理部门对该宗用地的规划限制条件。获得权限内政府相关部门的认可，方可设定抵押，估价时考虑补交土地征用费、土地出让金等因素，可采用成本法、比较法或收益法。抵押评估时注意集体土地使用权抵押条件。

在建工程已完工部分作为抵押物进行抵押价值评估时，应充分考虑后续工程的成本、费用，确定开发成本中开发商利润的取值，因其利润在完全竣工时才可能全部体现，应采取保守原则。估价方法可选用成本法、假设开发法和比较法。

抵押价值评估和市场价值评估在评估方法上是一致的，但比较市场在抵押贷款价值评估中较受限制，除了受到比较案例数量较少的影响之外，还与抵押贷款价值的非市场价值性质有关。抵押贷款价值应在成本价值和收益价值基础上评估。因此对抵押价值评估来说，收益法和成本法应当同时使用，并且以收益价值为主。

阅读材料

评估不同权利状况房地产抵押价值时应注意的问题

（1）以划拨方式取得的土地使用权连同地上建筑物抵押的，评估其抵押价值时应扣除预计处分所得价款中相当于应缴纳的土地使用权出让金的款额，可采用下列方式之一处理：

首先求取设想为出让土地使用权下的房地产的价值，然后预计由划拨土地使用权转变。此时土地使用权年限设定为相应用途的法定最高年限，从价值时点起计。或者用成本法估价，价格构成中不应包括土地使用权出让金等由划拨土地使用权转变为出让土地使用权应缴纳的款额。

（2）以具有土地使用年限的房地产抵押的，评估其抵押价值时应考虑设定抵押权以及抵押期限届满时土地使用权的剩余年限对抵押价值的影响。

（3）以享受国家优惠政策购买的房地产抵押的，其抵押价值为房地产权利人可处分和收益的份额部分的价值。

（4）以按份额共有的房地产抵押的，其抵押价值为抵押人所享有的份额部分的价值。

（5）以共同共有的房地产抵押的，其抵押价值为该房地产的价值。

三、房屋租赁价格评估

1. 房地产租赁的法律规定

房屋租赁是指房屋所有权人作为出租人将其房屋出租给承租人使用，由承租人向出租人支付租金的行为。

房地产租赁价格评估，应依据《中华人民共和国城市房地产管理法》《中华人民共和国土地管理法》《商品房屋租赁管理办法》以及当地制定的实施细则和其他有关规定进行。

《中华人民共和国城市房地产管理法》第五十四条："房屋租赁，出租人和承租人应当签订书面租赁合同，约定租赁期限、租赁用途、租赁价格、修缮责任等条款，以及双方的其他权利和义务，并向房产管理部门登记备案。"《中华人民共和国城市房地产管理法》第五十五条："住宅用房的租赁，应当执行国家和房屋所在城市人民政府规定的租赁政策，租用房屋从事生产、经营活动的，由租赁双方协商议定租金和其他租赁条款。"本条规定了住宅用房和生产经营性用房的不同的租赁价格政策。

从事生产、经营活动的房地产租赁价格评估，应采用公开的市场价值标准。住宅的租赁价格评估，应执行国家和该类住宅所在地城市人民政府规定的租赁政策。以营利为目的出租划拨土地使用权上的房屋，其租赁价格评估应另外给出租金中所含的土地收益值，并应注意国家对土地收益的处理规定，同时在估价报告中予以说明。

2. 房屋租赁价格评估的特点

房屋租赁价格（即房屋租金）是房屋承租人为取得一定时期内房屋的占有、使用、收益权利而向出租人支付的代价。其价格评估具有如下特点：

(1)住宅类房屋租赁价格评估为政策性评估。估价人员应严格执行有关租赁政策，没有超越规定调整租金幅度的价格空间。

(2)租约对租金估价有一定的影响。如为合理性契约式房屋租赁价格评估，宜采用租约所确定的租金。租约期外的租金则采用正常客观的租金标准。租赁房屋已订立租约时，应对租约中所约定的租金标准的客观性、合理性进行判断。如租约所约定的租金客观合理，一般应根据该租金估价；如与市场租金标准相差较大(或高、或低)，租金明显存在不合理性，则应重新评估其租金值。

(3)划拨土地上的营利性房屋租赁价格评估应确定土地收益中的国家所得部分。

(4)几种租金内涵。成本租金(折旧费、维修费、管理费、利息、房产税)、商品租金(折旧费、维修费、管理费、利息、房产税、保险费、地租、利润)、市场租金(商品租金根据供求关系形成)。

3. 房屋租赁价格评估的方法

房地产租赁价格评估方法主要有比较法、收益法、成本法。

(1)对于房屋租赁市场公开、租赁信息充分时常选用比较法。评估时应广开信息渠道，可查阅有关报刊中的租赁信息，收集房地产交易展示会资料，了解房地产中介租售行情等。

(2)收益法是在租赁房屋预期收益可预测成可确定的情况下常用的估价方法。其评估的关键是年净收益的计算和资本化率的选定。扣除项目在收益法中已做了说明。在计算收益时要注意租金的价格内涵，如代收代缴的水、电费是否在内。

租赁净收益为租赁收入(主要为有效毛租金收入及租赁保证金、押金等的利息收入)扣除维修费、管理费、保险费和税金等四项税费。四项税费的取舍，应根据租赁契约规定的租金含义决定。如四项税费全部由出租方承担，应将其全部扣除。如部分为出租方承担，则只扣除出租方承担部分。在选定报酬率时，应考虑不同地区、不同用途、不同时期的租赁房地产风险程度。

(3)成本法评估的成本构成主要有折旧费、维修费、管理费、利息、税金、保险费、地租和利润。采用该方法估价时，应先求取建筑物的重置价格。

四、房地产保险估价

房地产保险估价应依据《中华人民共和国保险法》《中华人民共和国城市房地产管理法》和其他有关规定进行。房地产保险估价分为房地产投保时的保险价值评估和保险事故发生后的损失价值或损失程度评估。

1. 投保价值评值

保险价应是投保人与保险人订立保险合同时作为确定保险金额基础的保险标的价值。保险金额应是保险人承担赔偿或给付保险金责任的最高限额，也应是投保人对保险标的实际投保金额。房地产投保时的保险价值评估，应评估有可能因自然灾害或意外事故而遭受损失的建筑物的价值，估价方法宜采用成本法、比较法。房地产投保时的保险价值，根据采用的保险形式，可按该房地产投保时的实际价值确定，也可按保险事故发生时该房地产的实际价值确定。

2. 损失价值评估

保险事故发生后的损失价值或损失程度评估，应把握保险标的房地产在保险事故发生前后的状态。对于其中可修复部分，宜估算其修复所需的费用作为损失价值或损失程度。

五、房地产课税估价

房地产课税估价按相应税种为核定其计税依据提供服务。有关房地产税的估价，应按相关税法具体执行。房地产课税估价宜采用公开市场价值标准，并应符合相关税法有关规定。目前主要税种涉及的房地产估价业务包括以下几种。

1. 城镇土地使用税

为课征城镇土地使用税进行的估价，应以《城镇土地使用税暂行条例》和当地制定的实施细则为依据。通常有关实施细则中都制定了相关的城市土地等级划分方案，估价人员只需明确估价对象所处的土地等级，从实施细则中查出每平方米土地面积的年征收数额，就可计算出应缴纳的城镇土地使用税数量。对于尚未划分土地等级的城市，此估价任务主要是合理对土地进行定级。

2. 土地增值税

为课征土地增值税进行的估价，应以《中华人民共和国土地增值税暂行条例》《中华人民共和国土地增值税暂行条例实施细则》为依据。土地增值税的计税依据为土地增值额。其计算公式为

$$土地增值税 = 转让房地产所取得的收入 - 扣除项目金额$$

土地增值税估价的关键是土地增值税扣除项目金额的估算，对扣除项目金额的估算需要按成本法进行。

3. 房地产税

为课征房产税而进行的估价，应以《中华人民共和国房产税暂行条例》和当地制定的实施细则为依据。房产税的计税依据为房产余值或租金收入。

房产余值是房产原值一次扣除一定比例（10%～30%，一般为30%）后的余额。按房产余值征收的税率为1.2%，适用于企业出租或自用房产的房产税征收。没有房产原值作为依据的，由房产所在地税务机关参考同类房产核定。而此处的房产原值应为房屋建造时的重置价格，宜按成本法对房地产进行估价。

租金收入是指实际获取的毛租金收入，包括货币收入和实物收入。租金收入应按实际获得的毛租金收入计算。按租金收入征收的税率为12%，适用于事业单位出租房产的房产税征收。

4. 契税

为课征契税而进行的估价，应以《中华人民共和国契税法》和实施细则为依据。契税的计税依据为成交价格（国有土地使用权出让、土地使用权出售、房屋买卖行为）、市场价格（土地使用权赠予、房屋赠予行为）和交换差价（土地使用权交换、房屋交换行为）。

为课征契税而进行的估价，大都发生在房地产的权属发生转移或变更时，当申报纳税的成交价格与房地产实际价值有较明显差异时，应按房地产转让的估价方法，评估其客观

合理的价格或价值，并以此作为征收契税的依据。

在国外，房地产课税估价是房地产估价中的重要组成部分。根据国外的经验，课税估价由于要遵循相关税收法规、条例，涉及社会公众广泛的利益与权益，因此可由政府中的房地产估价人员进行，也可由政府委托信誉较好的社会房地产估价机构进行。

六、房地产分割、合并估价

房地产分割、合并估价，除需遵循一般房地产估价的原则和方法之外，应注意分割、合并对房地产价值的影响，要从影响房地产合并或分割前后最高最佳使用或最有效使用、规模经济或不经济的角度，分析估价对象在分割或合并前后的可能变化。例如，位于城市商业区的两块面积分别为 400 m² 和 1 600 m² 的相邻土地，合并后不仅能使基地形状规整，而且还可使开发商能够面向中型客户开发建设每层建筑面积为 1 200～1 500 m² 的写字楼，大大提高了两块土地的开发价值。此时如果不考虑合并的影响而单独评估两块地的价值，则两块地的价值之和很可能大大低于合并后的土地价值。

分割、合并前后的房地产整体价值不能简单等于各部分房地产价值之和。分割估价应对分割后的各部分分别估价；合并估价应对合并后的整体进行估价。对于合并或分割前后导致的房地产增值或价值损失，需要在分割后或合并前的两个个体之间合理分配，分配的比例不仅要看每一部分所占的面积比例，还要看每一部分对房地产增值或减值的影响程度。

七、房地产纠纷估价

发生房地产纠纷时，应对纠纷案件中涉及的争议房地产的价值、交易价格、造价、成本、租金、补偿金额、赔偿金额、估价结果等进行科学的鉴定，提出客观、公正、合理的意见，为协议、调解、仲裁、诉讼等方式解决纠纷提供参考依据。房地产纠纷估价，应按相应类型的房地产估价进行，应注意纠纷的性质和协议、调解、仲裁、诉讼等解决纠纷的不同方式，并将其作为估价依据，协调当事人各方的利益。

房地产估价纠纷分为房地产价格纠纷和估价结果纠纷：价格纠纷是针对房地产的价值、交易价格、造价、成本、租金、补偿金额、赔偿金额的纠纷。估价成果纠纷是针对估价结果本身的纠纷。

八、征地和城市房屋拆迁补偿估价

征地和房屋拆迁补偿估价，分为征用农村集体所有的土地的补偿估价（简称征地估价）和拆迁城市国有土地上的房屋及其附属物的补偿估价（简称拆迁估价）。

征地估价是指在将集体所有的土地经依法征收转为国有土地的过程中，对被征收土地的补偿价格进行的评估。征地估价应依据《中华人民共和国土地管理法》以及当地制定的实施办法和其他有关规定进行。

拆迁估价是指为确定被拆迁房屋货币补偿金额，根据被拆迁房屋的区位、用途、建筑面积等因素，对其房地产市场价格进行的评估。拆迁估价应依据《城市房地产管理法》以及当地制定的实施细则和其他有关规定进行。

模块八 各种类型的房地产估价

依照规定，拆除违章建筑、超过批准期限的临时建筑不予补偿；拆除未超过批准期限的临时建筑给予适当补偿。实行作价补偿的，可根据当地政府确定公布的房屋重置价格扣除土地价格后结合建筑物成新估价。依法以有偿出让、转让方式取得的土地使用权，根据社会公共利益需要拆迁其地上房屋时，对该土地使用权如果视为提前收回处理，则应在拆迁补偿估价中包括土地使用权的补偿估价。此种土地使用权补偿估价，应根据该土地使用权的剩余年限所对应的正常市场价格进行。

征地和拆迁补偿估价是政策性、群众性很强的一项估价工作。补偿安置是城市房屋拆迁中的核心内容，拆迁活动所涉及的民事法律关系主要表现为补偿安置。补偿安置的基础和依据是被拆迁房屋价格的评估，评估价是货币补偿标准的依据，是做出裁决的依据。法律对补偿标准、补偿范围、补偿方式等都做了详细的规定。

(1) 征收其他土地的土地补偿费和安置补助费标准，由省、自治区、直辖市参照征收耕地的土地补偿费和安置补助费的标准规定。

(2) 征地补偿估价。土地补偿费（该土地前3年平均产值的6～10倍）；征用耕地的安置补助费（该土地前3年平均产值4～6倍）；青苗补偿费；地上附着物补偿费；房屋拆迁补偿费。

(3) 房屋拆迁补偿估价。补偿对象为房屋所有人（被拆迁人）；赔偿方式为货币补偿和产权调换；补偿标准，货币补偿的根据被拆迁房屋的区位、用途、建筑面积等因素，以房地产市场评估价确定；价值时点为拆迁人取得房屋拆迁许可证之日。

模块小结

居住房地产简称住宅，主要包括普通住宅、公寓、别墅等。商业房地产包括商店（商场、购物中心、商铺）、市场（超级市场、批发市场）、旅馆、写字楼、餐馆和游艺场馆等。工业房地产主要包括厂房及工厂区内的其他房地产、仓库及其他仓储用房地产。不同目的下的房地产估价有房地产转让价格评估，房地产抵押价值评估，房地产租赁价格评估，房地产保险估价，房地产课税估价，房地产分割、合并估价，房地产纠纷估价，征地和城市房屋拆迁补偿估价等。本模块主要介绍居住房地产估价、商业房地产估价、工业房地产估价、不同目的下的房地产估价。

思考与练习

1. 与其他类型房地产相比，居住房地产主要有哪些特点？
2. 影响居住房地产价格的因素有哪些？
3. 简述不同经营方式商业房地产估价的技术路线及难点处理。
4. 房地产转让价格评估的特点有哪些？
5. 房地产抵押价值评估的实质是什么？
6. 什么是房屋租赁价格？其价格评估具有哪些特点？

性
第五篇 房地产估价报告

模块九 房地产估价报告

知识目标

1. 熟悉房地产估价报告的定义及形式；掌握房地产估价报告的写作基础、写作原则。
2. 掌握房地产估价报告的组成部分、房地产估价报告规范格式。
3. 熟悉房地产估价报告常见错误分析。

能力目标

能够撰写较为规范的房地产估价报告，并能对房地产估价报告的错误进行正确分析和有效改错。

课前任务案例

任务：下列估价报告存在多处错误，请指明(本例只说明比较法计算过程，其他方法暂略)。

一、封面(略)

二、目录(略)

三、致估价委托估价方函(略)

四、注册房地产估价师声明(略)

五、估价的假设和限制条件(略)

六、××别墅房地产估价结果报告

(一)委托估价方

××市恒通房地产开发公司

(二)受理估价方

××市房地产估价事务所

资质等级及编号(略)

(三)估价对象概况

1. 土地情况

　A. 土地使用权性质：出让土地使用权，2018年1月6日取得国有土地使用权证。

　B. 土地总面积7 000 m²。

　C. 用途：别墅及配套设施。

　D. 33栋别墅，建筑总面积10 378 m²。

2. 地上物情况

该别墅项目的户型有A、B、C、D 4种，款式达数十种，主要为二层砖混结构。目前一期工程33栋中已有24栋完成全部工程，建筑面积7 548 m²，另有9栋尚未完工，但主体结构已完，装修设备未完，建筑面积2 830 m²。建筑材料及设备(略)。

(四)估价目的

为恒通房地产开发公司对××别墅项目按现状整体转让进行估价。

(五)价值时点

2021年4月15日

(六)估价方法

(1)采用的估价方法为：比较法、成本法。

(2)分析、比较用上述估价方法求出的结果，然后进行综合处理，最终求得该别墅项目按现状整体转让的价格。

(七)估价结果

别墅现有房地产价格＝2 476.53＋3 072.51＝5 549.04(万元)

(估价人员、估价作业日期和估价报告应用的有效期略)

七、××别墅房地产估价技术报告

(六)估价测算过程(仅列出第6项，其他项目略)

(1)土地估价：采用成本法与比较法两种方法进行估价，综合平均得出土地评估价格。

A. 利用成本法进行土地估价(略)。

计算结果为：3 324 元/m²。

B. 利用比较法进行土地估价。

户型	A	B	C	D
用途	别墅	别墅	别墅	别墅
交易情况	协议	拍卖	招标	拍卖
交易日期	1995年5月	1997年6月	1997年6月	1998年4月
房地产状况中的区位状况	五类	四类	六类	五类
房地产状况中的实务状况	一般	较好	较好	一般

注：在区位状况调整中，一类因素最好，六类因素最差。

根据测算，上述3个可比实例修正后的价格比较接近，故采用算术平均综合算出土地评估价格作为结果。

户型	A	B	C
土地单价/(元·m^{-2})	3 100	3 300	3 700
交易情况修正	100/80	100/100	100/99
市场状况调整	110/100	100/100	100/100
房地产状况中的区位状况调整（权重0.6）	110/100	102/100	98/103
房地产状况中的实物状况调整（权重0.4）	110/100	100/97	100/103
比准价格/(元·m^{-2})	4 262.5	3 380.42	3 648.98

比准价格＝(4 262.5＋3 380.42＋3 648.98)÷3＝3 763.97(元/m^2)

用比较法算出土地单价为3 763.97元/m^2。

土地单价＝(3 324＋3 763.97)÷2＝3 543.99(元/m^2)

C. 土地估价综合结果。

土地总价：土地单价×土地总面积＝3 543.99×7 000＝2 480.79(万元)

(2) 别墅建筑物估价。

计算结果为：3 072.51 万元。

(3) 别墅现有房地产价格为：5 553.3 万元。

八、附件、说明、其他资料(略)

单元一 房地产估价报告的编写

一、房地产估价报告的定义及形式

房地产估价报告是估价机构履行估价委托合同、记述估价过程、反映估价结果的文件，是估价机构委托人的"产品"，是给予委托人关于估价对象价值的正式答复，是关于估价对象价值的专业意见，也是关于估价对象的研究报告。

房地产估价报告的形式一般为书面报告。书面报告按照格式，可分为叙述式报告和表格式报告。对于成片或成批多宗房地产的同时估价且单宗房地产的价值较低时，估价报告可以采用表格的形式，如旧城区居民房屋拆迁估价或成批房地产处置估价。居民预购商品住宅的抵押估价报告，也可以采用表格的形式。叙述式报告能使估价人员有机会论证和解释估价分析、意见和结论，使估价结果更具有说服力。叙述式报告是估价人员履行对委托人责任的最佳方式。所以，叙述式报告也是最普遍、最完整的估价报告形式。

无论是书面报告还是口头报告，也无论是叙述式报告还是表格式报告，都只是表现形式的不同，对它们的基本要求是相同的。

二、房地产估价报告的写作基础

1. 房地产估价报告的写作主体

房地产估价报告的写作主体实质上是从事该项业务的房地产估价机构和专业估价人员。而房地产估价报告的写作属于专业写作。一份高质量的房地产估价报告，依赖于估价人员良好的综合素质。以下提出的各项要求是必须达到的基本要求：

（1）要有扎实的相关经济知识。房地产估价作为一门学科，属于经济分析与技术分析相结合的实用性边缘学科，涉及专业学科比较庞杂，这就要求：首先，在经济方面，应掌握经济学理论、价格理论、投资学、金融学、保险学、会计学、统计学、工程技术经济学等相关知识；其次，在建筑工程方面，应掌握基本建设的一般程序、建筑构造、建筑材料、工程造价等相关知识；再次，必须掌握城市规划知识、土地管理和房地产管理知识，以及与房地产相关的政策、法律知识等。只有掌握了上述专业知识，才能达到进入房地产估价领域的基本条件。

（2）要有丰富的专业经验。撰写房地产估价报告是估价人员在一定经验和知识的基础上产生的一种创造行为，这种创造行为在很大程度上体现了估价人员经验和知识的个性特点。经验和知识都是不可缺少的必要条件，专业经验在某些特定条件下甚至比知识更重要。

经验需要在实践中不断总结和积累。一个人的经验获得是在个人、现实生活和社会历史三维背景下形成的。因此，专业经验的积累也就有多种途径，实际动手操作当然是最重要、必不可少的途径，这就要求每一个执业的估价师必须尽可能地动手写作房地产估价报告。同时，学习也是积累经验的有效方法，考察和研究估价同行的作品，加强同行之间的交流，从中找出自己可以汲取的内容，从而迅速增长自己的专业能力。

（3）较高的认知能力。房地产估价师的认知能力是指能否在社会经济活动的大环境中迅速、正确地评价估价对象的客观价格或价值的思维表现。认知能力来源于估价人员由知识结构、智力结构和观念方法交融而成的综合经验。它主要体现于对估价对象在房地产市场中的客观价格或价值的判断和确认。因此，把握房地产市场价格运动规律就成为认知能力中最重要的因素。房地产市场价格变化受多种因素的影响，房地产估价师要在这种复杂变化的因素中寻找那些主要的影响因素。同时，还要不断地更新和补充新的知识，以提高自己的分析判断能力。

（4）良好的职业道德。房地产估价报告是特定的问题，有其特定的用途，房地产估价师的职业道德水准，将直接影响到估价结论，从而对估价报告的使用者产生巨大的经济和社会影响。房地产估价师的职业道德的核心内容是要求估价行为独立、客观、公正，房地产估价师不得在估价作业中掺杂个人和机构的额外利益。

（5）驾驭语言文字的能力。在语言文字方面的要求主要有对词义、语句的要求，防止错字、漏字等，另外还有段落、结构安排、文字说明、图表的结合使用，专业术语规范等问题。

2. 房地产估价报告的写作客体

要写好估价报告必须有充分的材料，这里包含两个方面的内容：
（1）客观存在的各种各样的客观材料；
（2）主观认识的各种各样的认识和感受。

这两个方面的内容存在着有机联系。估价师主观方面的认识、感受是材料积累的核心。

有了这个核心,其他方面的材料才能活起来,才能形成作者的写作意图,进入写作过程。否则,其他方面的材料都是松散无序的,发挥不了作用。客观实践的材料是形成和表现认识的基石。没有这个基石,估价师认识、感受无法形成,也不会写出好的估价报告来。估价师在平时就要善于观察、善于发现、善于积累,随时随地收集各类资料。

3. 房地产估价报告的写作载体

写作的载体是指估价师进行写作活动的工具,以及写作成果的凝聚物,亦即语言文字符号,以及语言文字符号、篇章结构生成的文章。

写作的一个载体是写作的工具,主要有纸、笔、计算机等。此外,另一个重要的载体是在语言文字基础上形成的篇章结构和文体。篇章结构和文体是在写作实践中形成的。目前,世界发达国家和地区的估价报告基本上都有相对固定的结构和文体。

4. 房地产估价报告的写作受体

房地产估价报告是供特定的读者阅读和使用的,而且这些读者可能对房地产知识的了解有限。合格的房地产估价报告就是要让那些不懂房地产估价业务的委托人和使用者能够读懂报告。

三、房地产估价报告的写作原则

客观性原则、目标性原则、规范性原则是房地产估价报告写作必须把握的根本性原则。

1. 客观性原则

房地产估价报告写作的客观性原则要求所采用的写作材料、分析过程和最终的估价结论必须客观真实,不能虚构、不能夸大、不能缩小,连写作细节也要经得起推敲。房地产估价报告写作要求客观、真实,是由房地产估价报告的咨询、实证和法律性等专业性质所决定的。

房地产估价报告来不得半点虚假,在估价报告写作中绝对不允许使用其他文学作品诸如"艺术的真实"等手法。无论委托人使用报告的目的是价格咨询、资产价值确认,还是行政管理、法律诉讼的价格鉴证凭据,都要以客观事实为基础。

2. 目标性原则

房地产估价报告是受命写作,源于估价委托人某种特定的需要,整个写作过程都有一个明确目标,写作材料的收集、篇章结构的整合、技术路线的确定、估价结果的说明等都要围绕这个明确的目标进行。

把握估价报告的写作目标,要区分好一般性目标和特定目标两层含义。一般性目标是对所有的房地产估价报告而言,就是价格。因为估价报告研究的都是估价对象的评估价格,所有的写作都是围绕完成最终的评估价格进行的。在估价报告中,不要体现与估价对象价格无关的因素。关于特定的目标,则因委托人提出的估价目的不同而不同。在现实中,需要进行房地产估价的业务类型很多,因而产生了多种估价目的。对于不同估价目的的估价业务,估价思路会有差别,最终的评估价格也会有差别。同一宗房地产,其正常交易估价得出一个价格水平,而非正常交易(如强制拍卖、企业破产清算等)估价则很可能得出另一个价格水平。所以,估价报告写作还要把握根据估价目的而产生的特定目标。针对这个特定目标收集材料、组织估价思路、推导出符合客观事实的估价结论、写出符合目标的估价报告。

3. 规范性原则

房地产估价报告写作的规范性原则是对估价报告的结构形态而言，即房地产估价报告的篇章结构要程式化，符合统一的要求。这种程式化的结构体现了长期实践中集体写作的智慧，充分反映了房地产估价报告的写作规律，使写作过程更为明了、效率更高，也使估价报告的使用者更容易掌握和知晓。《房地产估价规范》(GB/T 50291—2015)规定，估价报告的篇章结构包括封面、目录、致委托方函、估价师声明、估价的假设和限制条件、估价结果报告、估价技术报告、附件8个部分，对每一个部分又做了细化的结构规定，同时也推荐了估价报告的规范格式。

除了上述3项特定的原则之外，作为应用文写作，其他应用文写作的原则对房地产估价报告也同样适用，如文章的逻辑推理性原则、语言简约性原则等，也是需要了解和掌握的。

单元二　房地产估价报告的基本内容

一、组成部分

估价报告应包括下列部分：封面、目录、致委托方函、估价师声明、估价的假设和限制条件、估价结果报告、估价技术报告、附件。

估价报告应记载下列事项：估价项目名称，委托方名称(或姓名)和住所，估价方(房地产估价机构)名称和住所，估价对象，估价目的，价值时点，价值定义，估价依据，估价原则，估价技术路线、方法和测算过程，估价结果及其确定的理由，估价作业日期，估价报告应用的有效期，估价人员，注册房地产估价师的声明和签名、盖章，估价的假设和限制条件和附件。其中，附件应包括反映估价对象位置、周围环境、形状、外观和内部状况的图片，估价对象的产权证明，估价中引用的其他专用文件资料，估价人员和估价机构的资格证明。

这些事项是对估价报告规定内容的具体说明，估价报告应当按照顺序完整地记载上述各条规定的事项。

二、其他规定事项

(1)估价报告中应充分描述说明估价对象状况，包括估价对象的物质实体状况和权益状况。

对土地的描述说明应包括：名称，坐落，面积，形状，四至，周围环境，景观，基础设施完备程度，土地平整程度，地势、地质、水文状况，规划限制条件，利用现状，权属状况。

对建筑物的描述说明应包括：名称，坐落，面积，层数，建筑结构，装修，设施设备，平面布置，工程质量，建成年月，维护、保养、使用情况，地基的稳定性，公共配套设施完备程度，利用现状，权属状况。

(2)估价报告中注册房地产估价师的声明应包括下列内容，并应经注册房地产估价师签名、盖章。

1)估价报告中估价人员陈述的事实，是真实的和准确的。

2)估价报告中的分析、意见和结论，是估价人员自己公正的专业分析、意见和结论，但受到估价报告中已说明的假设和限制条件的限制。

3)估价人员与估价对象没有(或有已载明的)利害关系,也与有关当事人没有(或有已载明的)个人利害关系或偏见。

4)估价人员依照中华人民共和国国家标准《房地产估价规范》进行分析,形成意见和结论,撰写估价报告。

5)估价人员已(或没有)对估价对象进行实地查勘,并应列出对估价对象进行了实地查勘的估价人员的姓名。

(3)房地产估价报告对语句的要求:

1)句子完整。在房地产估价报告中,句子成分该省的一定要省,句子精练,但是不该省的省掉了,句子就会残缺不全,让人摸不着头脑。

2)搭配得当。在房地产估价报告中,语义上要符合情理,符合语法规则,同时要衔接。语句与语句之间意思也要衔接连贯,不能脱节。

3)逻辑严密。在房地产估价报告中,不能出现自相矛盾的现象。造成逻辑混乱的情况主要有:前后没有呼应;数据来源没有出处或有错;判断推理没有充足的理由。

4)句子简洁。在房地产估价报告中,句子不能出现杂糅、冗余等毛病。

三、房地产估价报告规范格式

A1. 封面

(标题:)房地产估价报告

估价项目名称:(说明本估价项目的全称)

委托方:(说明本估价项目的委托单位的全称,个人委托的为个人的姓名)

估价方:(说明本估价项目的估价机构的全称)

估价人员:(说明参加本估价项目的估价人员的姓名)

估价作业日期:(说明本次估价的起止年月日,即正式接受估价委托的年月日至完成估价报告的年月日)

估价报告编号:(说明本估价报告在本估价机构内的编号)

B2. 目录

(标题:)目录

一、致委托方函

二、估价师声明

三、估价的假设和限制条件

四、估价结果报告

(一)

(二)

……

五、估价技术报告(可不提供给委托方,供估价机构存档和有关部门查阅等)

(一)

(二)

……

六、附件

（一）

（二）

……

C3. 致委托方函

（标题：）致委托方函

致函对象：（为委托方的全称）

致函正文：（说明估价对象、估价目的、价值时点、估价结果）

致函落款：（为估价机构的全称，并加盖估价机构公章，法定代表人签名、盖章）

致函日期：（为致函的年月日）

D4. 估价师声明

（标题：）估价师声明

我们郑重声明：

(1)我们在本估价报告中陈述的事实是真实的和准确的。

(2)本估价报告中的分析、意见和结论是我们自己公正的专业分析、意见和结论，但受到本估价报告中已说明的假设和限制条件的限制。

(3)我们与本估价报告中的估价对象没有（或有已载明的）利害关系，也与有关当事人没有（或有已载明的）个人利害关系或偏见。

(4)我们依照中华人民共和国国家标准《房地产估价规范》进行分析，形成意见和结论，撰写本评估报告。

(5)我们已（或没有）对本估价报告中的估价对象进行实地查勘（在本声明中清楚地说明哪些估价人员对估价对象进行了实地查勘，哪些估价人员没有对估价对象进行实地查勘）。

(6)没有人对本估价报告提供重要专业帮助（若有例外，应说明提供重要专业帮助者的姓名）。

参加本次估价的注册房地产估价师签名、盖章（至少有一名）。

E5. 估价的假设和限制条件

（标题：）估价的假设和限制条件

（说明本次估价的假设前提，未经调查确认或无法调查确认的资料数据，估价中未考虑的因素和一些特殊处理及其可能的影响，本估价报告使用的限制条件）

F6. 估价结果报告

（标题：）房地产估价报告

（一）委托方：（说明本估价项目的委托单位的全称、法定代表人和住所，个人委托的为个人的姓名和住所）

（二）估价方：（说明本估价项目的估价机构的全称、法定代表人和住所、估价资格等）

（三）估价对象：（概要说明估价对象的状况，包括物质实质状况和权益状况。其中，对土地的说明应包括：名称，坐落，面积，形状，四至，周围环境，景观，基础设施完备程度，土地平整程度，地势、地质、水文状况，规划限制条件，利用现状，权属状况；对建筑物的说明应包括：名称，坐落，面积，层数，建筑结构，装修，设施设备，平面布置，工程质量，建成年月，维护、保养、使用情况，公共配套设施完备状况，利用现状，权属状况）

（四）估价目的：（说明本次估价的目的和应用方向）

（五）价值时点：（说明所评估的客观合现价格或价值对应的年月日）

（六）价值定义：（说明本次估价采用的价值标准或价值内涵）

（七）估价依据：（说明本次估价依据的本房地产估价规范，国家和地方的法律、法规，委托方提供的有关资料，估价机构和估价人员掌握和收集的有关资料）

（八）估价原则：（说明本次估价遵循的房地产估价原则）

（九）估价方法：（说明本次估价的思路和采用的方法以及这些估价方法的定义）

（十）估价结果：（说明本次估价的最终结果，应分别说明总价和单价，并附大写金额。若用外币表示，应说明价值时点中国人民银行公布的人民币市场汇率中间价，并注明所折合的人民币价格）

（十一）估价人员：（列出所有参加本次估价的人员的姓名、估价资格或职称，并由本人签名、盖章）

（十二）估价作业日期：（说明本次估价的起止年月日）

（十三）估价报告应用的有效期：（说明本估价报告应用的有效期，可表达为到某个年月日止，也可表达为多长年限，如一年）

G7. 估价技术报告

（标题：）房地产估价技术报告

（一）个别因素分析：（详细说明、分析估价对象的个别因素）

（二）区域因素分析：（详细说明、分析估价对象的区域因素）

（三）市场背景分析：（详细说明、分析类似房地产的市场状况，包括过去、现在和可预见的未来）

（四）最高最佳使用分析：（详细分析、说明估价对象最高最佳使用）

（五）估价方法选用：（详细说明估价的思路和采用的方法及其理由）

H8. 附件

（标题：）附件

（说明本项估价对象的位置图，四至和周围环境图，土地形状图，建筑平面图，外观和内部照片，项目有关批准文件，产权证明，估价中引用的其他专用文件资料，估价人员和估价机构的资格证明等）

单元三　房地产估价报告的评审

一、房地产估价报告常见错误分析

1. 房地产估价报告整体性不完整，内容有缺失

如下 8 项内容有缺失：
（1）封面；（2）目录；（3）致委托方函；（4）评估专业人员声明；（5）估价假设和限制条件；（6）估价结果报告；（7）估价技术报告；（8）附件。

2. 估价结果报告书漏项

（1）委托方有漏项（委托单位全称、法定代表人和住所，个人委托的为个人姓名和住所）；

(2)估价方有漏项(估价机构全称、法定代表人、住所、估价资格等级);

(3)估价对象有漏项(概要说明估价对象的状况,包括物质实体状况和权益状况。其中,对土地的说明应包括:名称、坐落、面积、形状、四至、周围环境、景观、基础设施完备程度、土地平整程度、地势、地质、水文状况、规划限制条件、利用现状、权属状况;对建筑物的说明应包括:名称、坐落、面积、层数、建筑结构、装修、设施设备、平面布置、工程质量、建成年月、维护、保养、使用情况、公共配套设施完备程度、利用现状、权属状况);

(4)估价目的有漏项或不清楚(说明本次估价的目的和应用方向);

(5)价值时点不清(说明所评估的客观合理价格或价值对应的年月日);

(6)价值定义不明确(说明本次估价采用的价值标准或价值内涵);

(7)估价依据欠缺不足(说明本次估价依据的本房地产估价规范、国家和地方的法律、法规、委托方提供的有关资料、估价机构和估价人员掌握和收集的有关资料);

(8)估价原则漏项(说明本次估价遵循的房地产估价原则);

(9)估价方法不足(说明本次估价的思路和采用的方法以及这些估价方法的定义);

(10)估价结果有漏项(说明本次估价的最终结果,应分别说明总价和单价,并附大写金额;若用外币表示,应说明价值时点中国人民银行公布的人民币市场汇率中间价,并注明所折合的人民币价格);

(11)估价人员有漏项(估价人员的姓名、估价资格或职称,并由本人签名、盖章);

(12)估价作业日期缺失(说明本次估价的起止年月日);

(13)估价报告应用的有效期有漏项(说明本估价报告应用的有效期,可表达为到某个年月日止,也可表达为多长年限,如一年)。

3. 技术路线错误

(1)只使用了一种估价方法。

(2)能用比较法的没有用。

(3)收益性房地产的估价,未选用收益法作为其中的一种估价方法。

(4)具有投资开发或再开发潜力的房地产的估价,未选用假设开发法作为其中一种估价方法。

(5)适宜采用多种估价方法进行估价的,没有同时采用多种估价方法进行估价。估价方法的选用没有结合估价对象的特点或不符合有关的规定。

4. 方法运用错误

(1)比较法的常见运用错误有:

1)比较实例选择有误;

2)条件说明表和前面因素描述不一致;

3)所选的比较因素不能反映估价对象的特点;

4)条件指数表中定量化错误;

5)修正过程不清,各修正系数不知从何而来;

6)估价结果无确定理由。

(2)收益法的常见运用错误有:

1)总收益计算有误。

①错将实际总收益作为客观总收益;

②由于房地产总收益来自多个方面，在估价中未计算全；

③错将纯收益作为总收益。

2)总费用计算有误。

①错将实际总费用作为客观总费用；

②由于房地产总费用包括很多项，在估价中计算缺项。

3)纯收益计算有误。如只算单价不算总价，或只算总价不算单价；未能区分楼面地价与地面地价、建筑面积与土地面积等。

4)年期计算错误，主要错在折旧年限或房屋剩余使用年限。

5)有几个还原率时，还原率采用不准。

5. 成本法的常见运用错误

(1)概念性错误。如建筑物重置成本误用成建筑物重建成本。

(2)成本项目确定有误。如土地取得费用、房屋拆迁费用、不动产开发费用等缺项。

(3)计算过程中各项取值缺少依据或明显不合理。缺乏依据和不合理的计算结果都是不可靠的。

(4)利息计算有误。

1)利息率选取有误；

2)计息基数有误，项目过多或过少；

3)计息期确定有误。

(5)利润计算有误。

1)利润率选取有误；

2)利润基数有误。

6. 假设开发法的常见运用错误

(1)开发价值确定或计算有误。主要是对未来房地产价格的预测不准确。

(2)利息计算有误。其错误类型与成本法的利息计算错误类型相同。

(3)利润计算有误。其错误类型与成本法的利润计算类型相同。

二、房地产估价报告改错举例

指明以下估价报告中的错误。

1. ××写字楼房地产估价技术报告

(1)委托估价方：××房地产开发公司(简称××公司)。

(2)估价对象：××公司开发建设的××写字楼全部房地产。

(3)估价目的：××公司整体转让××写字楼的客观市场价格。

(4)估价日期：2021年6月1日—15日。

(5)价值时点：2021年8月1日。

(6)估价人员：(略)。

(7)估价依据：(略)。

(8)估价对象概况：

××写字楼坐落于××市南方区大华路16号，东临大华路。该用地原为危改小区用地，2019年5月1日××公司获立项批准，开始拆迁及进行其他前期工作，同年11月1日有偿获得土地使用权，一次性向政府缴纳了地价款，并开工建设。将于2021年8月1日全面竣工。根据批准的规划和施工图，估价对象为带裙房的现浇框架13层波浪形板式中档商务办公楼，具体规划要求如下：

1）占地面积：3 199 m^2。

2）总建筑面积：14 300 m^2。

其中：地下1层2 240 m^2，车位5个，设备间240 m^2。地上1层1 280 m^2，其中餐饮娱乐等使用面积875 m^2。

地上2～12层10 790 m^2，其中写字楼出租单元使用面积7 793 m^2。

3）总容积率4.47，地上容积率3.77。

4）装修及设备：（略）。

（9）采用估价方法。根据估价对象情况、房地产市场状况及对所掌握资料的分析，估价对象为新建房地产，可用成本法估价，且当地市场同类写字楼出租多、出售少，故还可采用收益法估价，然后确定最终估价值。

（10）估价过程。

1）采用成本法估价。采用成本法是以各项现时社会水平的开发建造费用为基础加上正常利润，来确定估价对象房地产的价格。具体计算如下：

①向政府缴纳取得土地费用：723万元。

②拆迁安置补偿费：委托方发生总费用1 280万元。

③建筑安装工程费（含附属室外工程）：2 570元/m^2×14 300 m^2＝3 675万元。

④勘察设计等专业费：3 675万元×6.5%＝239万元。

⑤管理费及其他费用：3 675万元×7.5%＝276万元。

⑥借款利息：根据近3年当地固定资产贷款平均年利率12.6%计算年利。取得土地的费用按开发全过程计算利息，其他按建设期均匀投入计算利息。

723万元×12.6%×1.67＋（1 280＋3 675＋239＋276）万元×12.6%×2.25/2

＝151.8万元＋775.4万元

＝927万元

⑦开发商利润：取当地房地产投资平均利润率25%。

（723＋1 280＋3 675＋239＋276）万元×25%＝6 193万元×25%＝1 548万元

⑧销售费税：按售价计算销售费2%、手续费1%、营业税5.5%。

（6 193＋927＋1 548）万元×（2%＋1%＋5.5%）＝8 668万元×8.5%＝737万元

⑨成本法估价结果：

（8 668＋737）万元＝9 405万元

采用成本法估价的结果为：9 405万元。

2）采用收益法估价。

采用收益法的估价结果为：13 647.18万元。

3）最终估价值：

9 405万元×0.4＋13 647.18万元×0.6＝11 950.3万元

（11）估价结论。经过评估，××公司所属的××写字楼在2021年8月1日的客观市场价格为 11 950.3 万元(大写金额：人民币一万一千玖佰伍拾点叁万元)，折合每平方米建筑面积 8 356.86 元。

(12)说明事项。(略)

(13)有关附件。(略)

估价人员签字：(略)

审核人员签字：(略)

2021 年 6 月 15 日

2. 部分错误分析

(1)缺少受理估价方。

(2)缺少估价对象更详细的资料，如土地地形、地势、土质、承载力、环境等情况。

(3)缺少关于土地使用权年限及起止日期。

(4)在采用成本法估价时，费用项目构成不完整，如装修、设备费用、开发商销售费用(包括市场推广费)。

(5)成本法的拆迁安置补偿费是委托方实际发生的总费用，未说明是否符合本地区现时社会一般成本。

(6)成本法计算借款利息时，不能用单利，应该用复利，计息期也有误。

(7)成本法计算销售费税的公式有误，应为

$$8\ 668\ 万元 \times 8.5\% \times (1-8.5\%) = 805\ 万元$$

(8)收益法的估价中只反映了估价结果，缺少得到此结果的计算过程。应补充其计算过程。

(9)最终估价值将成本法和收益法分别按权重 40% 和 60% 计算，未说明为什么要这样确定最终估价值。

(10)估价结论中估价结果大写有误。

模块小结

房地产估价是一项操作性很强的业务，其最终成果是通过估价报告来体现的，房地产估价报告写作是房地产估价必须熟练掌握的专业技能。本模块主要介绍房地产估价报告的编写、基本内容，房地产估价报告的评审。

思考与练习

1. 房地产估价报告的形式有哪些？
2. 要写好房地产估价报告必须包含哪两个方面的内容？
3. 房地产估价报告应包括哪些部分？
4. 常见的技术路线错误有哪些？

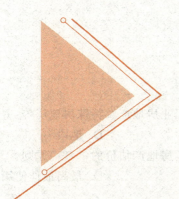

第六篇　附录

附录一 习题库

模块一

(一)名词解释

1. 房地产
2. 房地产估价
3. 建筑物

(二)单项选择题

1. 按房地产的( )可分为居住房地产、商业房地产、工业房地产及特殊房地产等。
   A. 收益性　　　　B. 用途　　　　C. 市场性　　　　D. 地段
2. 把行政划拨的土地当作有偿出让的土地来评估,违背了房地产估价的( )原则。
   A. 合法　　　　B. 公平　　　　C. 替代　　　　D. 最高最佳使用
3. 在评估房地产的预售或预购价格时,通常认为( )。
   A. 评估时点为现在,评估对象为未来
   B. 评估时点为过去,评估对象为未来
   C. 评估时点为未来,评估对象为未来
   D. 评估师点的现在,评估对象为现在
4. 最能说明土地价格水平高低的价格是( )。
   A. 土地单价　　　B. 基准地价　　　C. 楼面地价　　　D. 标定地价
5. 房地产交易很难采取样品交易的方式,必须到实地观察,房地产评估也要进行实地查勘,这是由房地产( )决定的。
   A. 不可移动性　　B. 相互影响性　　C. 数量有限性　　D. 独一无二性
6. 房地产价格受( )的影响比较明显。它主要反映在不同城市区域之间的房地产差价。一般来讲,同质房屋,其价格大城市高于中小城市,沿海城市高于内地城市,经济发达的城市高于经济情况一般的城市。
   A. 房地产价格的区位性　　　　　B. 房地产价格的高值性
   C. 房地产价格形成的双重性　　　D. 房地产价格的差异性
7. ( )也称建筑覆盖率,通常是指一定地块内所有建筑物的基底总面积与该块土地总面积的比率。即( )=建筑基底总面积÷土地总面积。
   A. 建筑容积率　　B. 建筑面积率　　C. 建筑拥挤度　　D. 建筑密度

8. （　　）是房地产估价的基本原则。
   A. 最高最佳原则　　　　　　　　　B. 独立、客观、公正
   C. 价值时点原则　　　　　　　　　D. 合法原则

9. 下列关于合法原则说法错误的是（　　）。
   A. 合法原则要求只有合法的房地产才能成为估价对象
   B. 合法原则中所讲的法，是广义的法
   C. 估价对象状况必须依法判定
   D. 合法原则的依据可以是估价对象的不动产登记簿

（三）多项选择题

1. 在现实生活中，拥有一块土地，在其范围内并不是可以随意开发利用的，其使用、支配权要受到很多方面的制约，拥有自身能力的限制和自身能力以外的限制，主要有（　　）。
   A. 土地权利设置以及权利行使的限制　　B. 房地产相邻关系的限制
   C. 土地使用管制所受的限制　　　　　　D. 房地产开发商资金的限制
   E. 国有土地上房屋评估限制

2. 一种资产只有具备了（　　）条件才真正需要专业估价。
   A. 不可移动性　　B. 相互影响性　　C. 数量有限性
   D. 独一无二性　　E. 价值量较大

3. 影响房地产价格宏观因素是指对不动产价格水平高低及其变动具有普遍性、一般性、共同性和全盘影响的因素，它们主要是（　　）。
   A. 经济因素　　B. 社会因素　　C. 行政因素
   D. 政治因素　　E. 环境因素

模块二

（一）名词解释

1. 房地产估价程序
2. 房地产估价技术路线

（二）单项选择题

1. （　　）即是估价机构和估价师走出去寻找估价需求者并力争为其提供估价服务。这在估价机构多、竞争激烈的情况下，通常是估价业务的主要来源。
   A. 主动争取　　B. 行政划拨　　C. 行政命令　　D. 被动接受

2. （　　）活动的核心内容是根据特定目的，对特定房地产在特定时间的特定价值进行分析、测算和判断并提供相关专业意见。
   A. 房地产价格　　B. 房地产估价　　C. 房地产委托　　D. 房地产报告

3. 估价资料的保管期限自估价报告出具日期计算，不得少于（　　）年。
   A. 8　　B. 10　　C. 15　　D. 20

4. 估价资料的保质期自估价报告出具日期起算，不得少于10年。但某个房地产抵押贷款估价项目，如果该笔房地产抵押贷款期限为20年，则档案保管期为（　　）年以上。
   A. 8　　B. 10　　C. 15　　D. 20

5. 估价中的不同意见和估价报告定稿之前的重大调整或修改意见（   ）。
   A. 应作为估价资料归档   B. 不应作为估价资料归档
   C. 由估价机构决定是否归档   D. 依委托人的意见决定是否归档

（三）多项选择题
1. 不应接受估价委托的情形包括（   ）。
   A. 与本机构有利害关系   B. 估价报告及其交付
   C. 本机构的专业能力不能胜任   D. 超出本机构的业务范围
   E. 估价业务存在很大风险
2. 确定估价基本事项的内容包括（   ）。
   A. 估价目的   B. 估价对象   C. 价值时点
   D. 价值类型   E. 估价影响因素
3. 审核估价报告的审核意见应具体指出估价报告存在的问题，审核结论可为（   ）之一。
   A. 可以出具   B. 不可以出具   C. 修改后出具
   D. 应重新撰写   E. 应重新估价。

模块三

（一）名词解释
比较法

（二）单项选择题
1. 与比较法关系最为密切的房地产价格形成原理是（   ）。
   A. 均衡原理   B. 预期原理   C. 竞争原理   D. 替代原理
2. 经过房地产状况修正后，可比实例的价格就变成了（   ）。
   A. 评估对象的价格   B. 交易时点的价格
   C. 正常价格   D. 与评估对象的房地产状况相同的价格
3. 在比较法中，建筑容积率修正属于（   ）修正。
   A. 交易情况   B. 交易日期   C. 房地产状况   D. 实物状况
4. 采用比较法估价时，一般要求选取（   ）可比实例。
   A. 3 个以上   B. 5 个以下   C. 3～5 个   D. 1.0～15
5. 房地产由于价值量大，其成交价格的付款方式往往采取（   ）的方式支付。
   A. 一次付清   B. 支付定金
   C. 分期支付   D. 以一定日期为最后期限一次付清
6. 房地产状况修正中的间接比较修正评分办法是以（   ）状况为基准设定的。
   A. 可比实例房地产   B. 评估对象房地产
   C. 标准房地产   D. 类似房地产
7. 某城市房地产交易中，买、卖双方应交纳的税费分别为正常成交价格的 3% 和 6%，某宗房地产交易中买方支付给卖方 2 500 元/m²，应交纳的税费均由卖方负担，则该宗房地产的正常成交价格为（   ）。
   A. 2 660 元/m²   B. 2 294 元/m²   C. 2 425 元/m²   D. 2 427 元/m²

8. 在估价中选取 4 个可比实例：甲成交价格 4 800 元/m²，建筑面积 100 m²，首次付清 24 万元，其余半年后支付 16 万元，一年后支付 8 万元；乙成交价格 5 000 元/m²，建筑面积 120 m² 时，首次支付 24 万元，半年后付清余款 36 万元；丙成交价格 4 700 元/m²，建筑面积 90 m²，成交时一次付清；丁成交价格 4 760 元/m²，建筑面积 110 m²，成交时支付 20 万元，一年后付清余款 32.36 万元。已知折现率为 10%，那么这 4 个可比实例实际单价的高低排序为（　　）。

　　A. 甲＞乙＞丙＞丁　　　　　　　　B. 乙＞丁＞甲＞丙
　　C. 乙＞丙＞甲＞丁　　　　　　　　D. 丙＞乙＞丁＞甲

9. 某宗房地产交易，买卖双方约定：买方付给卖方 2 385 元/m²，买卖中涉及的税费均由买方负担。据悉，该地区房地产买卖中应由卖方缴纳的税费为正常成交价格的 6.8%，应由买方缴纳的税费为正常成交价格的 3.9%。若买卖双方又重新约定买卖中涉及的税费改由卖方负担，并在原价格基础上相应调整买方付给卖方的价格，则调整后买方应付给卖方的价格约为（　　）元/m²。

　　A. 2 139　　　　B. 2 146　　　　C. 2 651　　　　D. 2 659

10. 在某宗房地产交易中，买方付给卖方 2 500 元/m²，交易税费均由买方负担。已知该地区的房地产交易中应由卖方按正常价格的 5% 缴纳有关税费，买方按正常价格的 3% 缴纳有关税费。则该宗房地产的正常成交价格最接近于（　　）元/m²。

　　A. 2 427　　　　B. 2 500　　　　C. 2 575　　　　D. 2 632

11. 按间接比较的判定，某可比实例的房地产状况劣于标准房地产状况，价格低 2%；而估价对象的房地产状况优于标准房地产状况，价格高 5%。若改为直接比较判定，将出现（　　）的情形。

　　A. 估价对象的房地产状况优于可比实例的房地产状况，价格高 7%
　　B. 可比实例的房地产状况劣于估价对象的房地产状况，价格低 7%
　　C. 可比实例价格的房地产状况调整系数为 1.071
　　D. 可比实例价格的房地产状况调整系数为 0.933

(三)多项选择题

1. 在选取可比实例房地产时应当符合（　　）等项。

　　A. 与估价对象房地产的用途相同
　　B. 与估价对象房地产所处地区必须相同
　　C. 与估价对象房地产的价格类型相同
　　D. 与估价对象房地产的交易类型相吻合
　　E. 与估价对象房地产的建筑结构相同

2. 比较法中关于房地产状况调整，可以分为（　　）等项。

　　A. 区位状况修正　　B. 实物状况修正　　C. 和权益状况修正
　　D. 交易状况修正　　E. 交易日期调整

3. 下列关于可比实例的说法中，正确的有（　　）。

　　A. 可比实例一定是交易实例　　　　B. 可比实例不一定是交易实例
　　C. 交易实例一定是可比实例　　　　D. 交易实例不一定是可比实例
　　E. 统一采用总价

4. 建立价格可比基础包括( )几项。
A. 统一付款方式	B. 统一采供总价
C. 统一采用单价	D. 统一币种和货币单位
E. 统一面积内涵

5. 下列房地产交易中,需要进行交易情况修正的有( )。
A. 以正常市场价格成交的交易	B. 基于出售的交易
C. 以协议方式进行的房地产交易	D. 受迷信影响的交易
E. 相邻房地产的合并交易

6. 评估某套住宅价格中,进行区位状况调整时,比较、调整的内容包括( )等。
A. 环境景观	B. 离市中心距离	C. 朝向
D. 城市规划限制条件	E. 地势

模块四

(一)名词解释

1. 收益法
2. 净收益
3. 报酬率
4. 资本化率

(二)单项选择题

1. 收益法中所指的收益是( )。
A. 价值时点前一年的收益
B. 价值时点前若干年的平均收益
C. 价值时点以后的未来预期正常收益
D. 价值时点前最高盈利年份的收益

2. ( )是将估价对象的某种预期收益除以适当的资本化率或者乘以适当的收益乘数来求取估价对象价值的方法。
A. 报酬资本化法	B. 直接资本化法	C. 收益乘数法	D. 利润法

3. ( )是以预期原理为基础的,即是基于未来收益权利的现在价值的。
A. 收益法	B. 比较法	C. 成本法	D. 假设开发法方法

4. ( )应根据经营资料测算净收益,净收益为商品销售收入扣除商品销售成本、经营费用、商品销售税金及附加、管理费用、财务费用和商业利润的余额。
A. 出租型房地产净收益	B. 启用或尚未使用的房地产净收益
C. 商业经营的房地产	D. 混合性收益的房地产净收益

5. 报酬率的表达式为( )。
A. 投资回报/所投入的资本	B. 投资回报/所投入的资本
C. (投资回报+投资回收)/所投入的资本	D. (投资回报-投资回收)/所投入的资本

6. 有一空置写字楼,目前不仅无收益,而且要缴纳房地产税等,其收益价格估算可采用( )。
A. 类似写字楼的客观收益	B. 该写字楼的实际收益

C. 比较法 D. 无法估算

7. 某宗房地产正常情况下年总收益 140 万元，年总费用 40 万元，资本化率 12%，出让时的土地使用年限 50 年，现已使用了 5 年，则该宗房地产的现时总价为（　　）万元。
A. 833.33　　　　B. 830.45　　　　C. 828.25　　　　D. 827.64

8. 某类房地产通常抵押贷款占七成，抵押贷款的年利率 10%，购买者自有资本要求的年收益率 12%，则该类房地产的资本化率为（　　）%。
A. 10.6　　　　B. 11.4　　　　C. 11.2　　　　D. 10.8

9. 某宗房地产，净收益每年 50 万元，建筑物价值 200 万元，建筑物资本化率 12%，土地资本化率 10%，则该宗房地产的总价值为（　　）万元。
A. 417　　　　B. 500　　　　C. 460　　　　D. 450

10. 有两宗房地产，A 房地产使用年限 40 年，单价为 96 元/m²；B 房地产使用年限 70 年，单价为 100 元/m²，资本化率为 8%，则 A 单价与 B 单价的关系为（　　）。
A. A 单价高于 B 单价
B. A 单价低于 B 单价
C. A 单价等于 B 单价
D. 无法确定

(三) 多项选择题

1. 根据将未来预期收益转换为价值的方式的不同，收益法分为（　　）。
A. 报酬资本化法和　　B. 直接资本化法　　C. 投资法　　D. 收益乘数法
E. 利润法

2. 收益性房地产价值是该房地产的未来净收益的现值之和，其高低取决于（　　）。
A. 可获取净收益的大小　　B. 未来获得净收益的风险
C. 可获取净收益期限的长短　　D. 目前总收益的大小
E. 可获取净收益的可靠性

3. 收益性房地产包括（　　）。
A. 未出租的餐馆　　B. 旅店　　C. 加油站　　D. 农地
E. 未开发的土地

4. 收益性房地产估价需要具备的条件是房地产的（　　）都能够较准备地量化。
A. 收益　　B. 经营方式　　C. 收益年限　　D. 市场状况
E. 风险

5. 在收益法中可转换为价值的未来收益主要有（　　）。
A. 潜在毛收入　　B. 有效毛收入　　C. 净收益（均在客观值）
D. 税前现金流量　　E. 税后现金流量

6. 收益法中确定报酬率的基本方法有（　　）。
A. 市场提取法
B. 累加法
C. 指数调整法
D. 投资报酬率排序插入法
E. 指数修匀法

7. 在房地产估价中应用最广泛的报酬率是（　　）。
A. 综合报酬率　　B. 建筑物报酬率　　C. 利润报酬率
D. 土地报酬率　　E. 市场报酬率

8. 剩余技术有（　　）。
   A. 土地剩余技术　　　　　　　　B. 市场剩余技术
   C. 建筑物剩余技术　　　　　　　D. 自有资金剩余技术
   E. 抵押贷款剩余技术

9. 甲乙两块土地，其区位及实物状况都基本一样。甲地块土地单价为506元/m²，容积率为1.5，土地使用年限为70年；乙地块土地单价为820元/m²，容积率为2.4，土地使用年限为70年。在用楼面地价来判断甲、乙两地块的投资价值时，若土地报酬率为8%，则下列表述中正确的有（　　）。
   A. 乙地块比甲地块贵
   B. 甲地块的70年使用权楼面地价低于341.67元/m²
   C. 甲地块与乙地块的楼面地价相等
   D. 甲地块比乙地块贵
   E. 乙地块的70年使用权楼面价高于340元/m²

模块五

（一）名词解释
1. 成本法
2. 重新购建价格

（二）单项选择题
1. 成本法中的"成本"不是通常意义上的成本，而是（　　）。
   A. 价格　　　　　B. 利润　　　　　C. 生产费用　　　　　D. 劳动价值
2. 下列各类房地产中，特别适用于成本法估价的是（　　）。
   A. 某标准厂房　　B. 某酒店厂房　　C. 某待出让土地　　D. 某写字楼
3. 新开发的房地产、旧的房地产、在建工程、计划开发建设的房地产，都可运用（　　）进行估价。
   A. 比较法　　　　B. 收益法　　　　C. 假设开发法　　　　D. 成本法
4. 成本法中的"开发利润"是指（　　）。
   A. 开发商所期望获得的利润　　　　B. 开发商最终获得的利润
   C. 开发商所获得的平均利润　　　　D. 评估人员任意给定的利润
5. 投资利润是按一定基数乘以相应的平均利润率来计算的，这里的"基数"是（　　）。
   A. 土地取得成本＋开发成本
   B. 土地取得成本＋开发成本＋管理费用
   C. 土地取得成本＋开发成本＋管理费用＋销售费用
   D. 开发完成后的房地产价值
6. （　　）是指在取得的房地产开发用地上进行基础设施建设、房屋建设所必要的直接费用、税金等。
   A. 开发成本　　　B. 销售税费　　　C. 销售费用　　　D. 管理费用
7. （　　）是指房地产开发企业的管理部门为组织和管理房地产项目的开发经营活动而发生的各项费用。

A. 开发成本　　　　　B. 销售税费　　　　　C. 销售费用　　　　　D. 管理费用

8. 在计算建筑物的重新购建价格的具体方法中,(　　)最为详细、准确。
A. 单位比较法　　　　B. 分部分项法　　　　C. 工料测量法　　　　D. 指数调整法

9. 在计算建筑物的重新购建价格的具体方法中,(　　)主要用于检测其他方法的测算结果。
A. 单位比较法　　　　B. 分部分项法　　　　C. 工料测量法　　　　D. 指数调整法

10. 直线法中的残值率是建筑物的净残值与其(　　)的比率。
A. 原始价格　　　　　B. 市场价格　　　　　C. 评估价格　　　　　D. 重新购建价格

11. 某办公楼建造期 3 年,在建成 10 年后改变了用途,同时补办土地使用权出让年限 50 年,建筑物的经济寿命为 45 年,则该建筑物的折旧年限是(　　)。
A. 35 年　　　　　　B. 45 年　　　　　　C. 48 年　　　　　　D. 50 年

12. 房地产开发利润率由大到小的顺序是(　　)。
A. 直接成本利润率、投资利润率、成本利润率、销售利润率
B. 直接成本利润率、成本利润率、投资利润率、销售利润率
C. 销售利润率、成本利润率、投资利润率、直接成本利润率
D. 成本利润率、直接成本利润率、投资利润率、销售利润率

13. 某估价对象为一旧厂房改造的超级市场,建设期为 2 年,该厂房建成 5 年后补办了土地使用权出让手续,土地使用期限为 40 年,收回建筑物用地使用权时,对收回的建筑物不予补偿。建筑物经济寿命为 50 年。假设残值率为零,采用直线法计算建筑物折旧时年折旧率为(　　)。
A. 2.00%　　　　　　B. 2.13%　　　　　　C. 2.22%　　　　　　D. 2.50%

(三)多项选择题

1. 土地取得成本的构成根据房地产开发取得土地的途径及土地的生熟程度分为(　　)。
A. 通过征用农地取得　　　　　　　　B. 通过国家划拨取得
C. 通过在城市中进行房屋拆迁取得　　D. 通过与别人合作经营取得
E. 通过在市场上拍卖和投标等取得

2. 投资回报利润率的计算基数一般为(　　)。
A. 地价　　　　　　B. 开发费　　　　　C. 专业费　　　　　D. 管理费
E. 销售费用

3. 成本法中房地产价格构成中的销售税费不包括(　　)。
A. 增值税　　　　　　　　　　　　　B. 应由买方缴纳的契税等税费
C. 应由卖方缴纳的土地增值税、企业所得税　　D. 城市维护建设税
E. 教育费附加

4. 成本法中的"开发利润"是指(　　)。
A. 开发商所期望获得的利润　　　　　B. 开发商所能获得的最终利润
C. 开发商所能获得的平均利润　　　　D. 开发商所能获得的税后利润
E. 开发商所能获得的税前利润

5. 开发利润率通常按照一定基数乘以相应的利润率来估算的,相应的利润率包括(　　)。
A. 直接成本利润率　　B. 全部成本利润率　　C. 成本利润率
D. 投资利润率　　　　E. 销售利润率

6. 下列关于估价上的建筑折旧的说法中，正确的是（　　）。
A. 估价上的折旧与会计上的折旧有本质区别
B. 建筑物的折旧就是建筑物的原始建造价格与账面价值的差额
C. 建筑物的折旧就是各种原因所造成的价值损失
D. 建筑物的折旧就是建筑物在价值时点的重新购建价格与市场价值之间的差额
E. 建筑物的折旧包括物质折旧、功能折旧和经济折旧

模块六

（一）名词解释
1. 假设开发法
2. 现金流量折现法

（二）单项选择题
1. 假设开发法的本质是以房地产的（　　）为导向计算估价对象的价值。
A. 预期未来收益　　　　　　　　B. 预期开发后的价值
C. 重新开发建设成本　　　　　　D. 市场交易价格
2. 假设开发法的理论依据是（　　）。
A. 替代原理　　B. 合法原理　　C. 预期原理　　D. 生产交易价格
3. 假设开发法最基本的公式是（　　）。
A. 待开发房地产价值＝开发完成后的价值－后续必要支出及应得利润
B. 待开发房地产价值＝开发完成后的价值－相应的支出及利润
C. 待开发房地产价值＝开发完成后的价值－已完成工作的必要费用
D. 待开发房地产价值＝开发完成后的价值－开发成本
4. 当估价对象具有潜在的开发价值时，（　　）几乎是唯一实用的估价方法。
A. 成本法　　B. 比较法　　C. 收益法　　D. 假设开发法
5. 假设开发法在形式上是（　　）。
A. 评估新建房地产价格的收益法的倒算法
B. 评估新建房地的价格的成本法的倒算法
C. 评估房地产价格的收益法的倒算法
D. 评估房地产价格的成本法的倒算法
6. 开发经营期的终点是（　　）。
A. 开发完成后的房地产竣工验收结束的时间
B. 开发完成后的房地产竣工验收合格的时间
C. 开发完成后的房地产竣工验收合格，交付使用的时间
D. 开发完成后的房地产全部租售完毕的时间
7. 投资利息计息期的起点是该项费用发生的时间点，终点通常是（　　）的时间点。
A. 开发期结束　　B. 租售期结束　　C. 租售期开始　　D. 交付使用
8. 下面关于现金流量折现法和传统方法的说法不正确的是（　　）。
A. 现金流量折现法要求折现率既包含安全收益部分又包含风险部分
B. 传统方法计算利息，确定利息期时应考虑预售及延迟销售

C. 现金流量折现法从理论上说估算结果较精确
D. 现金流量折现法不单独计算利息和开发利润

9. 在假设开发法的基本公式"地价＝不动产售价－开发成本－利润－利息－税金"中，利息是指（　　）。

A. 开发费的利息　　　　　　　　　　B. 各项预付资本的利息
C. 贷款资金的利息　　　　　　　　　D. 场地取得费及开发费用的利息

（三）多项选择题

1. 假设开发法适用于如下房地产的估价（　　）。

A. 生地、毛地　　B. 熟地　　　　C. 现房
D. 旧房改建　　　E. 旧房重建

2. 假如某房地产开发商有意参与该土地的竞拍或竞标，可以通过（　　）思路和过程来考虑获得土地的出价。

A. 分析该土地的坐落位置　　　　　　B. 确定土地规划用途
C. 估计开发利润　　　　　　　　　　D. 确定最终获得的利润
E. 预计该房地产项目开发完成后的销售价格或租赁价格

3. 运用假设开发法估价的效果如何，除取决于对假设开发法本身的掌握外，还要求有一个良好的社会经济环境，包括（　　）。

A. 要有一个明朗、开放及长远的房地产政策环境
B. 要有一个统一、严谨及健全的房地产法制环境
C. 要有一个完整、公开及透明度高的房地产行政环境
D. 要有一个稳定、清晰及全面的内部运作环境
E. 要有一个长远、公开及稳定的市场环境

4. 假设开发中开发完成后房地产出租或营业、自用的情况下，开发经营期为（　　）。

A. 建设期＋经营期　　　　　　　　　B. 建设期＋运营期
C. 建设期＋经营期－前期－建造期　　D. 建设期＋运营期－前期－建造期
E. 前期＋建造期＋经营期

5. 调查并掌握待估房地产基本情况包括（　　）。

A. 区位状况　　B. 实物状况　　C. 权益状况　　D. 市场状况
E. 利润状况

6. 在假设开发法估价过程中，可用比较法求取的是（　　）。

A. 开发完成后的房地产价值　　　　　B. 已投入的建筑及专业费用
C. 开发经营期　　　　　　　　　　　D. 开发成本

7. 选择最佳的开发利用方式包括（　　）等的确定。

A. 结构　　　　B. 构造　　　　C. 用途　　　　D. 规模
E. 档次

8. 待开发房地产投资开发前后的状况包括有（　　）。

A. 估价对象为生地，将生地开发为毛地
B. 估价对象为毛地，将毛地开发为生地
C. 估价对象为毛地，将毛地开发成在建工程

221

D. 估价对象为熟地,将熟地建成房屋

E. 估价对象为熟地,将熟地开发成在建工程

9. 开发经营期可分为( )。

A. 前期 B. 建造期 C. 施工准备 D. 勘测设计期

E. 租售期

10. 在传统方法中,正确地估算投资利息需要把握( )。

A. 应计息的项目 B. 计息期的长短和计息方式

C. 计息的范围 D. 利率的高低和计息周期

E. 名义利率和有效利率

模块七

(一)名词解释

1. 路线价法

2. 长期趋势法

3. 基准地价

(二)单项选择题

1. 路线价是( )。

A. 单位地价 B. 宗地地价 C. 道路地价 D. 区域地价

2. 路线价估价法主要适用于( )的评估。

A. 市场交易地价 B. 拍卖地价 C. 土地课税 D. 基准地价

3. 随着临街深度的递增,临街深度价格的修正率递增的是( )。

A. 单独深度价格修正率 B. 累计深度价格修正率

C. 平均深度价格修正率 D. 加权深度价格修正率

4. 评估城市商业街道两侧的土地价格,最合适的估价方法是( )。

A. 算术平均数 B. 中位数 C. 加权平均数 D. 众数

5. 临接同一道路的其他土地的价格,是以路线价为基础,考虑其临街深度、土地形状、临接状况、临街宽度等,进行适当的修正求得的,这些修正实际上为( )。

A. 交易情况修正 B. 交易日期修正 C. 房地产状况调整 D. 区域因素调整

6. 直线趋势法公式 $Y=a+bX$ 中,X 表示( )。

A. 价格 B. 预测价格 C. 价格变动率 D. 时间

7. 如果房地产价格时间序列的逐期增减量大致相同,可以采用( )预测。

A. 平均增减量法 B. 数学曲线拟合法

C. 平均发展速度法 D. 移动平均法

8. ( )是以本期房地产价格的实际值和本期的预测值为根据,经过修匀平滑之后作为下期,即估价日期房地产的估价值的一种方法。

A. 数学曲线拟合法 B. 指数修匀法

C. 平均增减量法 D. 平均发展速度法

(三)多项选择题
1. 确定路线价时,选取标准宗地应符合( )的要求。
A. 一面临街　　　　B. 两面临街　　　　C. 土地形状为矩形
D. 土地形状为正方形
E. 容积率为所在区段具有代表性的容积率
2. 在实际运用中,移动平均法有( )之分。
A. 简单移动平均法　　　　　　　　B. 加权移动平均法
C. 平均增减量法　　　　　　　　　D. 平均发展速度法
3. 基准地价的特征包括( )。
A. 权威性　　　　　B. 区域性　　　　　C. 差异性
D. 期限性　　　　　E. 控制性
4. 数学曲线拟合法主要有( )。
A. 直线趋势法　　　　　　　　　　B. 指数曲线趋势法
C. 二次抛物线趋势法　　　　　　　D. 平均增减量法
5. 应用路线价法制作深度价格修正率的要领有( )。
A. 设定标准深度　　　　　　　　　B. 将标准深度分为若干等份
C. 制定容积率修正系数　　　　　　D. 制定单独深度价格修正率
E. 多种深度价格修正率
6. 评估基准地价或利用基准地价评估宗地价格,必须明确基准地价的内涵。基准地价的内涵包括( )。
A. 基准日期　　　　　　　　　　　B. 土地开发程度
C. 基准地价修正体系　　　　　　　D. 土地用途
E. 基准地价公布日期
7. 建筑物地价分摊的方法有( )。
A. 按建筑面积进行分摊　　　　　　B. 按房地产价值进行分摊
C. 按土地价值进行分摊　　　　　　D. 按建筑物价值进行分摊
E. 按楼地面地价进行分摊

模块八

(一)名词解释
1. 保障性住宅
2. 房地产转让
3. 房地产抵押价值评估
4. 房屋租赁
(二)单项选择题
1. ( )是房地产商品中所占比重最大的一类,也是社会存量资产的一个重要组成部分。
A. 居住房地产　　　　　　　　　　B. 商业房地产
C. 工业房地产　　　　　　　　　　D. 特殊用途房地产

2. (　　)指政府在对中低收入家庭实行分类保障过程中所提供的限定供应对象、建设标准、销售价格或租金标准,具有社会保障性质的住房。
　　A. 普通住宅　　　　　　　　　B. 保障性住房
　　C. 建议住宅　　　　　　　　　D. 特殊住宅

(三)多项选择题

1. 商品房从建造装修档次划分,又分为(　　)。
　　A. 普通住宅　　B. 高档住宅　　C. 简易住宅
　　D. 特殊住宅　　E. 保障住宅

2. 居住房地产估价的常用方法包括(　　)。
　　A. 成本法　　　B. 比较法　　　C. 收益法
　　D. 假设开发法　E. 长期趋势法

3. 商业房地产指用于商业目的的房地产,包括商店(商场、购物中心、商铺)、市场(超级市场、批发市场)等。其特点包括(　　)。
　　A. 生态多样性　B. 环境优美　　C. 收益性
　　D. 转租经营多　E. 装修高档复杂

4. 影响商业房地产价格的因素个别因素包括(　　)。
　　A. 临街状况　　B. 交通条件　　C. 内部格局
　　D. 楼层　　　　E. 面积

5. 商业房地产估价方法包括(　　)。
　　A. 收益法　　　B. 比较法　　　C. 长期趋势法
　　D. 假设开发法　E. 成本法

6. 影响工业房地产价值的区域因素有(　　)。
　　A. 交通条件　　B. 基础设施　　C. 地理位置
　　D. 用地面积　　E. 地质和水文条件

7. 房地产抵押价值评估的特点包括(　　)。
　　A. 注重预期风险
　　B. 分析市场变现能力
　　C. 考虑抵押期间的耗损
　　D. 从价值时点上看,房地产转让价格评估多数是在转让前进行,价格评估时点则在价格评估作业日期之后
　　E. 一般价值时点为当前某一日期,而抵押期限一般会有一年以上,应在估价报告中说明有效期内如果市场变化不大,价值不变,或市场变化较大时(超过某一变化率),其价值需要重新评估的事项

8. 房地产转让价格评估方法包括(　　)。
　　A. 比较法　　　B. 收益法　　　C. 成本法
　　D. 假设开发法　E. 路线价法

9. 商品房(已办理土地使用权出让,具有完全产权)作为抵押物进行抵押时,可根据情况采用(　　)。
　　A. 成本法　　　B. 比较法　　　C. 收益法估价。

D. 假设开发法　　　　E. 路线价法

10. 房地产保险估价分为（　　）。
   A. 房地产投保时的保险价值评估
   B. 保险事故发生后的损失价值或损失程度评估
   C. 房地产转让价评估
   D. 房地产抵押价值评估
   E. 房地产租赁价格评估

11. 房地产课税估价按相应税种为核定其计税依据提供服务，目前主要税种涉及的房地产估价业务包括（　　）。
   A. 增值税　　　　　　　　　　　B. 城镇土地使用税
   C. 土地增值税　　　　　　　　　D. 房地产税
   E. 房地产税

12. 关于房地产分割、合并估价，下列说法正确的有（　　）。
   A. 分割、合并前后的房地产整体价值不能简单等于各部分房地产价值之和
   B. 分割估价应对分割后的各部分分别估价
   C. 合并估价应对合并后的整体进行估价
   D. 房地产分割、合并估价，应注意分割、合并对房地产价值的影响，要从影响房地产合并或分割前后最高最佳使用或最有效使用、规模经济或不经济的角度，分析估价对象在分割或合并前后的可能变化，不需遵循一般房地产估价的原则和方法
   E. 对于合并或分割前后导致的房地产增值或价值损失，需要在分割后或合并前的两个个体之间合理分配，分配的比例不仅要看每一部分所占的面积比例，还要看每一部分对房地产增值或减值的影响程度

13. 关于征地和城市房屋拆迁补偿估价说法正确的是（　　）。
   A. 依照规定，拆除违章建筑、超过批准期限的临时建筑不予补偿
   B. 拆除未超过批准期限的临时建筑给予适当补偿
   C. 实行作价补偿的，可根据当地政府确定公布的房屋重置价格扣除土地价格后结合建筑物成新估价。依法以有偿出让、转让方式取得的土地使用权，根据社会公共利益需要拆迁其地上房屋时，对该土地使用权如果视为提前收回处理，则应在拆迁补偿估价中包括土地使用权的补偿估价
   D. 补偿安置是城市房屋拆迁中的核心内容，拆迁活动所涉及的民事法律关系主要表现为补偿安置
   E. 补偿安置的基础和依据是被拆迁房屋价格的评估，补偿价是货币补偿标准的依据，是做出裁决的依据

模块九

（一）名词解释
房地产估价报告

(二)多项选择题

1. 房地产估价报告的写作主体的要求有（　　）。

　　A. 房地产估价报告的写作主体实质上是从事该项业务的房地产估价机构和专业估价人员

　　B. 要有扎实的相关经济知识，要有丰富的专业经验

　　C. 较高的认知能力，良好的职业道德

　　D. 驾驭语言文字的能力

　　E. 房地产估价报告经验和知识都是不可缺少的必要条件，但知识在某些特定条件下甚至比专业经验更重要

2. （　　）是房地产估价报告写作必须把握的根本性原则。

　　A. 客观性原则　　B. 目标性原则　　C. 规范性原则

　　D. 专业性原则　　E. 熟练性原则

3. 估价报告中注册房地产估价师的声明应包括（　　）内容，并应经注册房地产估价师签名、盖章。

　　A. 估价报告中估价人员陈述的事实，是估算结果的期望值

　　B. 估价报告中的分析、意见和结论，是估价人员自己公正的专业分析、意见和结论，但受到估价报告中已说明的假设和限制条件的限制

　　C. 估价人员与估价对象没有（或有已载明的）利害关系，也与有关当事人没有（或有已载明的）个人利害关系或偏见

　　D. 估价人员是依照中华人民共和国国家标准《房地产估价规范》进行分析，形成意见和结论，撰写估价报告

　　E. 估价人员已（或没有）对估价对象进行实地查勘，并应列出对估价对象进行了实地查勘的估价人员的姓名

4. 估价报告的形式一般为书面报告，按照格式可分为（　　）。

　　A. 分栏式报告　　B. 文字式报告　　C. 叙述式报告

　　D. 表格式报告　　E. 分布式报告

5. 价格报告封面内容包括（　　）。

　　A. 标题　　　　　　　　　　　　B. 估价项目名称

　　C. 委托人　　　　　　　　　　　D. 注册房地产评估专业人员

　　E. 参加项目人员

附录二

房地产抵押估价报告

估价项目名称：×××为办理抵押贷款手续涉及南宁市兴宁区昆仑大道995号嘉和城塞纳右岸南□□栋□□单元□□层□□□□号房的房地产抵押价值评估

估价委托人：×××

房地产估价机构：××房地产土地资产评估有限公司

注册房地产估价师：×××（注册证号：□□□□□□□□□）

×××（注册证号：□□□□□□□□□）

估价报告出具日期：2021年8月31日

估价报告编号：邕××(2021)估字第□□□□号

附录二　房地产抵押估价报告

致估价委托人函

尊敬的×××：

　　承蒙委托，本公司秉着独立、客观、公正、科学的原则，对南宁市兴宁区昆仑大道995号嘉和城塞纳右岸南□□栋□□单元□□层□□□□号房住宅的房地产进行了实地查勘，并对估价对象在价值时点2021年8月31日的房地产抵押价值进行了评估。

　　估价对象：南宁市兴宁区昆仑大道995号嘉和城塞纳右岸南□□栋□□单元□□层□□□□号房住宅，财产范围为房屋所有权及相应分摊的国有土地使用权，不包含动产、债权债务及其他权益或财产，建筑面积为139.97 m²，法定用途为住宅，权属人为×××。

　　估价目的：为确定房地产抵押贷款额度提供参考依据而评估房地产抵押价值。

　　价值时点：2021年8月31日

　　价值类型：抵押价值

　　估价方法：比较法、收益法

　　估价结果：估价人员根据估价目的，遵循估价原则，按照估价程序，采用科学、合理的估价方法，在认真分析相关资料的基础上，并综合考虑影响房地产市场价格的各项因素，结合估价师的专业经验和周密测算与推断，确定估价对象在价值时点的估价结果为：

估价对象 项目及结果		南宁市兴宁区昆仑大道995号嘉和城塞纳右岸南□□栋□□单元□□层□□□□号房
1．建筑面积		139.97 m²
2．假定未设立法定优先受偿权下的价值	总价	￥133.70万元
	单价	9552元/m²
3．估价师知悉的法定优先受偿款	总价	￥0万元
3.1　已抵押担保的债权数额	总价	￥0万元
3.2　拖欠的建设工程价款	总价	￥0万元
3.3　其他法定优先受偿款	总价	￥0万元
4．抵押价值	总价	￥133.70万元（人民币大写壹佰叁拾叁万柒仟元整）
	单价	9 552元/m²

特别提示：

　　(1)估价结果总价取整至佰位；

　　(2)本估价报告必须整体使用，敬请估价委托人及估价利害关系人仔细阅读报告全文，特别是"估价的假设和限制条件"和"价值定义"；

　　(3)本估价报告受到估价目的的限制，仅为估价委托人办理抵押贷款手续使用，不得用作其他用途，敬请估价委托人及估价利害关系人仔细阅读报告"估价对象变现能力分析与风险提示"部分；

　　(4)本次估价结果不包括未来发生转让时应缴纳的税、费等款项；

　　(5)估价报告一式二份；

(6)估价报告使用期限为自本报告出具之日起一年(即 2021 年 8 月 31 日—2022 年 8 月 30 日)。

××房地产土地资产评估有限公司

2021 年 8 月 31 日

附录二　房地产抵押估价报告

目　录

注册房地产估价师声明	1
估价假设和限制条件	2
房地产估价结果报告	4
一、估价委托人	4
二、房地产估价机构	4
三、估价目的	4
四、估价对象	4
五、价值时点	5
六、价值类型	5
七、估价原则	5
八、估价依据	6
九、估价方法	7
十、估价结果	9
十一、估价对象变现能力分析与风险提示	10
十二、注册房地产估价师	13
十三、实地查勘期	13
十四、估价作业期	13
房地产估价技术报告	14
一、区位状况描述与分析	14
二、实物状况描述与分析	15
三、权益状况描述与分析	16
四、市场背景描述与分析	17
五、最高最佳利用分析	20
六、估价方法适用性分析	21
七、估价测算过程	23
八、注册房地产估价师知悉的法定优先受偿款	33
九、估价结果	34
附件	35
附件一：估价对象实地查勘照片	35
附件二：估价对象位置图	35
附件三：《法定优先受偿款调查表》	35
附件四：桂(2019)南宁市不动产权第×××号《不动产权证书》	35
附件五：专业帮助情况和相关专业意见	35
附件六：××房地产土地资产评估有限公司营业执照	35
附件七：房地产估价机构备案证书	35
附件八：注册房地产估价师执业资格证明	35

注册房地产估价师声明

我们郑重声明：

1. 我们在本估价报告中陈述的事实是真实的和准确的，没有虚假记载、误导性陈述和重大遗漏。

2. 本估价报告中的分析、意见和结论是我们独立、客观、公正的专业分析、意见和结论，但受到本估价报告中已经说明的假设和限制条件的限制。

3. 我们与本估价报告中的估价对象没有现实或潜在的利益，与估价委托人及估价利害关系人没有利害关系。

4. 我们对本估价报告中的估价对象、估价委托人及估价利害关系人没有偏见。

5. 我们是依照中华人民共和国国家标准《房地产估价规范》(GB/T 50291—2015)、《房地产估价基本术语标准》(GB/T 50899—2013)和《房地产抵押估价指导意见》(建住房〔2006〕8号)进行分析，形成意见和结论，撰写本估价报告。

6. 我公司注册房地产估价师×××、估价人员×××已于价值时点 2021 年 8 月 31 日对本估价报告中的估价对象的建筑结构、室内外状况进行了实地查勘并进行记录。我们对估价对象的实地查勘仅限于其外观和使用状况，对被遮盖及难以接触到的部分，依据估价委托人提供的资料以及当前建筑行业一般标准或相关规范进行评估。

7. 没有人对本估价报告提供重要专业帮助。

8. 估价委托人对本次估价所提供情况和资料的真实性、合法性和完整性负责。因资料失实造成评估结果有误差的，估价机构和估价人员不承担相应的责任。

9. 估价委托人以及相关部门在使用本估价报告时，对因忽视本估价报告揭示的相关事实所引起的相关法律责任，本公司以及注册房地产估价师不承担相应责任。

10. 参加本次估价的注册房地产估价师：×××、×××。

估价师姓名	估价师印章及注册号	签字	签名日期
×××			2021 年 8 月 31 日
×××			2021 年 8 月 31 日

附录二 房地产抵押估价报告

估价假设和限制条件

一、本次估价的估价假设

1. 一般假设：
(1)估价对象产权明晰，手续齐全，可在公开市场上自由转让。
(2)在价值时点当时的房地产市场为公开、平等、自愿的交易市场。
(3)市场供求关系、市场结构保持稳定，未发生重大变化或实质性改变。
(4)本次估价以估价对象能够按估价设定的用途不变并持续正常使用为估价前提。
(5)交易双方都具有完全市场信息，对交易对象具有必要的专业知识，不考虑特殊买家的附加出价。
(6)本次估价以估价对象实地查勘之日 2021 年 8 月 31 日作为价值时点。
(7)本次估价对估价所依据的由估价委托人提供的估价对象权属、面积、用途等资料进行了审慎检查，在无理由怀疑其合法性、真实性、准确性和完整性但未予以核实的情况下，本次估价时假定估价委托人提供的资料是合法的、真实的、准确的和完整的。
(8)本次估价对估价对象的房屋安全、环境污染等影响估价对象价值的因素予以了关注，在无理由怀疑估价对象存在安全隐患且无相应的专业机构检测或鉴定的情况下，假定估价对象是安全的。

2. 未定事项假设：本次估价不存在未定事项，无未定事项假设。

3. 背离事实假设：根据估价委托人提供的权证资料记载估价对象存在抵押权，至价值时点止，未见估价对象抵押权利注销，但根据本次估价目的的需要，本次估价以估价对象房屋所有权及土地使用权不存在抵押权、典权等他项权利为假设前提。

4. 不相一致假设：本次估价不存在不相一致事项，无不相一致假设。

5. 依据不足假设：本次估价不存在依据不足事项，无依据不足假设。

当上述估价假设条件发生变化时，估价结果将会失效，需重新估价。

二、估价报告使用限制

1. 本估价报告受到估价目的的限制，仅限估价委托人办理抵押贷款手续使用，不得用作其他用途，本公司只对估价结果本身符合职业规范要求负责，而不对业务定价决策负责。

2. 本报告的全部内容或部分内容仅供估价委托人为本报告所列评估目的的使用。未经估价委托人许可，本公司不得向他人提供或公开有关评估资料；本报告完整使用方为有效，未经本公司书面同意，任何人不得摘录、复制、引用报告的部分或全部。除依据法律需公开情形外，报告的全部或部分内容不得发表于任何公开的媒体上。

3. 本估价报告书从估价报告出具之日起一年内有效，即 2021 年 8 月 31 日—2022 年 8

月 30 日，超过这一期限，应当视当地房地产市场的变化和发展，重新对估价对象进行房地产价值估价。超过估价报告应用有效期使用估价报告的，相关责任由报告使用者承担。如由于国家政策、经济环境及房地产物理状况发生变化，且此变化将对估价结果产生重大影响，须委托本评估公司重新估价。

4. 本次估价是以估价对象在价值时点上的房地产状况和房地产市场状况所进行的房地产市场价值评估，价值时点后，估价报告使用期限内，估价对象质量、使用功能布局、基础设施配套以及房地产市场状况等发生变化时，均会对估价结果产生一定的影响。如对估价对象评估价值产生明显影响时，估价报告使用者不能直接使用该估价报告，应对本估价结果进行必要的调整或重新进行评估。

5. 本报告书应与评估对象的合法权属证件一并使用方才有效，本公司仅对正确使用本报告者负责。

6. 本公司不承担对估价对象权属真实性确认的义务，如估价对象的权属事实与估价委托人提供的资料不符，由此产生的后果由估价委托人负责，本公司不承担任何责任。

7. 本次估价结果不包括未来发生转让时应缴纳的税、费等款项。

8. 本报告的估价货币单位为人民币元。

9. 估价报告使用者应在综合考虑各种风险因素的前提下，认真通读估价报告全文，合理参考使用评估价值。

10. 如发现本报告内的文字或数字因校印或其他原因出现差错时，请通过本公司进行更正。

11. 本报告计算过程中出现数字的微小误差，是计算过程中取整位数不同所引起的，不影响评估结果的使用。

12. 报告相关使用方若对本次估价结果存在异议，可自提交报告之日起 5 个工作日内提出书面意见，否则视为无异议。

附录二　房地产抵押估价报告

房地产估价结果报告

一、估价委托人

姓名：×××

住址：南宁市兴宁区昆仑大道 995 号嘉和城塞纳右岸南□□栋□□单元□□层□□□□号房

二、房地产估价机构

房地产估价机构：××房地产土地资产评估有限公司

住所：南宁市××××××房

法定代表人：×××

备案等级：壹级

证书编号：桂建房估备证字〔2020〕××号

有效期限：2020 年 6 月 8 日—2023 年 6 月 8 日

联系电话：0771－□□□□□□□

三、估价目的

为确定房地产抵押贷款额度提供参考依据而评估房地产抵押价值。

四、估价对象

1. 估价对象财产范围

估价对象为南宁市兴宁区昆仑大道 995 号嘉和城塞纳右岸南□□栋□□单元□□层□□□□号房，估价对象财产范围为该住宅房地产房屋所有权及相应分摊的国有土地使用权，不包含动产、债权债务及其他权益或财产，权利人为×××，建筑面积为 139.97 m²（其中套内面积 107.55 m²，共有分摊面积 32.42 m²）。

2. 估价对象基本状况

估价对象为南宁市兴宁区昆仑大道 995 号嘉和城塞纳右岸南□□栋□□单元□□层□□□□号房，权利人为×××，建筑面积为 139.97 m²（其中套内面积 107.55 m²，共有分摊面积 32.42 m²），规划用途为城镇住宅用地/住宅，实际用途为住宅，至价值时点止估价对象为独立使用，不存在分割。

3. 土地基本状况

估价对象为南宁市兴宁区昆仑大道 995 号嘉和城塞纳右岸南□□栋□□单元□□层□□□□号房，估价对象所在宗地东至嘉和高迪山，南至嘉和城布洛可一区，西至塞纳左岸，北至塞纳北岸。估价对象所在宗地使用年限为 2005 年 12 月 5 日—2075 年 12 月 5 日，至价值时点止，剩余使用年限约为 54 年。估价对象所占土地形状不规则，地势平坦，地质状况较好，土地开发程度为宗地红线外达到"六通"（通路、通电、通信、通供水、通排水、通燃气），红线内"五通"（通电、通信、通供水、通排水、通燃气）。

4. 建筑物基本状况

估价对象所在建筑物为一栋32层(地上30层,地下2层)住宅,为钢混结构建筑物,4梯3户,其中2部箱形电梯、2道步行楼梯,估价对象所在层为15层,建筑面积为139.97 m^2,南朝向,户型为4居室。室内装修情况为普通装修,入户门为防盗门,窗为铝合金窗,室内客厅地面铺瓷砖,墙面为乳胶漆,天面为乳胶漆;卧室地面铺木地板,墙面为乳胶漆,天面为乳胶漆;厨房及卫生间地面铺瓷砖,墙面贴瓷砖至顶,天面为吊顶。维护较好。根据估价人员现场查勘,估价对象所在建筑物建成于2019年,结合房屋建成年代,确定估价对象综合成新率为97%。

五、价值时点

2021年8月31日,此价值时点为估价对象实地查勘期。

六、价值类型

1. 价值类型名称

本次估价的价值类型为抵押价值。

2. 价值定义

抵押价值为估价对象假定未设立法定优先受偿权利下的市场价值减去注册房地产估价师知悉的法定优先受偿款后的价值。

市场价值是指估价对象在价值时点现状利用条件下,满足全部假设和限制条件,南宁市房地产市场自由开放、完全竞争状态下的公开市场价值。所谓公开市场价值是在公开市场最可能形成的价格;采用公开市场价值标准时,要求评估的客观、合理价值应是公开市场价值。

法定优先受偿款是指在价值时点实现抵押权时,法律规定优先于本次抵押贷款受偿的款额,包括发包人拖欠承包人的建筑工程价款,已抵押担保的债权数额,以及其他法定优先受偿款,但不包括为实现抵押权而发生的诉讼费用、估价费用、拍卖费用以及增值税及附加等费用和税金。

七、估价原则

本次估价遵循独立、客观、公正原则、合法原则、价值时点原则、替代原则、最高最佳利用原则、谨慎原则等房地产估价原则。

1. 独立、客观、公正原则:要求站在中立的立场上,实事求是、公平正直地评估出对各方估价利害关系人均是公平合理的价值或价格的原则。

2. 合法原则:要求估价结果是在依法判定的估价对象状况下的价值或价格的原则。

3. 价值时点原则:要求估价结果是在根据估价目的确定的某一特定时间的价值或价格的原则。

4. 替代原则:要求估价结果与估价对象的类似房地产在同等条件下的价值或价格偏差在合理范围内的原则。

5. 最高最佳利用原则:最高最佳利用是指房地产在法律上允许、技术上可能、财务上可行并使价值最大的合理、可能的利用,包括最佳的用途、规模、档次等。要求估价结果是在估价对象最高最佳利用状况下的价值或价格的原则。

6. 谨慎原则:要求在影响估价对象价值或价格的因素存在不确定性的情况下对其作出判断时,应充分考虑其导致估价对象价值或价格偏低的一面,慎重考虑其导致估价对象价值或价格偏高的一面的原则。

八、估价依据

1. 法律、法规政策性文件

(1)《中华人民共和国民法典》(自 2021 年 1 月 1 日起施行);

(2)《中华人民共和国土地管理法》(中华人民共和国主席令第 32 号,自 2020 年 1 月 1 日起施行);

(3)《中华人民共和国城市房地产管理法》(中华人民共和国主席令第 32 号,自 2020 年 1 月 1 日起施行);

(4)《中华人民共和国城乡规划法》(中华人民共和国主席令第二十九号,自 2019 年 4 月 23 日起实施);

(5)《中华人民共和国资产评估法》(中华人民共和国主席令第四十六号,自 2016 年 12 月 1 日起施行)。

2. 国家技术规范

(1)中华人民共和国国家标准《房地产估价规范》(GB/T 50291—2015);

(2)中华人民共和国国家标准《房地产估价基本术语标准》(GB/T 50899—2013)。

3. 有关部门、地方性政府规章和规范性文件

(1)《城市房地产抵押管理办法》(建设部令第 56 号,自 2001 年 8 月 15 日起施行);

(2)《房地产抵押估价指导意见》(建住房〔2006〕8 号,自 2006 年 3 月 1 日起施行);

(3)《国务院办公厅转发建设部等部门关于做好稳定住房价格工作意见的通知》(国办发〔2005〕26 号);

(4)《关于营改增后契税、房产税、土地增值税、个人所得税计税依据问题的通知》(财税〔2016〕43 号);

(5)《财政部、国家税务总局关于调整房地产交易环节税收政策的通知》(财税〔2018〕137 号);

(6)《广西壮族自治区建筑装饰装修工程概算定额》(2017 版)。

4. 估价委托人提供的相关资料

(1)桂(2019)南宁市不动产权第×××号《不动产权证书》;

(2)估价委托人身份证。

5. 估价人员调查收集的相关资料

(1)估价人员现场查勘估价对象位置图;

(2)估价对象现状照片;

(3)实地查勘记录;

(4)交易实例基本信息;

(5)估价对象所在区域的房地产市场状况、同类房地产市场交易等数据资料;

(6)国家统计局公布的相关价格指数。

九、估价方法

估价人员在认真分析所掌握的资料,并对估价对象进行了实地查勘及对周边房地产市场进行调查后,根据估价目的和《房地产估价规范》,以及目前该区域房地产市场发展状况,遵照国家有关法律、法规、估价技术标准,经过反复研究,本次估价对象适合采用比较法和收益法进行估算。估价方法适用性分析如下:

估价方法适用性分析

评估目的	为确定房地产抵押贷款额度提供参考依据而评估房地产抵押价值			
可选估价方法	比较法	收益法	成本法	假设开发法
估价方法定义	选取一定数量的可比实例,将它们与估价对象进行比较,根据其间的差异对可比实例成交价格进行处理后得到估价对象价值或价格的方法	模拟估价对象投资人未来5年内持有出租和第5年末转售的投资模式,选择5年内出租然后转售的收益法公式进行测算,选用适当的折现率将未来5年内每年租金净收益及第5年末转售净收益折现到价值时点后累加,以此估算估价对象的客观合理价格或价值的方法	测算估价对象在价值时点的重置成本或重建成本和折旧,将重置成本或重建成本减去折旧得到估价对象价值或价格的方法	求得估价对象后续开发的必要支出及折现率或后续开发的必要支出及应得利润和开发完成后的价值,将开发完成后的价值和后续开发的必要支出折现到价值时点后相减,或将开发完成后的价值减去后续开发的必要支出及应得利润得到估价对象价值或价格的方法
是否选取	选取	选取	不选取	不选取
估价方法选择理由	估价对象为住宅房地产,所在区域房地产交易活跃,且交易实例较多,易获取其交易情况,适宜采用比较法	估价对象为住宅房地产,所在区域房地产租赁交易活跃,可收集到估价对象所在区域租金收益资料,通过5年内持有出租,第5年末转售收益法模型测算的结果,能客观反映估价对象的价值,适宜采用收益法	估价对象为住宅房地产,存在潜在收益,成本法仅从成本角度测算出价格,与客观实际存在较大偏差,故不宜采用成本法	估价对象地上已建有房屋,暂无拆除重建的规划,故本次估价不考虑采用假设开发法

最后综合两种测算方法的结果确定估价对象价值。

1. 比较法

收集交易实例,选取可比实例,建立比较基础,进行交易情况修正、市场状况调整、房地产状况调整,计算比较价值。

采用百分比修正、调整下的乘法公式:

比较价值＝可比实例成交价格×交易情况修正系数×市场状况调整系数×房地产状况调整系数

2. 收益法

模拟估价对象投资人未来持有出租和加期末转售的投资模式,选择 N 年内出租然后转售的收益法公式进行测算,选用适当的折现率将未来 N 年内每年租金净收益及第 N 年末转售净收益折现到价值时点后累加,以此估算估价对象的客观合理价格或价值的方法。

选用持有加转售模式进行测算,考虑了租金和转售价值两部分收益,相比预测未来几十年的租金收益情况,预测短期内的租金和价格更精确。因此,在短期内租金、价格预测合理的情况下,租赁后转售模型的适用性最强。

附录二 房地产抵押估价报告

基本公式：

$$V = \sum_{i=1}^{t} \frac{A_i}{(1+Y_i)^i} + \frac{V_t}{(1+Y_t)^t}$$

式中 V——收益价值；

A_i——期间收益（元）；

V_t——期末转售收益；

Y_i——未来第 i 年的报酬率；

Y_t——期末报酬率；

t——持有期。

当持有期净收益变化时，公式：

$$V = \frac{A_1}{Y_i - g}\left[1 - \left(\frac{1+g}{1+Y_i}\right)^t\right] + \frac{V_t}{(1+Y_t)^t}$$

$$V_t = V \times (1+i)^t \times (1-q)$$

式中 V——估价对象于价值时点的收益价值；

A_1——持有期第一年年净收益；

V_t——期末转售净收益；

Y_i——持有期内报酬率；

Y_t——期末报酬率；

t——持有期；

i——房价增长率；

q——转售税率；

g——净租金每年递增比率。

十、估价结果

估价人员根据估价目的，遵循估价原则，按照估价程序，采用科学、合理的估价方法，在认真分析相关资料的基础上，并综合考虑影响房地产市场价格的各项因素，结合估价师的专业经验和周密测算与推断，确定估价对象在价值时点的估价结果如下：

房地产抵押价值评估结果汇总表

估价对象 项目及结果		南宁市兴宁区昆仑大道995号嘉和城塞纳右岸南□□栋□□单元□□层□□□□号房
1. 建筑面积		139.97 m²
2. 假定未设立法定优先受偿权下的价值	总价	¥133.70 万元
	单价	9 552 元/m²
3. 估价师知悉的法定优先受偿款	总价	¥0 万元
3.1 已抵押担保的债权数额	总价	¥0 万元
3.2 拖欠的建设工程价款	总价	¥0 万元
3.3 其他法定优先受偿款	总价	¥0 万元
4. 抵押价值	总价	¥133.70 万元（人民币大写壹佰叁拾叁万柒仟元整）
	单价	9 552 元/m²

特别提示：

(1)估价结果总价取整至佰位；

(2)本估价报告必须整体使用，敬请估价委托人及估价利害关系人仔细阅读报告全文，特别是"估价的假设和限制条件"和"价值定义"；

(3)本估价报告受到估价目的的限制，<u>仅为估价委托人办理抵押贷款手续使用</u>，不得用作其他用途，敬请估价委托人及估价利害关系人仔细阅读报告"估价对象变现能力分析与风险提示"部分；

(4)本次估价结果不包括未来发生转让时应缴纳的税、费等款项；

(5)估价报告一式二份；

(6)估价报告使用期限自本报告出具之日起一年(即2021年8月31日—2022年8月30日)。

十一、估价对象变现能力分析与风险提示

1. 估价对象变现能力分析

变现能力是指假定在价值时点实现抵押权时，在没有过多损失的条件下，将抵押房地产转换为现金的可能性。估价对象变现能力分析主要从以下几方面进行分析：

(1)房地产的通用性。房地产的通用性是指房地产是否常见、是否普遍使用。通常情况下，通用性越差的房地产，如用途越专业化的房地产，使用者的范围越窄，越不容易找到买方，变现能力会越弱。估价对象规划用途为城镇住宅用地/住宅，实际用途为住宅，使用者的范围较宽，通用性较好，变现能力较强。

(2)房地产的独立使用性。所谓独立使用性，即能否单独的使用而不受限制。通常情况下，独立使用性越差的房地产，越妨碍房地产的使用，变现能力会越弱。估价对象拥有独立产权，具备独立使用性，变现能力强。

(3)房地产的可分割转让性。所谓可分割转让性，是指在物理上、经济上是否可以分离开来使用。此外，由于价值越大的房地产变现能力越弱，所以容易分割转让的房地产，变现能力较强；反之，变现能力越弱。估价对象为住宅房地产，不可分割转让，分割转让性差，变现能力弱。

(4)房地产的区位。通常情况下，所处位置越偏僻、越不成熟区域的房地产，变现能力会越弱。估价对象所在区域为南宁市城区范围内，为成熟发展区域，基础设施完善，房地产区位状况较好，变现能力较强。

(5)房地产的开发程度。通常情况下，开发程度越低的房地产，不确定因素越多，变现能力会越弱。估价对象为已建成并已投入使用的房地产，且所在土地开发程度为宗地红线外达到"六通"(通路、通电、通信、通供水、通排水、通燃气)，红线内"五通"(通电、通信、通供水、通排水、通燃气)。房地产开发程度高，变现能力强。

(6)房地产的价值大小。通常情况下，价值越大的房地产，购买所需要的资金越多，越不容易找到买方，变现能力会越弱。估价对象为住宅房地产，建筑面积为139.97 m^2，房地产总价值为133.70万元，房地产总价值适中，变现能力较强。

(7)该类房地产的市场状况。房地产的市场状况与房地产的变现能力紧密相关。房地产市场越不景气，出售房地产会越困难，变现能力就越弱。至本次价值时点，南宁市经济总体运行平稳，房地产市场健康、平稳发展，变现能力较强。

附录二 房地产抵押估价报告

(8)拍卖时最可能实现的价格与市场价值的差异程度及变现时间长短。估价对象在价值时点实现抵押权时，在没有太多损失的条件下，将抵押房地产拍卖或者变卖时最可能实现的价格比市场价值低，这是由于快速处置资产，就要受到在没有充分的时间、没有充分的供需市场信息及强制处分等的影响，不能按照所有者的意愿进行交易，故使其处置价值低于其正常市场价值。估价对象所在位置的区位状况较好，近年来该区域的购房需求量较大，导致对该区域的类似房地产购买需求不断增大。由此可见，估价对象的市场价值与处置价值的差异度与其他区域的类似房地产相比处于较优的状态，变现时间也短于其他区域类似房地产的变现时间。则估价对象的变现能力较强。

(9)房地产变现的费用及税金。不同用途、不同类型的房地产在变现过程中所发生的变现费用及税金会有所差别。估价对象为住宅房地产，变现过程中涉及的费用及税金通常包括：

1)增值税、城市维护建设税、教育费附加、地方教育附加及个人所得税，约为变现价值的6.29%；

2)拍卖佣金，约为变现价值的3%～5%(为房地产拍卖时发生)；

3)交易手续费，按建筑面积计算，约为4元/m^2(交易双方各承担50%)；

4)其他评估咨询费用、诉讼费、律师费等。估价对象为住宅房地产，在快速变现过程中可能发生上述费用及税金，则估价对象的变现能力一般。

(10)房地产清偿顺序。抵押物折价或者拍卖、变卖所得的价款，当事人没有约定的，按下列顺序和原则分配清偿：

1)支付处分抵押房地产所需费用。

2)扣缴抵押房地产处分后卖方应承担缴纳的税费。

3)抵押房地产占用的土地为划拨方式取得土地使用权的，缴纳相应的土地使用权出让金。

4)按合同约定偿还主债权的利息、本金及支付违约金(在建工程优先用于支付拖欠的工程款；企业破产清算时优先用于支付职工的养老和医疗保险金；同一抵押房地产设定两个或者两个以上抵押权的，应当按照抵押登记的先后顺序清偿；顺序相同的，按照债权比例清偿)。

5)剩余金额交还抵押人。估价对象为住宅房地产，抵押权实现时按以上房地产清偿顺序进行清偿，则估价对象变现能力一般。

综上所述，估价对象变现能力较强。

2. 风险提示

估价报告使用者应充分考虑以下风险及提示：

(1)房地产抵押价值未来下跌的因素。

1)房地产市场周期性。房地产市场存在周期波动和景气循环现象。当房地产市场从繁荣阶段进入危机与衰退阶段，进而进入萧条阶段时，房地产市场将出现持续时间较长的房地产交易量锐减、价格下降、新开发建设规模收缩等情况。

2)银行利率变动。调整利率是国家对经济活动进行宏观调控的主要手段之一。利率提高会抑制房地产市场上的需求数量，从而导致房地产价格下降。

3)房地产政策调整。政府的土地供给政策、税费政策、金融政策、住房政策、价格政策、环境保护政策等，均对房地产价值实现产生巨大影响。

4)环境因素恶化。大气环境、声觉环境、视觉环境以及卫生环境等环境因素恶化，比如空气污染、噪声污染导致区域内房地产市场的不景气，使得区域范围内房地产市场价值整体下跌。

5)人为使用不当或自然因素使得房地产加速物理折旧（或经济折旧）。人为使用不当通常是指擅自拆改建筑物，破坏建筑结构，或平时使用时缺乏必要的维护等，使得房地产加速物理折旧（或经济折旧）；自然因素（如火灾、地震、水灾等），也会对建筑物产生破坏作用，导致估价对象房地产市场价值的下跌。

(2)本次估价对象不属于续贷房地产，故本次不考虑房地产市场发生变化对续贷房地产抵押价值产生的影响。

(3)估价对象状况和房地产市场状况因时间变化对房地产抵押价值可能产生的影响：

1)房地产抵押期间，抵押房地产仍由抵押人占有、使用。随着时间的变化，在使用过程中不可避免会造成损耗，有可能降低抵押物价值，提请抵押权人注意。

2)房地产市场具有周期性，房地产市场周期波动可分为复苏与发展、繁荣、危机与衰退、萧条4个阶段。随着时间的推移，每个不同阶段的房地产市场对房地产抵押价值均会产生较大影响。

(4)抵押期间可能发生的房地产信贷风险关注点：

1)与房地产相关政策发生变动的风险；

2)利率变动的风险；

3)房地产市场风险；

4)通货膨胀的影响；

5)其他可能发生的房地产信贷风险关注点。

(5)合理使用评估价值。

1)一旦发生抵押人不能履行债务，抵押权人需要将抵押物拍卖清偿时，根据国家有关规定除法定优先受偿款外，还有强制拍卖费用、拍卖佣金、诉讼律师费、增值税及附加、印花税、交易手续费、评估费、登记费和合同公证费等，本报告估价结果中，这些税费未扣除。

2)本次估价结果仅是对估价对象的市场价值做出合理估测，只作为估价对象抵押贷款的参考价值。未来市场变化风险和短期强制处分等因素对抵押价值均产生一定的影响，抵押权人应在考虑产权性质、市场价格波动风险、税费率等的变化、房地产变化的不确定性和变现费用、房地产转让时应缴纳的有关税费等因素后，根据估价结果确定担保额；且抵押权利双方应规定到有关管理部门进行抵押登记。

3)估价人员对估价对象现状与相关权属证明材料上记载的内容逐一进行对照了解，并对法定优先受偿权、抵押他项权利等情况进行了查询。根据估价委托人提供的权证资料记载，估价对象存在抵押权，至价值时点止尚未注销。估价人员对估价对象他项权利进行了必要的核查，但由于本次估价是为估价委托人重新抵押贷款提供参考，故估价中不考虑已设定的抵押权对估价对象抵押价值的影响。

(6)定期或在房地产市场价格变化较快时对房地产抵押价值进行再评估。

本次估价结果仅为估价对象在价值时点的估价结果，而房地产市场处于不断变化和发展中,且存在着较多影响房地产价值的各种因素,因此需定期或在房地产市场价格变化较快时对房地产抵押价值进行再评估,此点提请报告使用者注意。

十二、注册房地产估价师

参加本次估价的注册房地产估价师:×××、×××。

估价师姓名	估价师印章及注册号	签字	签名日期
×××			2021 年 8 月 31 日
×××			2021 年 8 月 31 日

十三、实地查勘期

2021 年 8 月 31 日。

十四、估价作业期

2021 年 8 月 31 日。

××房地产土地资产评估有限公司

2021 年 8 月 31 日

房地产估价技术报告

一、区位状况描述与分析

1. 位置状况

(1)坐落：估价对象位于南宁市兴宁区昆仑大道 995 号嘉和城塞纳右岸南□□栋□□单元□□层□□□□号房；

(2)方位及四至：东至嘉和高迪山，南至嘉和城布洛可一区，西至塞纳左岸，北至塞纳北岸；

(3)与重要场所的距离：距离天桃实验学校(嘉和城校区)约 1.5 km；

(4)临路状况：临路状况较好；

(5)楼幢：楼幢位置较好；

(6)楼层：估价对象所在建筑物总楼层 32 层(地上 30 层，地下 2 层)，估价对象所在层为 15 层；

(7)朝向：估价对象为南朝向，通风、采光条件较好。

综上所述，估价对象所处位置较好。

2. 交通状况

(1)道路状况：周边交通路网较多，交通通达度较好；

(2)出入可利用交通工具：居住日常出行可利用公交车、出租车、公共自行车，出行便捷程度较高；

(3)交通管制情况：无交通管制；

(4)停车方便程度：停车方便较高。

综上所述，估价对象所处区域交通状况较高。

3. 外部配套设施状况

(1)基础设施：估价对象所在区域内已通道路、供水、排水、供电、通信、通燃气等基础设施，基础设施较完备；

(2)公共服务设施：估价对象所在区域范围内有商场、超市、市场、银行、学校、医院等各类设施，公共服务设施较齐全。

综上所述，估价对象所处区域外部配套设施较齐全，生活方便程度较高。

4. 周围环境状况

(1)自然环境：南宁位于北回归线南侧，属湿润的亚热带季风气候，阳光充足，雨量充沛，霜少无雪，气候温和，夏长冬短，年平均气温在 21.6 ℃左右，极端最高气温 40.4 ℃，极端最低气温−2.4 ℃。冬季最冷的 1 月平均 12.8 ℃，夏季最热的 7、8 月平均 28.2 ℃。年均降雨量达 1 304.2 mm，平均相对湿度为 79%，气候特点是炎热、潮湿。相对而言，一般是夏季潮湿，而冬季稍显干燥，干湿季节分明，春秋两季气候温和，集中的雨季是在夏天。

估价对象所在区域内道路清洁、环境卫生良好，小区内设置有集中垃圾回收点，周边无高压输变电线路、无线点发射塔、加油站等设备设施，所在区域内无大型工厂，以估价对象所在小区为中心方圆 1 km 内无废气、废水排放污染，自然环境状况良好。

(2) 人文环境：估价对象所在区域居民素质较好，治安状况较好，人文环境较好；

(3) 景观：无。

综上所述，估价对象所处区域周围环境较优。

估价对象所在位置较优，区域内交通状况较高，外部配套设施较齐全，周围环境较好。估价对象区位状况对估价对象的价值具有正向促进作用。

二、实物状况描述与分析

1. 土地实物状况描述与分析

名称：南宁市兴宁区昆仑大道 995 号嘉和城塞纳右岸南□□栋□□单元□□层□□□□号房。

四至：估价对象所在宗地东至嘉和高迪山，南至嘉和城布洛可一区，西至塞纳左岸，北至塞纳北岸；

面积：共有宗地面积 25 967.00 m²；

用途：土地用途为城镇住宅用地；

形状：所在宗地形状不规则，对土地利用影响较小；

地形：所在宗地地形情况利于建筑设计；

地势：所在宗地地势平坦；

地质：所在宗地地质条件较好，利于开发建设；

开发程度：至价值时点，估价对象所在宗地红线外开发程度达到"六通"（通路、通电、通信、通供水、通排水、通燃气），开发程度高。

综合判断估价对象土地实物状况较优，对估价对象价值起正向促进作用。

2. 建筑物实物状况描述与分析

名称：南宁市兴宁区昆仑大道 995 号嘉和城塞纳右岸南□□栋□□单元□□层□□□□号房。

规模、面积：估价对象所在楼栋总楼层为 32 层，估价对象位于第××层，估价对象建筑面积为 139.97 m²。

建筑结构：钢混结构。

设施设备：所在楼栋配备水电、消防配套设施到位，网络、通信设施配套齐全，所在建筑物设施设备较齐全。

装饰装修：估价对象建筑外墙为涂料，室内装修情况为普通装修，维护状况较好。入户门为防盗门，窗为铝合金窗，室内客厅地面铺瓷砖，墙面为乳胶漆，天面为乳胶漆；卧室地面铺木地板，墙面为乳胶漆，天面为乳胶漆；厨房及卫生间地面铺瓷砖，墙面贴瓷砖至顶，天面为吊顶。

层高：估价对象建筑层高约 2.8 m，能够满足居住需求。

空间布局及通风采光：平面布置合理，通风、采光较好。

建筑功能：建筑功能设计合理。

工程质量：未发现工程质量存在问题，工程质量较优。

外观：建筑外观保养较好。

新旧程度：建成于2019年，综合成新率为97%。

物业管理：物业管理较好。

综合判断估价对象实物状况评价较优，对估价对象价值起正向促进作用。

三、权益状况描述与分析

登记用途或规划用途：城镇住宅用地/住宅；

规划条件：所在地块规划条件科学、合理，利于房地产开发建设；

所有权：权利人为×××；

土地使用权：估价对象分摊土地使用权人为×××，土地用途为城镇住宅用地。估价对象所在宗地使用年限为2005年12月5日—2075年12月5日，剩余使用年限约为54年；

共有情况：单独所有；

用益物权设立情况：国有建设用地使用权（出让）；

担保物权设立情况：根据估价委托人提供的权证资料记载，估价对象存在抵押权，至价值时点止尚未注销；

租赁或占用情况：无；

拖欠税费情况：无；

查封等形式限制权利情况：无；

权属清晰情况：权属清晰。

根据《中华人民共和国民法典》（自2021年1月1日起施行）第三百九十五条"债务人或者第三人有权处分的下列财产可以抵押：①建筑物和其他土地附着物；②建设用地使用权；③海域使用权；④生产设备、原材料、半成品、产品；⑤正在建造的建筑物、船舶、航空器；⑥交通运输工具；⑦法律、行政法规未禁止抵押的其他财产"。另根据第三百九十九条"不得抵押的财产有：①土地所有权；②宅基地、自留地、自留山等集体所有土地的使用权，但是法律规定可以抵押的除外；③学校、幼儿园、医疗机构等为公益目的成立的非营利法人的教育设施、医疗卫生设施和其他公益设施；④所有权、使用权不明或者有争议的财产；⑤依法被查封、扣押、监管的财产；⑥法律、行政法规规定不得抵押的其他财产"。根据估价委托人提供的资料，本次估价对象为依法取得的房地产，用途为住宅，无上述不得抵押的情况，可设定抵押权。

综上所述，综合评价估价对象权益状况评价为较优，对估价对象价值起正向促进作用。

四、市场背景描述与分析

1. 地理及区域状况

南宁市位于我国西南部地区，是广西壮族自治区的省会，中国西南地区科技、商贸、金融发展较快的城市之一。它与广东省相邻，是连接西南地区和沿海地区的桥梁。随着国家的经济重心和经济优惠政策向西部、西南部地区迁移和倾斜，将促使西南部经济高速发展。在国家实施西部大开发和建立中国——东盟自由贸易区之际，南宁具有承东启西、连南接北的区位优势，是中国经济快速发展的新区域和外商投资的新热点。

2. 经济发展状况

2020年中国前三季度生产总值（GDP）72.28万亿元，同比增长0.7%。1—11月，固定资产投资同比增长2.6%，国民经济恢复态势持续显现。1—11月，社会消费品零售总额 351 415 亿元，同比下降 4.8%，市场销售持续回暖。1—11 月，货物进出口总额 290 439 亿元，同比增长 1.8%。

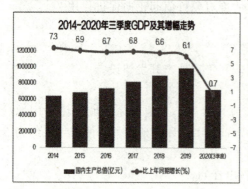
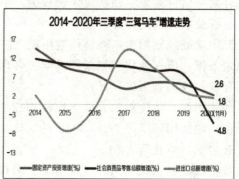

注：数据来源于国家统计局

初步核算，2020 年 1—11 月广西全区生产总值（GDP）15 999.07 亿元，按可比价格计算，同比增长 2%。1—11 月，全区固定资产投资（不含农户）回升态势持续稳固，同比增长 3.7%。1—11 月，全区房地产开发投资增长 0.9%。

初步核算，2020 年 1—11 月南宁生产总值（GDP）3 468.89 亿元，按可比价格计算，同比增长 2.8%。1—11 月，全区固定资产投资（不含农户）回升态势持续稳固，同比下降 2.6%。1—11 月，房地产开发投资同比增长 6.8%。

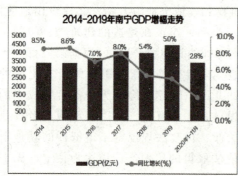
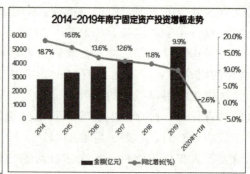

注：数据来源于南宁统计局

3. 房地产发展状况

（1）土地市场。

2020 年南宁"招拍挂"的土地出让计划中，计划出让商住用地 5 830 亩，同比增长 9%；计划出让工业用地 3 971 亩，与去年持平；计划出让仓储用地及商服和其他用地 2 079 亩，合计同比下降 14%。2020 年已经供地 11 351 亩，完成计划的 96%。

2020 年南宁"招拍挂"土地出让计划

项目	商住用地	工业用地	仓储用地	商服和其他用地	合计
计划供地/亩	5 830	3 971	914	1 165	11 880
完成供地/亩	6 192	3 660	907	592	11 351
完成率	106	92	99	51	96

2020 年南宁市各区域商住用地供地情况如下：

2020 年南宁市各区域商住用地供地情况

区域	供应面积/万 m²	成交面积/万 m²	建筑面积/万 m²	实际楼面积/万 m²
江南区	83.14	76.97	256.51	4 227
良庆区	176.30	176.88	492.03	4 178
青秀区	45.64	41.24	94.86	6 236
西乡塘区	8.00	14.36	57.61	3 011
兴宁区	51.29	36.57	96.00	3 593
邕宁区	48.42	46.40	129.48	6 160
总法	412.80	392.40	1 126.48	4 479

（2）房地产市场。

2020 年南宁市商品房供应 1 743.5 万 m²，同比下降 9%；成交 1 306.4 万 m²，同比下降 18%；成交均价为 10 942 元/m²，同比增长 1%。

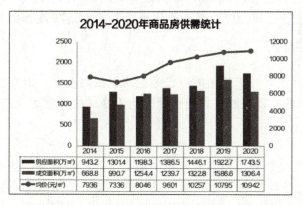

物业类型	供应面积（万 m²）	成交面积（万 m²）	均价（元/m²）
住宅	1178.8	906.4	12533
商业	74.1	65.9	17529
办公	81.9	52.4	11888
车位、其他	408.7	281.7	4106
合计	1743.5	1306.4	10942

数据来源：南宁市房管局、中指数据库。数据统计截止时间：2020年12月27日。

2020 年南宁市住宅供应 1 178.8 万 m²，同比下降 12%；成交 906.4 万 m²，同比下降 27%；成交均价为 12 533 元/m²，同比增长 9%。

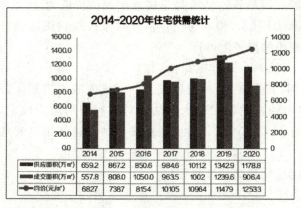

年份	供应套数（套）	供应面积（万 m²）	成交套数（套）	成交面积（万 m²）	均价（元/m²）
2014	63827	659.2	53758	557.8	6827
2015	85284	867.2	78436	808.0	7387
2016	78740	850.6	101204	1050.0	8154
2017	91222	984.6	90084	963.5	10105
2018	93329	1011.2	92787	1002.0	10964
2019	122594	1342.9	112618	1239.6	11479
2020	106183	1178.8	81735	906.4	12533

数据来源：南宁市房管局、中指数据库。数据统计截止时间：2020年12月27日。

2020 年南宁市各区域成交量均有所下滑，仅青秀区比较稳定，下降 4%。其他区域下降幅度为13%~42%。各区域成交均价同比均有涨幅。

区域	供应套数(套)	供应面积(万㎡)	成交套数(套)	成交面积(万㎡)	同比	均价(元/㎡)	同比
江南区	21352	211.9	16101	162.3	↓13%	10130	↑6%
良庆区	40045	448.8	25836	289.3	↓33%	12940	↑12%
青秀区	17941	228.5	15407	190.9	↓4%	15777	↑6%
西乡塘区	11730	122.8	11155	113.4	↓31%	11133	↑1%
兴宁区	6936	79.8	6885	80.5	↓42%	11290	↑4%
邕宁区	8179	87	6351	70.1	↓40%	11281	↑3%
合计	106183	1178.8	81735	906.4	↓27%	12533	↑9%

数据来源：南宁市房管局、中指数据库。数据统计截止时间：2020年12月27日。

综上所述，估价对象所处南宁市经济发展状况基本稳定，房地产市场发展较活跃，对估价对象起正向促进作用。

五、最高最佳利用分析

本次估价以估价对象的最高最佳利用为前提进行估价，最高最佳利用是指法律上允许，技术上可能，财务上可行，价值最大化，经充分合理考虑，使估价对象产生最高最佳的利用价值。

1. 合法性分析

估价对象登记用途为城镇住宅用地/住宅，并于价值时点已办理房屋权属登记，取得合法的权属。从物权的角度来看，估价对象的权属来源、规划设计等均为合法的住宅房地产，符合最高最佳利用的法律上允许。

2. 技术可能性分析

估价对象规划用途为城镇住宅用地/住宅，在工程技术可行的前提下，估价对象已按规划用途进行开发建设，并已建设完成，已验收合格并已办理权属登记。至价值时点止，估价对象已投入使用。由此可见，估价对象按规划用途进行开发建设在技术上是可能的，符合最高最佳利用的技术上的可能。

3. 财务可行性分析

南宁市经济发展状况稳定，房地产市场发展活跃，估价对象房地产评估价值为133.70万元，对潜在市场需求者不存在明显的购买力限制。由此可见，估价对象按规划用途进行使用在财务上也是可行的，符合最高最佳利用的财务上可行。

4. 价值最大化分析

估价对象所处区域属于南宁市城区范围，区域内人口密度较大，区域内城市规划完善且成熟，生活基础设施完善，居民对住宅房地产的需求较大。估价对象规划用途为住宅，能满足该区域对住宅房地产较大的购房需求。由此可见，估价对象按规划用途使用可实现价值最大化。

综上所述，估价对象现状作为住宅使用达到最高最佳利用。

六、估价方法适用性分析

估价人员在认真分析所掌握的资料，并对估价对象进行了实地查勘及对周边房地产市场进行调查后，根据估价目的和《房地产估价规范》（GB/T 50291—2015），以及目前该区域房地产市场发展状况，遵照国家有关法律、法规、估价技术标准，经过反复研究，本次估价对象适合采用比较法和收益法进行估算。估价方法适用性分析如下：

估价方法适用性分析

评估目的	为确定房地产抵押贷款额度提供参考依据而评估房地产抵押价值			
可选估价方法	比较法	收益法	成本法	假设开发法
估价方法定义	选取一定数量的可比实例，将它们与估价对象进行比较，根据其间的差异对可比实例成交价格进行处理后得到估价对象价值或价格的方法	模拟估价对象投资人未来5年内持有出租和第5年末转售的投资模式，选择5年内出租然后转售的收益法公式进行测算，选用适当的折现率将未来5年内每年租金净收益及第5年末转售净收益折现到价值时点后累加，以此估算估价对象的客观合理价格或价值的方法	测算估价对象在价值时点的重置成本或重建成本和折旧，将重置成本或重建成本减去折旧得到估价对象价值或价格的方法	求得估价对象后续开发的必要支出及折现率或后续开发的必要支出及应得利润和开发完成后的价值，将开发完成后的价值和后续开发的必要支出折现到价值时点后相减，或将开发完成后的价值减去后续开发的必要支出及应得利润得到估价对象价值或价格的方法
是否选取	选取	选取	不选取	不选取
估价方法选择理由	估价对象为住宅房地产，所在区域房地产交易活跃，且交易实例较多，易获取其交易情况，适宜采用比较法	估价对象为住宅房地产，所在区域房地产租赁交易活跃，可收集到估价对象所在区域租金收益资料，通过5年内持有出租第5年末转售收益法模型测算的结果，能客观反映估价对象的价值，适宜采用收益法	估价对象为住宅房地产，存在潜在收益，成本法仅从成本角度测算出价格，与客观实际存在较大偏差，故不宜采用成本法	估价对象地上已建有房屋，暂无拆除重建的规划，故本次估价不考虑采用假设开发法

最后综合两种测算方法的结果确定估价对象价值。

1. 比较法

收集交易实例，选取可比实例，建立比较基础，进行交易情况修正、市场状况调整、房地产状况调整，计算比较价值。

公式：

比较价格＝可比实例成交价格×交易情况修正系数×市场状况调整系数×房地产状况调整系数

2. 收益法

模拟估价对象投资人未来持有出租和加期末转售的投资模式，选择 N 年内出租然后转售的收益法公式进行测算，选用适当的折现率将未来 N 年内每年租金净收益及第 N 年末转售净收益折现到价值时点后累加，以此估算估价对象的客观合理价格或价值的方法。

选用持有加转售模式进行测算,考虑了租金和转售价值两部分收益,相比预测未来几十年的租金收益情况,预测短期内的租金和价格更精确,因此,在短期内租金、价格预测合理的情况下,租赁后转售模型的适用性最强。

基本公式:

$$V = \sum_{i=1}^{t} \frac{A_i}{(1+Y_i)^i} + \frac{V_t}{(1+Y_t)^t}$$

式中 V——收益价值;
　　A_i——期间收益(元);
　　V_t——期末转售收益;
　　Y_i——未来第 i 年的报酬率;
　　Y_t——期末报酬率;
　　t——持有期。

当持有期净收益变化时,公式:

$$V = \frac{A_1}{Y_i - g}\left[1 - \left(\frac{1+g}{1+Y_i}\right)^t\right] + \frac{V_t}{(1+Y_t)^t}$$

$$V_t = V \times (1+i)^t \times (1-q)$$

式中 V——估价对象于价值时点的收益价值;
　　A_1——持有期第一年年净收益;
　　V_t——期末转售净收益;
　　Y_i——持有期内报酬率;
　　Y_t——期末报酬率;
　　t——持有期;
　　i——房价增长率;
　　q——转售税率;
　　g——净租金每年递增比率。

七、估价测算过程

(一)比较法

1. 基本原理及公式

比较法:选取一定数量的可比实例,将它们与估价对象进行比较,根据其间的差异可比实例成交价格进行处理后得到估价对象价值或价格的方法。

采用百分比修正、调整下的乘法公式:

比较价格=可比实例成交价格×交易情况修正系数×市场状况调整系数×房地产状况调整系数

2. 估价步骤

(1)收集交易实例;
(2)选取可比实例;
(3)建立比较基础;
(4)进行交易情况修正;
(5)进行市场状况调整;

(6)进行房地产状况调整；

(7)计算比较价值。

3. 测算过程

(1)收集交易实例。根据估价对象基本情况在同一供求圈内收集了类似房地产交易实例数个，收集信息包括交易对象基本状况、交易双方基本情况、交易方式、成交日期、成交价格、付款方式、融资条件、交易税费负担情况、交易目的等信息。

(2)选取可比实例。根据本次估价的目的、价值时点、估价对象规模、估价对象用途等情况对所收集的交易实例进行认真筛选后，选取以下3个可比实例：

表1 可比实例基本情况表

比较案例	可比实例A	可比实例B	可比实例C
项目名称	南宁市兴宁区昆仑大道995号嘉和城布洛可三区7栋1单元十四层1403号房	南宁市兴宁区昆仑大道995号嘉和城白鹭前湖10栋2单元三层302号房	兴宁区昆仑大道995号嘉和城温沙北郡21栋2单元1002号
交易情况	正常交易	正常交易	正常交易
土地使用权类型	出让	出让	出让
用途	住宅	住宅	住宅
成交单价/(元/m²)	9 804	9 929	9 476
成交日期	2021年1月8日	2020年10月21日	2020年8月31日
价格内涵	不含相关交易税费，纯粹房地产市场价格	不含相关交易税费，纯粹房地产市场价格	不含相关交易税费，纯粹房地产市场价格

(3)建立价格可比基础。选取可比实例后，应对可比实例的成交价格进行换算处理，建立价格可比基础。可比实例情况如下：

表2 可比基础表

比较案例	可比实例A	可比实例B	可比实例C
房地产范围	"纯粹"的房地产价格，产权建筑面积计价；成交价不包含家电家具等其他附属设备设施	"纯粹"的房地产价格，产权建筑面积计价；成交价不包含家电家具等其他附属设备设施	"纯粹"的房地产价格，产权建筑面积计价；成交价不包含家电家具等其他附属设备设施
付款方式	一次性付款	一次性付款	一次性付款
融资方式	常规	常规	常规
价格单位	元/m²(建筑面积)	元/m²(建筑面积)	元/m²(建筑面积)
税费负担	卖方实收，交易税费全部由买方来承担	卖方实收，交易税费全部由买方来承担	卖方实收，交易税费全部由买方来承担

表3 可比价格修正表

比较案例	可比实例A	可比实例B	可比实例C
成交价格/(元·m^{-2})	9 804	9 929	9 476
统一房地产范围修正值	0	0	0
统一付款方式修正值	0	0	0
统一融资方式修正值	0	0	0
统一价格单位修正值	0	0	0
统一税费负担修正值	0	0	0
可比价格/(元·m^{-2})	9 804	9 929	9 476

表4 比较因素条件说明

因素类型		比较内容	估价对象	可比实例A	可比实例B	可比实例C
因素类型		名称	南宁市兴宁区昆仑大道995号嘉和城塞纳右岸南□□栋□□单元□□层□□□□号房	南宁市兴宁区昆仑大道995号嘉和城布洛可三区7栋1单元十四层1403号房	南宁市兴宁区昆仑大道995号嘉和城白鹭前湖10栋2单元三层302号房	兴宁区昆仑大道995号嘉和城温沙北郡21栋2单元1002号
交易情况修正			满足估价假设和限制条件的正常交易	正常交易	正常交易	正常交易
市场状况调整		价值时点/成交日期	2021年8月31日	2021年1月8日	2020年10月21日	2020年8月31日
区位状况调整		位置	区域位置较成熟	区域位置较成熟	区域位置较成熟	区域位置较成熟
		交通	较高	较高	较高	较高
		外部配套设施	较齐全	较齐全	较齐全	较齐全
		周围环境	较好	较好	较好	较好
		楼幢	较好	较好	较好	较好
		所在层/总层数	15/30	14/32	3/34	10/32
		朝向	南	南	南	南
实物状况调整	土地	面积	规模适中	规模适中	规模适中	规模适中
		形状	不规则	不规则	不规则	不规则
		地形	平原	平原	平原	平原
		地势	平坦	平坦	平坦	平坦
		地质	较好	较好	较好	较好
		土壤	较好	较好	较好	较好
		开发程度	六通(通路、通电、通信、通供水、通排水、通燃气)	六通(通路、通电、通信、通供水、通排水、通燃气)	六通(通路、通电、通信、通供水、通排水、通燃气)	六通(通路、通电、通信、通供水、通排水、通燃气)

续表

比较内容			估价对象	可比实例A	可比实例B	可比实例C
实物状况调整	建筑物	建筑结构	钢混结构	钢混结构	钢混结构	钢混结构
		设施设备	较齐全	较齐全	较齐全	较齐全
		空间布局	较合理	较合理	较合理	较合理
		建筑功能	满足	满足	满足	满足
		外观	较好	较好	较好	较好
		建筑面积/m²	139.97	92.65	131.42	84.42
		装修情况	普通装修	普通装修	普通装修	普通装修
		建筑年代	2019	2018	2017	2016
权益状况调整		规划条件	无特殊限制	无特殊限制	无特殊限制	无特殊限制
		土地使用期限	城镇住宅用地，法定使用期限70年，使用期满自动续期	城镇住宅用地，法定使用期限70年，使用期满自动续期	城镇住宅用地，法定使用期限70年，使用期满自动续期	城镇住宅用地，法定使用期限70年，使用期满自动续期
		共有情况	单独所有	—	—	—
		用益物权设立情况	建设用地使用权	建设用地使用权	建设用地使用权	建设用地使用权
		担保物权设立情况	无	无	无	无
		租赁或占用情况	无	无	无	无
		拖欠税费情况	无	无	无	无
		查封情况	无	无	无	无
		权属清晰情况	清晰	清晰	清晰	清晰

（4）进行交易情况修正。

表5　交易情况修正说明表

修正内容	调整、修正方式说明
交易情况修正	本次估价价值类型为抵押价值，抵押价值为估价对象假定未设立法定优先受偿权利下的市场价值减去注册房地产估价师知悉的法定优先受偿款后的价值。本次估价收集到的可比实例均为正常交易价格，估价对象与可比实例交易情况一致，本次估价不进行修正。

表6　交易情况修正系数表

修正内容	估价对象	可比实例A	可比实例B	可比实例C
交易情况修正值	0	0	0	0
交易情况调整	100	100	100	100
交易情况调整系数/%	100.00	100.00	100.00	

（5）进行市场状况调整。

本次估价价值时点为2021年8月31日，近期南宁市房地产价格变化不明显，可比实例 A、B、C 的市场状况与价值时点的市场状况相差不大，故此项不需修正。

表 7 市场状况调整系数表

市场状况调整	估价对象	可比实例 A	可比实例 B	可比实例 C
价值时点/成交日期	2021 年 8 月 31 日	2021 年 1 月 8 日	2020 年 10 月 21 日	2020 年 8 月 31 日
指数	100	100.0	100.0	100.0
房地产市场状况调整系数/%		100.00	100.00	100.00

(6) 进行房地产状况调整。

表 8 房地产状况调整系数表　　　　　　　　　　　　　%

房地产状况调整			估价对象	可比实例 A	可比实例 B	可比实例 C
区位状况调整		位置	100.0	100.0	100.0	100.0
		交通	100.0	100.0	100.0	100.0
		外部配套设施	100.0	100.0	100.0	100.0
		周围环境	100.0	100.0	100.0	100.0
		楼幢	100.0	100.0	100.0	100.0
		所在层/总层数	100.0	100.0	99.0	99.5
		朝向	100.0	100.0	100.0	100.0
实物状况调整	土地	面积	100.0	100.0	100.0	100.0
		形状	100.0	100.0	100.0	100.0
		地形	100.0	100.0	100.0	100.0
		地势	100.0	100.0	100.0	100.0
		地质	100.0	100.0	100.0	100.0
		土壤	100.0	100.0	100.0	100.0
		开发程度	100.0	100.0	100.0	100.0
	建筑物	建筑结构	100.0	100.0	100.0	100.0
		设施设备	100.0	100.0	100.0	100.0
		空间布局	100.0	100.0	100.0	100.0
		建筑功能	100.0	100.0	100.0	100.0
		外观	100.0	100.0	100.0	100.0
		建筑面积	100.0	102.0	100.0	102.0
		装修情况	100.0	100.0	100.0	100.0
		建筑年代	100.0	99.8	99.6	99.4
权益状况调整		规划条件	100.0	100.0	100.0	100.0
		土地使用期限	100.0	100.0	100.0	100.0
		共有情况	100.0	100.0	100.0	100.0
		用益物权设立情况	100.0	100.0	100.0	100.0
		担保物权设立情况	100.0	100.0	100.0	100.0
		租赁或占用情况	100.0	100.0	100.0	100.0
		拖欠税费情况	100.0	100.0	100.0	100.0
		查封情况	100.0	100.0	100.0	100.0

续表

房地产状况调整		估价对象	可比实例 A	可比实例 B	可比实例 C
	权属清晰情况	100.0	100.0	100.0	100.0
房地产状况比较分值合计		100.0	101.8	98.6	100.9
房地产状况调整系数			98.23	101.42	99.11

(7)计算比较价值。采用百分比修正、调整下的乘法公式：

比较价值＝可比实例成交价格×交易情况修正系数×市场状况调整系数×房地产状况调整系数

表9 比较价值计算表

计算对象	可比实例 A	可比实例 B	可比实例 C
成交价格/(元·m^{-2})	9 804	9 929	9 476
交易情况修正系数/%	100	100	100
市场状况调整系数/%	100.00	100.00	100.00
房地产状况调整系数/%	98.23	101.42	99.11
比较价值/(元·m^{-2})	9 630	10 070	9 392

本次估价取3个比准价格的算术平均值作为比较法结果，即

估价对象比较价值＝(9 630＋10 070＋9 392)÷3＝9 697(元/m^2)

(二)收益法

1. 基本定义

预测估价对象的未来收益，利用报酬率或资本化率、收益乘数将未来收益转换为价值得到估价对象价值或价格的方法。

2. 估价步骤

(1)选择具体估价方法；

(2)测算收益期或持有期；

(3)测算未来收益；

(4)确定报酬率或资本化率、收益乘数；

(5)计算收益价值。

3. 选择具体收益法估价方法

本次估价选择持有加转售模式进行估价。

模拟估价对象投资人未来持有出租和加期末转售的投资模式，选择 N 年内出租然后转售的收益法公式进行测算，选用适当的折现率将未来 N 年内每年租金净收益及第 N 年末转售净收益折现到价值时点后累加，以此估算估价对象的客观合理价格或价值的方法。

选用持有加转售模式进行测算，考虑了租金和转售价值两部分收益，相比预测未来几十年的租金收益情况，预测短期内的租金和价格更精确，因此，在短期内租金、价格预测合理的情况下，租赁后转售模型的适用性最强。

基本公式：

$$V = \sum_{i=1}^{t} \frac{A_i}{(1+Y_i)^i} + \frac{V_t}{(1+Y_t)^t}$$

式中　V——收益价值；

　　　A_i——期间收益（元）；

　　　V_t——期末转售收益；

　　　Y_i——未来第 i 年的报酬率；

　　　Y_t——期末报酬率；

　　　t——持有期。

当持有期净收益变化时，公式：

$$V = \frac{A_1}{Y_i - g}\left[1 - \left(\frac{1+g}{1+Y_i}\right)^t\right] + \frac{V_t}{(1+Y_t)^t}$$

$$V_t = V \times (1+i)^t \times (1-q)$$

式中　V——估价对象于价值时点的收益价值；

　　　A_1——持有期第一年年净收益；

　　　V_t——期末转售净收益；

　　　Y_i——持有期内报酬率；

　　　Y_t——期末报酬率；

　　　t——持有期；

　　　i——房价增长率；

　　　q——转售税率；

　　　g——净租金每年递增比率。

传统收益法一般需要预测未来几十年（一般为房屋的剩余收益年限）的净收益及折现率，而现今的房地产市场瞬息万变，则预测未来几十年的净收益及折现率的做法导致估价出现误差的可能性会加大。然而，N 年内持有出租第 N 年末转售模型，考虑了租金和转售价值两部分收益，相比预测未来几十年的租金收益情况，预测短期内的租金和价格更精确，因此，在短期内租金、价格预测合理的情况下，租赁后转售模型的适用性最强。

4. 确定持有期

持有期应根据市场上投资者对同类房地产的典型持有时间及能预测期间收益的一般期限来确定，并宜为 5～10 年。估价对象为住宅房地产，根据估价人员调查，南宁市个人住宅房地产交易享受购买 2 年以上（含 2 年）免征增值税的优惠政策，一般投资者在市场上行稳定且有优惠政策的前提下，对于获利固定投资会选择资金回收，即将固定不动产转让，本次根据对南宁市房地产交易市场调查，取持有期 t 为 5 年。

5. 预测未来收益

（1）持有期间收益。

1）有效毛收入。有效毛收入为潜在毛租金收入减去空置和收租损失，再加租赁保证金或押金的利息等各种其他收入。

通过租赁收入测算有效毛收入，租赁收入包括租金和租赁保证收入。

①潜在毛租金收入。估价人员通过市场调查，选择了与估价对象区位条件相当的 3 个可比实例，进行修正、调整。

表 10　市场租金修正、调整因素情况表

项目	可比实例 A	可比实例 B	可比实例 C
	嘉和城温莎北郡 16 栋 2 单元 1103	嘉和城温莎北郡 17 栋 2 单元 2007 号	盛天东郡 12 栋 2802 号
租金单价/[元·(m^2·月)$^{-1}$]	25	24	24
用途	住宅	住宅	住宅
交易情况	正常交易	正常交易	正常交易
市场状况	租赁市场稳定	租赁市场稳定	租赁市场稳定
房地产状况	与估价对象相当	与估价对象相当	与估价对象相当

表 11　市场租金修正、调整系数表

项目	实例 A	实例 B	实例 C
	嘉和城温莎北郡 16 栋 2 单元 1103	嘉和城温莎北郡 17 栋 2 单元 2007 号	盛天东郡 12 栋 2802 号
租金/[元·(m^2·月)$^{-1}$]	25	24	24
交易情况修正/%	100	100	100
市场状况调整/%	100	100	100
房地产状况调整/%	100	100	100
租金/[元·(m^2·月)$^{-1}$]	25	24	24

本次估价取 3 个可比实例修正、调整后的比较价值的算术平均值作为市场租金比较结果，即

$$估价对象租金收入单价 = (25+24+24) \div 3 = 24 [元/(m^2 \cdot 月)]$$

②空置和收租损失。

估价对象所在区域住宅房地产租赁市场活跃，根据估价人员对同类规模住宅房地产的出租情况调查，该类房地产年空置周期约为 10～45 天，由于有押金缴纳，故租金损失基本不会发生，故本次估价取年租赁空置率为 5%，租金损失率 0.0%。

③保证金或年押金利息收入：目前南宁市租赁市场一般以一个月的租金为押金，本次估价以中国人民银行执行的一年期整存整取存款利率 1.5% 进行计算。

2) 运营费用。运营费用包括房地产税、房屋保险费、物业服务费、管理费用、维修费、水电费等维持房地产正常使用或营业的必要支出，并应根据合同租金的内涵决定取舍，其中由承租人承担的部分不应计入。

根据估价人员调查，估价对象所在区域内的住宅房地产租赁市场，物业服务费、水电费一般由承租人承担，故本次估价运营费用包括房地产出租应纳税金、管理费用、维修费用以及保险费用。

①税金：是指房屋出租经营活动中应交纳的各种税收。

估价人员通过广西壮族自治区税务局网站查询,个人出租住房月收入低于30 000元,免征增值税、印花税、城镇土地使用税,房产税按租金收入4%计征,个人所得税按1%计征。

$$分摊税金=销售额×(房产税+个人所得税)$$
$$销售额=租金收入$$

②管理费:是指对房屋进行必要管理和服务所需要的费用。本次根据估价人员调查了解并结合估价对象实际情况,本次管理费按年租金收入的2%计算。

③维修费:是指为保证房屋正常使用而进行定期维修和日常维修所需费用。按房屋重置价的2%计算。估价对象所在建筑物为一栋32层钢混结构建筑物,根据《广西壮族自治区建筑装饰装修工程概算定额》(2017版)及估价人员对南宁市同类型的房地产重置价格进行调查,确定估价对象重置价为2 000元/m²。

④保险费:指房产所有人为使自己的房产避免意外损失而向保险公司支付的费用。一般按房屋重置价的0.2%计算。

⑤年运营费用:

$$年运营费用=税金+管理费+维修费+保险费$$

3)持有期间年净收益:

$$持有期间年净收益=有效毛收入-年运营费用$$

根据南宁市住宅房地产租赁市场近5年行情走势,预测持有期内净收益递增比率为2.5%。

(2)转售收益。

$$V_t = V \times (1+i)^t \times (1-q)$$

V_t——期末转售净收益;

i——房价增长率;

q——转售税率;

t——持有期。

1)房价增长率。参照国家统计局公布的南宁市二手住宅销售价格指数(2013—2020年),南宁市二手住宅销售价格平均年增长率为5%,本次估价目的为抵押,考虑未来房地产市场发展的不确定因素及估价对象的实际情况,根据谨慎性原则,本次估价取房价增长率3.5%。

2)转售税率。指房屋转售时转让人必须承担的相关税费,主要包括增值税及附加、个人所得税、印花税,本次估价模拟估价对象为投资性房地产(即非家庭唯一住宅),持有期为5年。

增值税:个人将购买2年以上(含2年)的住房对外销售的,免征增值税;

个人所得税:非家庭唯一住宅,个人所得税按交易额1%计征;

印花税:根据《财政部、国家税务总局关于调整房地产交易环节税收政策的通知》(财税〔2008〕137号),对个人销售或购买住房暂免征收印花税。

6.确定报酬率或资本化率

采用累加法求取持有期内报酬率、期末报酬率。

表 12　报酬率求取表

序号	项目	值/%
1	无风险报酬率	1.50
2	投资风险补偿率	2.00
3	管理负担补偿率	1.00
4	缺乏流动性补偿率	2.00
5	投资带来的优惠率	−1.00
6	合计	5.50

7. 计算收益价值

表 13　收益价值计算表

项目	计算公式	计算取值	计算结果
(一)年有效毛收入/(元·m^{-2})	年租金收入＋年押金利息收入		273.96
年租金收入/(元·m^{-2})	年租金−空置损失−租金损失		273.60
潜在毛租金收入/(元·m^{-2})		24	—
空置率/%		5	
租金损失率/%		0	
年存款利率/%		1.5	
年押金利息收入/(元·m^{-2})	单位面积租金×年存款利率		0.36
(二)年运营费用	税金＋管理费＋维护费＋保险费		63.15
税金/%	年租金收入×税率	5	13.68
管理费/%	年租金收入×管理费率	2	5.47
维护费/%	房屋重置价格×维护费率	2	40.0
保险费/%	房屋重置价格×保险费率	0.2	4.0
房地产重置价格/(元·m^{-2})		2 000	—
(三)持有期第一年年净收益 A_1/(元·m^{-2})	年有效毛收入−年运营费用		210.81
持有期 t/年		5	—
净租金每年递增比率 g/%		2.5	
房价增长率 i/%		3.5	
持有期内报酬率 Y_i/%		5.5	
期末报酬率 Y_t/%		5.5	
转售税率 q/%		1	
(四)收益法单价/(元·m^{-2})	$V = \dfrac{A_1}{Y_i - g}\left[1 - \left(\dfrac{1+g}{1+Y_i}\right)^t\right] + \dfrac{V_t}{(1+Y_t)^t}$ $V_t = V \times (1+i)^t \times (1-q)$		9 406

(三)确定最终结果

本次估价分别采用了比较法和收益法进行测算，比较法测算的结果为 9 697 元/m²，收益法测算的结果为 9 406 元/m²，两种方法测算的结果差距较小。估价对象所在区域类似房地产交易活跃，市场上存在较多交易案例，可比性较强，用比较法测算的结果能较客观的反映估价对象的市场价值，具有很强说服力，故此结果可取。估价对象所在区域类似房地产租赁市场活跃，市场上存在较多出租交易案例，可比性较强，可收集到估价对象所在区

附录二　房地产抵押估价报告

域租金收益资料,通过5年内持有出租,第5年末转售收益法模型测算的结果,能客观反映估价对象的价值。故收益法测算结果也可取。因此,估价人员认为采用比较法与收益法测算结果取简单算术平均值作为最终结果更能客观反映估价对象的市场价值,则:

$$估价对象单价=(9\ 697+9\ 406)\div 2=9\ 552(元/m^2)$$
$$估价对象总价=9\ 552\times 139.97\approx 133.70(万元)$$

(注:估价结果总价取整至佰位)

八、注册房地产估价师知悉的法定优先受偿款

估价对象在价值时点时注册房地产估价师所知悉的法定优先受偿款如下表:

优先受偿权	调查分析结论与依据资料
一、工程价款优先受偿权	估价对象已办理权属证书,不存在建筑工程价款优先受偿的情况
二、已抵押担保债权	根据估价委托人提供的估价对象的权属证件登记情况,在价值时点估价对象已办理抵押登记,但由于本次估价是为估价委托人重新抵押贷款提供参考,故估价中不考虑已设定的抵押权对估价对象抵押价值的影响,因此注册房地产估价师所知悉的法定优先受偿款为零
三、其他法定优先受偿权	无
四、调查分析结果	根据以上分析,委估对象未设定法定优先受偿权和已抵押担保债权

根据上表可知,在价值时点时注册房地产估价师所知悉的法定优先受偿款为0元。

九、估价结果

估价人员根据估价目的,遵循估价原则,按照估价程序,采用科学合理的估价方法,在认真分析相关资料的基础上,并综合考虑影响房地产市场价格的各项因素,结合估价师的专业经验和周密测算与推断,确定估价对象在价值时点2021年8月31日的房地产估价结果如下:

房地产抵押价值评估结果汇总表

估价对象 项目及结果		南宁市兴宁区昆仑大道995号嘉和城塞纳 右岸南□□栋□□单元□□层□□□□号房
1. 建筑面积		139.97 m²
2. 假定未设立法定优先受偿权下的价值	总价	¥133.70万元
	单价	9 552元/m²
3. 估价师知悉的法定优先受偿款	总价	¥0万元
3.1 已抵押担保的债权数额	总价	¥0万元
3.2 拖欠的建设工程价款	总价	¥0万元
3.3 其他法定优先受偿款	总价	¥0万元
4. 抵押价值	总价	¥133.70万元 (人民币大写壹佰叁拾叁万柒仟元整)
	单价	9 552元/m²

特别提示:

附录二　房地产抵押估价报告

(1)估价结果总价取整至佰位；

(2)本估价报告必须整体使用，敬请估价委托人及估价利害关系人仔细阅读报告全文，特别是"估价的假设和限制条件"和"价值定义"；

(3)本估价报告受到估价目的的限制，<u>仅为估价委托人办理抵押贷款手续使用</u>，不得用作其他用途，敬请估价委托人及估价利害关系人仔细阅读报告"估价对象变现能力分析与风险提示"部分；

(4)本次估价结果不包括未来发生转让时应缴纳的税、费等款项；

(5)估价报告一式二份；

(6)估价报告使用期限自本报告出具之日起一年(即2021年8月31日—2022年8月30日)。

××房地产土地资产评估有限公司
2021年8月31日

附录二 房地产抵押估价报告

附件

附件一：估价对象实地查勘照片
附件二：估价对象位置图
附件三：《法定优先受偿款调查表》
附件四：桂(2019)南宁市不动产权第□□□号《不动产权证书》
附件五：专业帮助情况和相关专业意见
附件六：××房地产土地资产评估有限公司营业执照
附件七：房地产估价机构备案证书
附件八：注册房地产估价师执业资格证明
以上附件资料均为影印件/复印件。

参 考 文 献

[1] 左静. 房地产估价. [M]. 3版. 北京：机械工业出版社，2016.
[2] 扬中强，袁绍华. 房地产估价理论方法与实务[M]. 大连：大连理工大学出版社，2012.
[3] 卢新海. 房地产估价——理论与实务（第二版）[M]. 上海：复旦大学出版社，2010.
[4] 郭斌. 房地产估价理论与实务[M]. 北京：化学工业出版社，2008.
[5] 戴学珍. 房地产估价教材[M]. 北京：清华大学出版社，2007.
[6] 刘军琦，陈常优，李江涛. 房地产估价. [M]. 北京：机械工业出版社，2019.
[7] 孟庆杰. 房地产估价实务[M]. 北京：中国建筑工业出版社，2018.
[8] 卢新海. 房地产估价理论与实务[M]. 上海：复旦大学出版社，2007.